슈퍼해빗

슈퍼
해빗

완전한 변화로 이끄는 습관 설계

케이티 밀크먼 **지음** | 박세연 **옮김**

알에이치코리아

지금까지 내가 과학자로서의 경력을 가질 수 있도록 도와준 두 가족에게
이 책을 바친다.
첫째, 남편 컬렌과 아들 코맥 그리고 나의 부모님인 베브와 레이.
둘째, 학술적 가족으로서 나의 스승인 맥스 교수님과 그 제자들이자 공동
연구원인 존과 토드, 돌리, 모두프. 또 나의 협력 파트너인 앤절라와 나의
제자 헹첸과 에드워드, 에리카, 아니시.

"습관을 개선하고 삶을 바꾸고자 하는 이들의 필독서."

_찰스 두히그, 《습관의 힘》 저자

"새로운 자아를 꿈꾸고 있다면, 이 책부터 읽자."

_댄 히스, 《스틱!》, 《스위치》 공저자

"이 책은 기발하고, 진취적이며, 우리 시대 최고의 혁신적인 내용으로 가득하다."

_아리아나 허핑턴, 드라이브 글로벌 설립자이자 CEO

"케이티 밀크먼은 놀랍다. 이 책에서 자신의 모든 비법을 공개한다."

_리처드 탈러, 노벨 경제학상 수상자, 《넛지》 공저자

"경제적 자유와 인생의 목표를 성취하기 위한 통찰력으로 가득한 성공 지침서."

_찰스 슈와프, 찰스슈와프주식회사 CEO이자 《투자 불변의 법칙》 저자

"이 책을 읽다 보면, 우리의 귀에 대고 속삭여 주는 세상에서 가장 똑똑한 친구를 사귄 느낌이 들 것이다. 케이티 밀크먼에게 감사의 말을 전하고 싶을 수도!"

_대니얼 핑크, 《언제 할 것인가》, 《드라이브》, 《파는 것이 인간이다》 저자

"행동 변화의 과정을 보여 주는 놀라운 여정."

_데이비드 엡스타인, 《늦깎이 천재들의 비밀》 저자

"변화는 어떻게 만들어 내고 유지할 수 있는가? 밀크먼은 모두가 궁금해하는 이 질문에 관해 최신 과학에 근거한 해답을 제시한다."

_캐럴 드웩, 《마인드셋》 저자

"난관을 극복하기 위해 행동과학에 기반한 맞춤 전략을 배우고 싶다면, 이 흥미로운 책을 읽어라."

_에릭 슈미트, 전 구글 CEO이자 《새로운 디지털 시대》 저자

"이 책은 인간의 궁극적인 도전과제, 즉 소망하는 존재가 되기 위한 놀라운 로드맵을 제시한다."

_스탠리 맥크리스털, 전 미 육군 장성이자 《팀 오브 팀스》, 《리더스》 저자

"이 책은 삼박자를 고루 갖췄다. 객관적인 증거에 기반을 두고, 우리의 마음을 사로잡으며, 현명한 선택을 위한 효과적인 전략까지 가득하다."

_애덤 그랜트, 《싱크 어게인》, 《오리지널스》 저자

"목표를 향해 나아가고 팀과 비즈니스를 발전시키고 싶은가? 이 책을 읽자."

_라즐로 복, 후무 CEO, 전 구글 부사장이자 《구글의 아침은 자유가 시작된다》 저자

"건강한 라이프스타일이 그저 꿈에 불과한 것은 아니다. 이 책은 지속적인 변화를 향해 나아가고 싶은 이들을 위한 필독서다."

_토니 우에버, 24시간 피트니스 CEO

"뛰어나다. 개인적이다. 무엇보다 실천 가능하다. 선을 위해 변화하는 방법과 관련해 과학자들이 알고 있는 지식의 핵심을 집중적으로 조명한다."

_앤절라 더크워스, 《그릿》 저자

"케이티 밀크먼은 과학을 행동으로 바꾸는 놀라운 일을 해냈다."

_게리 포스터. WW 최고과학책임자

"행동과학 혁명에 관한 대단히 쓸모 있는 연구. 밀크먼은 우리에게 무엇이 가능한지, 그 이유는 무엇인지 말해 준다."

_스티븐 더브너, 《괴짜경제학》 공저자

"우리는 이 책을 처음부터 끝까지 읽어야 한다."

_스티븐 레빗, 《괴짜경제학》 공저자

"케이티 밀크먼은 변화에 관한 첨단과학의 이야기를 들려줄 뿐 아니라, 바로 곁에서 우리를 격려해 준다. 더 나은 삶의 이정표를 만들고 싶은 이를 위한 필독서."

_애니 듀크, 《결정, 흔들리지 않고 마음먹은 대로》, 《결정하는 법》 저자

"이제 당신의 차례다. 변화할 준비가 되었을 때, 변화의 열망으로 가득할 때, 이 놀라운 책이 의지를 현실로 바꾸게 도와줄 것이다."

_세스 고딘, 《마케팅이다》 저자

"많은 책이 개인의 장벽을 극복하는 방법에 대한 조언을 주지만, 어느 것도 이 책만큼 명쾌하고, 흥미진진하고, 설득력 있지는 않다."

_로버트 치알디니, 《설득의 심리학》, 《초전 설득》 저자

"기발한 통찰력과 획기적인 실험, 심오한 과학으로 가득한 이 책은 매력적이고 중요한 데다 대단히 가치 있는 작품이다."

_니콜라스 크리스타키스, 의학박사이자 《블루프린트》, 《신의 화살》 저자

"이 책에서 독자들은 자신의 행동에 관한 통찰력은 물론, 새로운 출발을 위한 영감을 얻을 것이다."

_웬디 우드, 《해빗》 저자

"개인적인 목표 달성과 더 나은 성과를 가로막는 장애물을 이해하기 위해 반드시 있어야 할 그리고 따라 하기 쉬운 안내서!"

_로리 산토스, '해피니스 랩' 진행자

"변화가 가능하다는 마법 같은 느낌을 내게 남겨 준 특별한 지침서."

_돌리 추그, 뉴욕 스턴경영대학원 교수이자 《상처 줄 생각은 없었어》 저자

"행동 변화에 관한 저자의 이야기와 매력적인 연구를 통해, 독자들은 배우고, 성장하고, 영감을 얻을 것이다. 꼭 읽어야 할 책이다!"

_모두프 아키놀라, 컬럼비아 경영대학원 조교수이자 'TED 비즈니스' 진행자

서문　　　　　　　　　　　　　　**당신의 문제는 무엇인가?**

케이티를 개인적으로 만나기 전, 이미 그녀를 잘 알고 있던 동료들은 내게 케이티에 관해 이렇게 설명했다.

　"지금껏 만나 본 이 중 제일 똑똑한 사람."
　"엄청나게 생산적인 사람. 나 자신이 게으름뱅이처럼 느껴질 만큼"
　"기계. 그는 내가 일주일 동안 할 일을 하루에 해낸다고!"

　케이티 밀크먼은 일종의 초인superhuman인 걸까? 이제는 나 또한 그녀를 볼 때마다 감탄을 금할 수 없는 동료 중 하나가 되었기에, 그녀야말로 내가 지금껏 만나 본 이 중 가장 똑똑하고, 내가 게으르다 느껴질 만큼 최고의 생산성을 자랑하는 데다, 놀라운 속도로 많은 일을 해내는 인물이라고 자신 있게 말할 수 있다.
　하지만 케이티는 초인이 아니다. 그녀는 그저 모든 사람이 선망하는, 또 이 책에서 그녀가 우리 모두 될 수 있다고 한 '슈퍼super' 휴먼human이다.

이 말은 곧 케이티 밀크먼이 인간 본성의 대가라는 뜻이다. 그녀는 자신의 행동을 목표와 꿈으로 연결하는 방법을 잘 알고 있다. 그녀의 첫 도전(그게 무엇이든 간에)은 아마도 완벽하지 않았을 것이다. 하지만 케이티는 관심을 기울이는 모든 영역에서 더 잘, 더 빨리 그리고 더 효율적으로 일하는 방법을 재빨리 터득한다. 또한 그녀는 세계적으로 유명한 행동과학자로서 인간으로 살아가기가 얼마나 힘든지, 또 어떻게 하면 무슨 일이든 더 잘해 낼 수 있는지를 심층적인 차원에서 이해한다.

그녀를 처음 만났을 때는 잘 몰랐지만, 이제는 케이티 역시 인간이라면 누구나 겪게 되는 문제와 씨름하고 있다는 사실을 알게 되었다. 그녀 또한 사과나 시금치보다는 쿠키나 감자칩을 더 좋아한다. 그녀도 곧바로 업무에 집중하지 못한다. 게다가 화를 내거나 짜증도 부린다.

다만 타고난 그리고 훈련받은 공학도로서 케이티는 어떠한 과제든 해결 가능한 문제로 접근한다. 그를 '슈퍼' 휴먼으로 만들어 주는 것은 다름 아닌 이러한 태도다. 케이티는 더 나은 삶을 살아가기 위해서는 우리를 인간답게 만드는 충동을 제거하는 것이 아니라, 그러한 충동을 이해하고 그보다 한발 앞서 대처해서 그 충동이 우리를 방해하는 것이 아니라 우리를 위해 일하게 만들어야 한다는 사실을 알았다.

케이티가 전해 준 이 같은 교훈은 내 삶을 크게 바꿨다. 요즘 나는 더 자주 1만 보를 걷는다. 이메일도 더 빨리 쓴다. 그녀 덕분에 다양한 영역에서 삶을 더 편리하고 더 낫게 만드는 방법을 발견하게 되었다.

케이티가 이 책을 통해 전할 많은 교훈은 '선을 위한 행동 변화 프로그램Behavior Change for Good Initiative'을 기반으로 우리가 함께 한 연구에서 비롯되었다. 이 프로젝트는 지난 5년 동안 야심 차게 추진했던 것으로, 우리는 습관을 바꾸기 위해서 무엇이 필요한지에 주목했다. 우리는 함께 헬스장 출석률, 자선 단체 기부액, 백신 접종률 그리고 학업 성취도를 높이는 새로운 방법을 연구했고, 행동과학을 발전시키기 위한 새로운 방법에 몰두했다. 하지만 두 사람의 힘만으로는 목표에 도달할 수 없었다. 그래서 나는 케이티와 함께 전 세계 100명 이상의 앞서가는 학자들로 팀을 꾸렸다. 경제학과 의학, 법학, 심리학, 사회학, 신경과학, 컴퓨터공학 등 다양한 분야에서 전문적인 훈련을 받은 인재들이었다. 이 책은 케이티와 함께 했던 연구뿐만 아니라, 뛰어난 협력자들과 공동으로 추진했던 다양한 연구도 소개한다.

독서는 저자와 나누는 대화와 같다. 따라서 어떤 책을 읽을지 신중하게 선택해야 한다. 우리는 제한된 시간에 자신이 지금껏 알지 못했던 무언가를 가르쳐 줄 대화 상대를 원한다. 기왕이면 매력적인 대화 상대이길 바란다. 그와 함께 즐거운 시간을 갖기를 원한다. 또한 그 사람이 자신의 최고 관심사를 이해해 주길 바란다.

이것이 당신이 이 책을 끝까지 읽어야 할 이유다. 여러 가지 습관을 보다 긍정적인 방향으로 바꾸고자 노력하고 있는가? 그렇다면 당신은 내가 아는 대부분의 사람과 비슷하다. 지금까지 당신은 아주 유사한 방식으로 변화에 도전했을 것이다. 그리고 그때마다 이런 생각이

들었을 것이다. '지금 상황에서 내가 원하는 상황으로 나아가는 것이 왜 이렇게 힘든 걸까?'

케이티가 당신이 알지 못했던 것을 가르쳐 줄 것이다. 당신은 새로운 습관을 시작하기 위해 올바른 시점을 선택하는 것이 얼마나 중요한지 배우게 될 것이다. 그리고 '잊어버림'이야말로 확고한 결심을 허물어뜨리는 침묵의 살인자라는 사실을 깨닫게 될 것이다. 또한 힘든 과제를 중요하게 보이도록 만드는 것보다, 즐겁게 보이도록 만드는 편이 훨씬 더 나은 전략이라는 사실도 이해하게 될 것이다.

다만 중요한 것은 이것이다. 이 책 전반에 걸쳐 당신은 인간의 동기와 행동에 관한 케이티의 박식한 이해는 물론, 온화함과 유머, 또한 자신의 한계에 대한 그녀의 건전한 인식과 더불어 그녀가 종종 던지는 이러한 질문을 마주하게 될 것이다. "당신의 문제는 무엇인가?"

그렇게 당신은 케이티가 독자의 변화를 돕는 일에 진심으로 관심이 있다는 사실을 알게 될 것이다. 또한 세계적인 행동과학자가 마치 친구처럼 당신과 나란히 걸으면서, 당신이 자신을 더 잘 이해할 수 있게 돕고, 당신 역시 '슈퍼' 휴먼이 되도록 도움을 주려 한다는 느낌을 받을 것이다.

아마도 당신은 케이티가 제시하는 몇 가지 아이디어를 시도해 볼 것이다. 그러면 틀림없이 왜 케이티가 제안하기 전에는 미처 그런 생각을 하지 못했나 의문이 들 테다. 그리고 삶을 바라보는 새로운 접근 방식을 통해 케이티도 생각하지 못했던 전략을 만들어 낼 수도 있다.

그렇게 된다면 언젠가 사람들이 인간을 괴롭히는 충동과 갈등으로부터 어떻게 당신은 자유로울 수 있는지를 궁금하게 여길 것이다. 그러면서 당신의 놀라운 생산성에 찬사를 보낼 것이다. 또한 똑같이 주어진 하루 동안 어떻게 더 많은 일을 처리할 수 있는지 그 방법에 대해 당신에게 조언을 구하기 시작할 것이다.

그때 어쩌면 당신은 그들에게 당신의 친구인 케이티를 소개하게 될는지 모르겠다. 당신은 아마도 무언가를 이해한다는 표정으로 이렇게 말할 것이다. "한번 읽어보세요. 우리 모두 자신이 원하는 것과 자신이 하는 일을 연결하기 위해 애쓰고 있습니다. 저도 그랬죠. 이제 저는 어떻게 하면 제 삶에 등장하는 모든 난관을, 해결해야 할 구체적인 문제로 바라볼 수 있는지 그 방법을 배웠습니다."

당신은 분명, 그들에게 더 나은 삶에 대한 비밀은 욕망과 변덕, 약점이 모두 사라진 슈퍼 휴먼이 되는 것이 아니라, 최신 과학의 지식으로 무장한 문제 해결자가 되는 것이라고 말하게 될 것이다.

나는 이 책이 당신에게 새로운 시작점이 되길 진심으로 기대한다. 당신의 시작을 응원한다.

앤절라 더크워스, 《그릿》 저자

변화를 가로막는 장애물을 제거하라

1994년 초, 안드레 애거시Andre Agassi는 테니스 선수 인생에 중대한 위기를 맞았다. 사실 그는 평생 자신이 스포츠 역사상 위대한 인물로 남으리라 확신해 왔다. 1986년 열여섯의 나이로 그가 프로에 입문했을 때,[1] 전문가들은 점수를 따내는 그의 놀라운 능력과 도무지 수비가 불가능해 보이는 공격까지 막아내는 그의 기술에 강한 인상을 받아 애거시의 타고난 재능을 칭송했다. 하지만 1994년에 이르기까지 애거시가 명성을 얻을 수 있었던 건, 그가 코트에서 올린 빛나는 기록 때문만은 아니었다.[2] 그의 스타일도 인기에 한몫했는데, 전통과 예절을 중시하는 테니스 세계에서 애거시는 찢어진 청바지와 화려한 색상의 셔츠를 입고 시합에 나왔다. 머리를 길게 기르고 귀걸이도 착용했다. 또한 코트에서 거친 뱃사람처럼 욕을 내뱉기도 했다. 게다가 그는 "이미지가 모든 것이다"라는 도발적인 슬로건으로 유명했던 캐논 광고에도 출연했다.[3]

　다만 당시 애거시의 테니스 성적은 사람들의 기대에 한참 못 미쳤다. 토너먼트에서 자신보다 훨씬 낮은 순위의 선수를 만나서도 종종

패했고, 그랜드슬램 대회 세 번째 라운드에서 떨어지는가 하면,[4] 독일에서 열린 예선 1라운드에서 탈락하기도 했다.[5] 애거시의 세계 랭킹은 7위에서 22위로, 다시 31위로 추락했다.[6] 그 무렵 10년 동안 그와 함께했던 코치가 아무 말 없이 그를 떠났고,[7] 애거시는 그 소식을 〈USA 투데이〉 기사에서 확인해야 했다.[8] 심지어 그는 사람들 앞에서 자신은 테니스가 싫다고 말하기까지 했다.

애거시에겐 변화가 필요했다.

그러던 어느 날, 즐겨 찾던 마이애미 인근 레스토랑 포르토 체르보에서 애거시는 동료 프로 테니스 선수인 브래드 길버트Brad Gilbert와 함께 저녁을 먹었다.[9] 테니스에 대한 길버트의 접근방식은 애거시와는 크게 달랐다. 그는 화려하진 않았지만 치밀하고 체계적이었다. 그에겐 애거시와 같은 놀라운 재능이 없었지만 당시 서른둘이었던 길버트는 수년에 걸쳐 세계 20위권을 지켰고,[10] 1990년에는 4위까지 올랐다.[11] 이는 테니스 팬들에게는 무척이나 놀라운 일이었다. 길버트는 애거시와 저녁을 먹기 몇 달 전에 출간되어 나오자마자 베스트셀러가 된 《위닝 어글리Winning Ugly》라는 책에서 테니스에 대한 자신의 특이한 접근방식을 자세히 설명했다.[12]

그날 저녁 식사 자리가 마련된 것도 바로 《위닝 어글리》 덕분이었다. 애거시의 매니저가 그 책을 읽은 후 길버트와 한번 이야기를 나눠볼 것을 권했던 것이다.[13] 애거시에겐 새로운 코치가 필요했는데 매니저는 프로 투어에서 은퇴를 고려하기에 충분히 나이가 많은 길버트야말로 애거시의 경력을 바꿔 놓을 수 있는 적임자라고 생각했다. 애거시도 매니저의 제안에 동의하긴 했지만, 이후 2009년 그의 자서전 《오픈Open》에서 설명했듯, 그 만남에 대해서는 다분히 회의적이었다. 사실 길버트는 코트 안팎에서의 기이한 행동으로 유명했다. 그와의 첫 만남도 애거시의 불신을 키우기에 충분했다. 우선 길버트는 모기를 싫어한다는 이유로 바다가 보이는 야외 테이블을 거절했다. 다음으로 그 레스토랑에 자신이 좋아하는 맥주가 없다는 사실을 알고는 근처 매장으로 달려가 맥주 여섯 병을 사 들고 와서는 점원에게 얼음물에 담가서 냉장고에 넣어 달라고 요구했다.

이런 이유로 세 사람이 자리를 잡기까지는 시간이 좀 걸렸다. 그러나 애거시의 매니저는 곧바로 길버트에게 질문을 던졌다.[14] "애거시의 경기에 대해 어떻게 생각하세요?" 길버트는 음료를 벌컥 들이킨 후 천천히 삼켰다. 그리고 단도직입적으로 말했다. "나에게 그런 재능이 있었다면 프로 세상을 제패했을 겁니다." 그에게는 애거시가 자신의 뛰어난 재능을 충분히 발휘하지 못하는 것처럼 보였다. 이어서 그는 이렇게 지적했다. "당신은 모든 샷에서 승부를 내려고 합니다." 그건 심각한 결점이었다. 모든 샷을 완벽하게 구사할 수 있는 사람은 아무도 없다. 또 완벽함에 미치지 못할 때마다 자신감은 위축될 수밖에 없다. 애거시와 수차례 대결했던(그리고 이겼던) 길버트는 그의 이러한 모습을 직접 목격한 바 있었다.

길버트의 이 같은 지적에서 애거시도 무언가를 느꼈다. 그는 완벽

주의자였다. 하지만 길버트가 그 말을 꺼내기 전까지는 그러한 특성을 단점이 아닌 장점으로 여겼다. 어릴 적 애거시는 상대를 쓰러뜨릴 수 있는 KO 펀치에 집착했던 올림픽 복서 출신의 아버지에게서 상대를 한 방에 제압하는 기술을 배웠다.[15] 집 뒷마당에 만든 코트에서 애거시가 훈련하는 동안, 그의 아버지는 과거 복싱 코치에게서 배운 대로 외쳤다. "더 세게!"[16] 그는 자신의 다섯 살짜리 아들에게 소리 질렀다. "더 빨리 때려!" 오랫동안 애거시는 한 방에 상대를 제압하는 자신의 특별한 능력을 경쟁력이라고 믿었다. 그런데 길버트는 그것이 애거시의 아킬레스건이라고 말하고 있었다.

길버트는 이어서, 애거시가 시선을 달리해야 한다고 지적했다. 그러면서 조언했다. "당신 자신에 대한 생각을 멈춰요. 그리고 네트 건너편에 있는 상대에게 약점이 있다는 사실을 명심하세요."[17] 길버트가 자기보다 훨씬 뛰어난 선수들을 이길 수 있었던 건 상대를 파악하는 그의 특별한 능력 때문이었다.[18] 그는 매 포인트마다 한 방의 공격에 집착하지 않았다. 그저 그런 부담에서 벗어날 수 있는 전략을 개발했다. 길버트는 말했다. "내가 성공하는 것이 아니라 상대를 실패하게 만들어야 합니다.[19] 상대가 스스로 무너지게 해야 하죠."

길버트의 설명에 따르면, 애거시는 매번 완벽한 샷을 추구했고, 그 바람에 "스스로 그 자신을 위기로 몰아넣으면서 너무 많은 위험을 감수했다."

길버트의 메시지는 간단했다. 지금까지 애거시의 경력을 만든 자기중심적 접근방식은 최고의 선택이 아니었다. 적어도 목표가 시합에서 승리하는 것이라면 말이다. 더 나은 방법이 있었다. 그것은 상대를 파악하고 약점을 이용해서 경기를 운영하는 것. 이는 애거시가 해온 방식보다 덜 화려했지만, 더 효과적인 방식이었다.

대화를 시작한 지 15분가량 흘렀을 즈음, 길버트는 화장실에 다녀오기 위해 잠시 자리를 비웠다. 애거시는 매니저를 바라보며 말했다. "우리가 찾던 사람이로군요."

몇 달 후,[21] 애거시는 시드 선수(토너먼트에서 우수한 선수끼리 맞붙지 않도록 안배하는 대상이 되는 선수 - 옮긴이)가 아닌 일반 선수로 US 오픈에 출전했다. 그가 16강에 들 것이라고 예상하는 사람은 많지 않았다. 그러나 길버트의 코칭에 힘입어 애거시의 스타일은 완전히 바뀌었다. 그는 토너먼트에서 오랜 경쟁자이자 여섯 번째 시드 선수인 마이클 챙Michael Chang을 일찍이 만났다. 애거시는 아슬아슬한 상황에서도 흔들리지 않고, 어렵게 승리를 따냈다. 그리고 서버를 넣을 때 목표 지점을 바라보는 상대의 버릇을 간파하고 그 약점을 이용해 아홉 번째 시드 선수를 가볍게 물리쳤다.

놀랍게도, 애거시는 결승전에 진출했다. 그 시합에는 상금 55만 달러가[22] 그리고 그보다 더 중요한 명예가 달려 있었다. 애거시가 자신을 입증할 기회였다. 어떻게든 자신의 명성에 어울리는 성과를 올릴 능력이 그에게 있음을 모두에게 보여 줄 무대였다.

결승전 상대는 독일 챔피언이자 토너먼트 네 번째 시드 선수인 마이클 스티치Michael Stich였다.[23] 애거시는 강력하고 경쾌하게 1점씩 쌓아 나갔고 첫 번째 세트를 노련하게 따냈다. 그리고 두 번째 세트도 타이브레이크까지 가는 접전 끝에 간신히 따냈다. 하지만 스티치 역시 포기할 생각이 없었다. 세 번째 세트에서 스티치는 긴 랠리로 애거시를 물고 늘어졌고, 한 포인트도 쉽게 넘어가지 않았다. 결국 또 한 번 타이브레이크에 이르렀다.[24] 여기서 애거시가 승리하려면 스티치의 서브 게임을 따내야 했다.

애거시의 자신감은 흔들리기 시작했다. 스티치는 포기하지 않았고 강력한 서브를 잇달아 넣었다. 그때 애거시는 스티치가 자신의 옆구리를 꽉 쥐고 있다는 사실을 발견했다. 이는 근육 경련을 의미하는 신호였고, 거기서 기회를 확신했다. 애거시는 첫 US 오픈 챔피언십 우승까지 4포인트를 남겨 두고 있었다. 이번 경기에서 이기면 전문가들조차 전혀 예상치 못했던, 고전하던 과거의 천재에게 있어 가장 달콤한 승리가 될 터였다.

길버트의 코칭을 받기 전까지 애거시는 압박감이 심한 경기에서 쉽게 무너진다는 지적을 받았다. 그는 강력한 한 방에 의존했고, 지나치게 많은 위험을 감수했으며, 끈기가 필요한 순간에 종종 페이스를 잃었다. 그러나 이제 애거시는 집중력을 잃지 않았다. 승리에 집착하는 대신, 눈앞의 샷에 집중했다. 머릿속에선 길버트의 목소리가 울렸다. "그의 포핸드를 노려라. 의심이 들 때 포핸드, 포핸드, 포핸드."[25] 그렇게 집중했다. 애거시는 스티치의 약점인 포핸드 쪽으로 계속해서 공을 날렸고, 결국 매치포인트에서 스티치는 실수를 범하고 말았다.

토너먼트는 끝났다. 애거시는 눈물을 흘리며 무릎을 꿇었다. 그는 28년 만에 시드가 아닌 선수로서 US 오픈 트로피를 가져간 최초의 선수가 되었다.[26] 역사를 새롭게 쓴 것이다.

✦   ✦   ✦

삶에서 중요한 변화를 만들기 위해 노력한 적이 있다면, 예를 들어 직장이나 학교에서 성과를 올리기 위해, 마라톤을 앞두고 몸을 만들기 위해, 혹은 노후를 위한 여유 자금을 마련하기 위해 결심한 적이 있다면, 이미 성공을 위한 수많은 조언이 나와 있다는 것을 알고 있을 것이다. 그러한 조언 중 몇 가지를 이미 시도해 봤을지도 모르겠다. 가령, 일일 활동이나 운동, 수면 등을 모니터링해 주는 스마트 워치 핏비트Fitbit를 차고 걷기 운동을 하거나, 스마트폰에 일정을 설정하고 점심시간에 심호흡 훈련을 하거나. 어쩌면 오후에 커피를 마시는 습관을 끊고 그 돈을 저축했을지도. 당신은 아마도 목표를 구체적으로, 또 측정할 수 있게 수립해야 한다는 사실을 이해하고 있을 것이다. 긍정적인 사고와 점진적인 발전의 힘, 다른 사람으로부터 힘을 얻는 것 역시 중요하다는 점도 알고 있으리라 생각한다.

행동과학의 엄청난 인기 덕분에, 지난 20년 동안 사람들의 행동을 바꾸고 특정 과제를 실천하는 데 도움이 되는 실용적인 방법에 관한 연구와 정보(TED 강연, 워크숍, 앱)가 폭발적으로 증가했다. 하지만 당신도 알아챘겠지만, 널리 알려진 조언들이 항상 변화에 도움이 되는 건 아니다. 가령 목표 설정 앱을 다운받았음에도 '또 한 번' 약을 먹는 것을 잊는다. 알림 앱을 깔아놓았는데도 상사에게 보고할 중요한 분기 보고서를 제때 완성하지 못한다. 또는 직원들은 서명만 하면 혜택을 받을 수 있는 기업의 지원교육 프로그램이나 퇴직연금 프로그램에 가입하지 않는다.

그렇다면 변화를 돕기 위해 설계된 이러한 툴과 프로그램은 왜 그렇게 자주 실패로 돌아가는 걸까? 그 대답은 변화가 그만큼 힘들기 때문이라는 것이다. 하지만 보다 실질적인 대답은 따로 있다. 올바른 전략을 발견하지 못했기 때문이다. 안드레 애거시가 오랫동안 잘못된 접근방식으로 플레이함으로써 잠재력을 제대로 실현하지 못했던 것처럼, 우리는 종종 변화를 모색하면서도 잘못된 전략을 시도해 실패하고 만다. 애거시의 사례에서처럼 인간에겐 확실한 한 번의 시도로 빠른 성공을 거둘 수 있는 해결책에 집착하고, 극복해야 할 상대의 구체적인 특성을 간과하는 경향이 있다.

그러나 성공을 향한 최고의 기회를 잡기 위해 가장 중요한 것은 상대를 파악하고 자신이 직면한 구체적인 도전과제를 해결하는 데 맞춤화된 전략을 개발하는 것이다. 만병통치약 같은 건 결코 성공을 향한 최고의 접근방식이 아니다. 상대에 따른 구체적인 접근방식을 개발해야 한다.

테니스에는 효과적이고 보편적인 전략이 있다. 강한 서브를 넣고, 상대의 코너를 노리고, 기회가 있을 때마다 네트 앞으로 달려 나가는 것이 그것이다. 이는 나쁜 전략이 아니다. 하지만 길버트처럼 정말로 유능한 전략가는 무엇보다 상대의 특정한 약점에 주목한다. 가령 상대는 낮은 슬라이스를 백핸드로 받아치는 데 약점을 보일 수 있다. 이때 그러한 샷을 계속 구사함으로써 상대를 괴롭힌다면 승리가 한층 더 쉬워질 것이다.

행동 변화 역시 마찬가지다. 일반적으로 우리는 효과적인 다목적 전략을 활용할 수 있다. 예를 들면, 일단 야심 찬 목표를 세우고 이를 단계별 요소로 나눈다. 성공을 시각화한다. 그리고 자기계발 베스트셀러의 조언에 따라 작고 핵심적인 습관을 개발한다. 하지만 자신의 전략을 맞춤화하려면 더욱 민첩하게 움직여야 한다. 발전을 가로막는 장애물을 확인하고, 이를 집중적으로 공략하는 것이다.

학부 시절과 이후 박사과정 시절에, 나는 동료들과 내가 피할 수 없다고 생각했던 까다로운 인간적인 문제를 두고 많은 고민을 했다. 왜 나는 드라마 〈로스트Lost〉의 시청을 중단하고 곧장 시험 준비에 돌입하는 것이 그토록 힘든 걸까? 왜 헬스장에 규칙적으로 나가지 못하는 거지? 왜 내 룸메이트들은 과제를 마지막 순간까지 미루는가? 그리고 왜 매끼를 시리얼로 때우게 될까? 기술적인 문제 해결을 위해 수많은 시간을 보낸 공학도로서, 나는 이러한 인간적인 문제를 해결하기 위한 솔루션이 틀림없이 있으리라 생각했다.

그러던 어느 날, 나는 전공 필수 과목인 미시경제학 강의를 듣다가 '행동경제학'이라는 새로운 분야를 알게 되었다. 이는 분석적인 엄격함 및 실증적인 심오함을 기반으로 언제 그리고 왜 사람들이 결함 있는 의사결정을 내리는지를 이해하는 데 주목하는 학문이다. 특히 나는 사람들이 더 나은 의사결정을 내리도록 유도하는 '넛지nudge'라는 개념에 매력을 느꼈다. 넛지는 내가 박사과정을 시작할 무렵, 대중적인 인기를 얻었다. '넛지 운동'[27]의 창시자인 캐스 선스타인Cass Sunstein과 리처드 탈러Richard Thaler의 주장에 따르면, 인간은 예측 가능한 형태로 불완전한 의사결정을 내리기 때문에 관리자나 정책입안자는 그들이 공통적인 실수를 저지르지 않도록 도움을 줄 수 있으며, 또한 그래야만 한다. 그 아이디어는 사람들이 객관적으로 더 좋은 결정을 내리도록 유도함으로써(예를 들어 카페테리아에서 건강한 음식을 눈높이에 놓아두거나, 정부지원금 신청에 필요한 서류 양식을 단순화하는 식으로), 사람들의 자유를 제한하지 않고 비용을 거의 들이지 않으면서도 그들의 삶을 더 좋게 만들 수 있다는 것이었다.

나는 문득, 내게 익숙한 문제를 해결하기 위해 넛지를 개발할 수 있겠다는 생각이 들었다. 가령 〈로스트〉를 한 번에 몰아서 보지 않게 하거나 운동을 규칙적으로 하게 만드는 넛지 말이다. 이러한 이유로 나는 넛지 운동에 뛰어들었고, 나 자신은 물론 다른 사람이 더욱 건전한 선택을 하고 더 나은 재정적 의사결정을 내릴 수 있도록 유도하는 방법을 연구했다. 그리고 머지않아 나는 헬스장에 규칙적으로 출석하고 〈로스트〉 시청을 자제할 수 있게 되었다.

다만 내가 넛지의 위력에 본격적으로 관심을 기울이게 된 것은 와 튼 스쿨 조교수로 임명되면서부터였다. 운동이나 식습관과 관련된 일상적인 실패가 사소한 인간의 약점으로 끝나는 것이 아니라, 삶과 죽음 같은 중차대한 문제로 이어진다는 강력한 증거와 맞닥뜨렸기 때문이다. 자칫 지루할 뻔했던 학술 프레젠테이션에서 나는 잊지 못 할 도표를 만났다. 미국인의 조기사망 원인을 분석한 도표였다. 주요 원인은 허술한 건강 관리나 열악한 사회 환경, 나쁜 유전자, 혹은 환 경적인 독소가 아니었다. 대신 조기사망 원인의 약 40%는 우리가 얼 마든지 바꿀 수 있는 개인적인 행동의 결과에서 비롯된 것이었다.[28] 일상적이고 사소해 보이는 먹고 마시기, 운동, 흡연, 섹스 그리고 차 량 안전에 관한 의사결정과 연관된 것들 말이다. 이러한 의사결정은 전체적으로 매년 수십만 건의 심각한 암과 심장마비, 또 사고로 이어 지고 있었다.

나는 깜짝 놀랐다. 그리고 자세를 고쳐 앉으며 이렇게 생각했다. '이 40%에 대해 무언가 내가 할 수 있는 일이 있을 거야.' 나의 관심을 잡아끈 것은 삶과 죽음의 문제를 뛰어넘는 것이었다. 일상적인 의사 결정이 어떻게 행복과 성공에 영향을 미치는지를 분석한 도표를 본 것은 그때가 처음이었지만, 잘못된 선택이 우리의 삶에 지속해서 누 적된다는 것은 당연한 이치처럼 보였다.

무언가 중요한 일을 해야겠다는 열망에, 나는 깨어 있는 시간의 대부분을 과거 논문과 최신 논문들을 자세히 들여다보는 데 쓰면서 행동 변화의 과학을 탐구했다. 다양한 분야의 수십 명에 이르는 학자들과 함께 그들의 성공적인 아이디어는 물론, 실패로 돌아간 연구에 관해서도 이야기를 나눴다. 더 나은 의사결정을 유도하는 툴을 개발하기 위해서 월마트나 구글 같은 대기업은 물론, 소규모 스타트업과도 협력했다. 무엇이 효과가 있고, 무엇이 효과가 없는지 이해하고자 노력하는 동안, 일관된 패턴이 발견되기 시작했다. 정책입안자와 조직, 혹은 과학자들이 사람들의 행동을 바꾸기 위해 보편적인 전략을 활용했을 때, 그 결과는 애매모호했다. 반면 사람들에게 무엇이 발전을 가로막는지(가령 왜 직원들이 충분히 많은 돈을 저축하지 않는지, 혹은 왜 사람들이 독감 예방접종을 맞지 않는지), 물어본 후 행동 변화를 위한 구체적인 전략을 개발했을 때, 그 결과는 훨씬 더 고무적이었다.

그 과정에서 나는 공학을 공부하던 시절에 배웠던 것과 유사한 접근방식을 확인할 수 있었다. 엔지니어가 효율적인 구조를 설계하기 위해서는 먼저 반대되는 힘(공기저항이나 중력)을 확인해야 한다. 즉, 엔지니어는 성공을 가로막는 장애물을 먼저 정의함으로써 문제를 해결한다. 행동 변화를 공부하면서 나는 그 똑같은 전략의 힘과 가능성을 이해하기 시작했다. 이는 상대방의 약점에 새롭게 주목함으로써 테니스 인생의 전환점을 마련한 애거시의 전략이기도 하다.

물론 행동을 바꾸려 할 때, 우리의 적은 네트 너머에서 우리를 바라보고 있지 않다. 우리의 적은 바로 머릿속에 있다. 그것은 잊어버림,

자신감 부족, 혹은 게으름이나 유혹을 이기지 못하는 성향이다. 최고의 전략가는 도전과제가 무엇이든 간에 자신의 적을 파악하고 그에 따라 움직인다.

이 책의 목적은 바로 그러한 방식으로 당신이 움직이게 만드는 것이다. 그러려면 길버트의 승리 전략을 행동 변화에 적용하는 노력이 필요하다. 이후 장들에서 우리는 각자 극복해야 할 상대가 무엇인지 확인하고, 상대가 어떻게 자신의 발전을 가로막는지 이해한 후, 이를 극복하기 위해 어떻게 과학적으로 입증된 맞춤화 기술을 적용할 것인지 살펴볼 것이다. 각 장은 자신과 성공 사이에 놓인 내적 장애물에 주목한다. 따라서 이 책을 모두 읽었을 즈음이면, 아마도 당신은 어떻게 장애물을 인식하는지 그리고 어떻게 이를 극복할 수 있는지 이해하게 될 것이다.

운 좋게도 나는 세계 최고의 경제학자와 심리학자, 컴퓨터공학자, 의사들 수십 명과 함께 연구하는 기회를 누렸다.[29] 이들 모두 '행동 변화를 통해 삶을 개선한다'라는 나의 목표를 함께 공유했다. 우리는 집단적인 연구[30]를 통해 주요한 통찰력을 제시했으며, 덕분에 이미 많은 대학이 학생들의 학업 성취도를 높이고, 의료 단체가 관련 종사자들의 불필요한 항생제 처방을 줄이고,[31] 비영리 단체들이 자원봉사자의 참여를 확대하고,[32] 기업들이 복지 프로그램에 대한 직원 참여를 강화하는 데 도움을 얻었다.[33] 또한 우리는 사람들이 운동하는 습관을 들이고,[34] 식습관을 개선하고,[35] 예금잔고를 늘리고,[36] 혹은 선거일에 투표소에 가는 데[37] 도움을 주는 다양한 기술을 개발했다.

　나는 이러한 방법을 꾸준히 활용함으로써 작고 사소한 변화가 누적되어 중요한 결과로 이어지는 경험을 당신도 하게 되길 바란다. 이는 안드레 애거시가 경력의 전환점을 맞이할 수 있게 도움을 줬던 접근방식이다. 애거시는 브래드 길버트의 전략을 매 시합마다 적용했고, 그 과정에서 경쟁 상대를 물리치기 위해 맞춤화된 구체적인 전략을 활용했다. 그렇게 그는 승리를 쌓아 나갔다. 1994년 US 오픈에서 깜짝 우승[38]을 차지한 이후로, 애거시는 세계 1위 자리를 탈환했고 101주 동안이나 그 자리를 지키면서 전설적인 경력을 쌓았다.[39]

　브래드 길버트는 조언을 통해 애거시에게서 변화를 이끌어 냈다. 이제 이 책에 담긴 전략들이 당신의 불리한 상황을 유리한 방향으로 전환하는 변화를 만들길 바란다.

케이티 밀크먼

차례

Chapter 1

시작하기

2012년 처음으로 거대한 구글 본사에 방문했을 때, 나는 마치 윌리 윙카 초콜릿 공장에 들어선 아이가 된 느낌을 받았다. 캘리포니아 마운틴뷰에 자리 잡은 구글 캠퍼스는 다양한 최첨단 시설과 더불어 약간의 엉뚱함을 뽐내고 있었다. 사무실 건물을 지나는 동안에 나는 비치발리볼 경기장, 기발한 조각품, 브랜드 장난감으로 가득한 선물 가게 그리고 세계적인 수준의 무료 레스토랑을 봤다. 참으로 놀라운 광경이었다.

구글은 나를 포함해 여러 학자를 고위인사 관리자를 위한 워크숍에 초청했다. 하지만 세계에서 가장 혁신적이고 성공적인 이 기업이 대체 우리에게 무엇을 원하는지 짐작할 수 없었다. 구글 로고가 인쇄된 자전거를 타고 지나가는 직원들의 미소에서는 분명 아무런 문제도 감지할 수 없었다. 구글은 내가 그곳을 방문하던 해의 전년도에 무려 380억 달러 매출을 기록한 상황이었다.[40]

그러나 문제가 없는 기업은 없다. 구글도 예외일 수 없다. 구글은 직원들이 직장과 가정에서 더 나은 의사결정을 내리도록 도와주는 새로운 방법을 찾고자 이 워크숍을 개최했다. 특히 그들은 생산성은 물론,[41] 직원의 건강과 재정적 안전(이 두 가지는 업무 성과 개선과 관련 있다)[42]을 개선하는 데 주목하고 있었다. 행사가 진행되는 가운데 와튼 스쿨 졸업생이자 구글의 부사장으로서 수년 동안 인사조직에 몸담았던 프라사드 세티Prasad Setty[43]가 내게 별로 흥미로워 보이지 않는 질문을 던졌다. 하지만 그 질문은 결국 내가 중요한 발견을 하도록 이끌어준 것으로 드러났다.

그의 설명에 따르면, 구글은 직원들에게 삶과 업무를 동시에 개선하는 것과 퇴직연금에 대한 무관심, 지나친 소셜미디어 사용, 신체 활동 부족, 건강에 해로운 식습관, 흡연 등의 문제를 해결하기 위해 설계된 다양한 복지 프로그램을 제공했다.[44] 그런데 이상하게도 이 같은 프로그램에 대한 직원 참여도는 크게 부족했다. 프라사드는 자신의 팀이 개발한 많은 프로그램(구글이 비용의 상당 부분을 부담하는)이 전반적으로 외면받고 있다는 사실에 놀라고 당황했다. 왜 직원들은 무료 기술개발 강의에 참석하지 않는가? 왜 기업의 퇴직연금 프로그램(401(k))과 운동 프로그램에 서명하지 않는 것인가?

프라사드는 이에 대해 몇 가지 설명을 내놨는데, 모두 그럴듯해 보였다. 아마도 프로그램 홍보가 제대로 되지 않아서였을 것이다. 아니면 직원들이 너무 바빠서 프로그램에 참여할 시간이 없었는지도 모른다. 또한 프라사드가 궁금해한 것은 '타이밍', 즉 시점이었다. 그는 물었다. 구글이 직원들에게 이러한 프로그램을 제안해야 하는 때는 '언제'인가? 일정상, 혹은 직원들의 경력상 행동 변화를 격려하기 위한 이상적인 시점[45]이 있는가?

나는 잠시 생각했다. 프라사드의 질문은 분명히 중요한 것이었다. 그런데 내가 생각하기로 이러한 질문들은 학자들이 지금껏 주의 깊게 들여다보지 않았던 것이었다. 행동 변화를 위한 프로그램을 효과적으로 홍보하고자 한다면, 그것을 '언제' 시작해야 할지를 알아야 하는 게 당연했다.

나는 프라사드에게 즉각적인 답변을 내놓지 못했지만, 그래도 무언가 떠오르는 게 있었다. 나는 그에게 확고한 증거에 기반을 둔 대답을 제시하기 전에 먼저 학술 자료를 검토하고 직접 데이터를 수집할 필요가 있다고 말했다. 그러고 나선 필라델피아에 있는 나의 연구팀으로 어서 돌아가고픈 마음에 몸이 근질거리기 시작했다.

백지상태의 힘

프라사드 같은 관리자를 만난 게 처음은 아니었다. 나는 그동안 직원들이 건강에 해롭거나 비생산적인 행동을 쉽게 끊어내지 못하는 문제로 골머리를 앓고 있는 수많은 관리자를 만났다. 혼란에 빠진 공중보건 분야의 공무원들과 오랜 시간에 걸쳐 어떻게 사람들이 흡연을 줄이고, 신체 활동을 강화하고, 식습관을 개선하며, 백신 접종률을 높

37

일 것인지에 관해 이야기를 나누기도 했다. 사실 그건 시작에 불과했다. 나는 그들에게서 이러한 푸념을 종종 들었다. 변화가 쉽고, 경제적이며, 도움이 된다고 설명해도 그들이 자신의 행동을 바꾸게끔 설득할 수 없다면, 대체 무슨 마법을 동원해야 한단 말인가?

이 책은 이러한 질문에 대해 많은 해답을 제시하지만(가장 중요한 점은 '상황에 따라 다르다'는 것이다), 그중 하나는 특히 프라사드의 문제와 관련이 깊다. 이는 놀라운 의학적 성공스토리와 더불어 시작한다.

영아급사증후군Sudden infant death syndrome, SIDS은 그 이름만큼이나 무시무시하다. 전 세계적으로 수만 명의 아기[46]가 잠을 자는 동안에 아무 이유 없이 갑작스럽게 사망한다. 수년에 걸쳐 SIDS는 생후 1개월에서 12개월 사이의 미국 유아 사망의 주요 원인을 차지했다.[47] 나는 소아과 의사가 갓 태어난 내 아기를 검사하면서 다양한 위험 요인에 대해 설명할 때 겁에 질렸던 기억이 있다.

수십 년 동안 의학계는 SIDS에 대해 아무런 해답을 내놓지 못했다. 그러던 1990년대 초, 과학자들은 주요한 혁신을 일궈냈다. 그들은 똑바로 누워서 자는 아기들의 사망률이 엎드려 자는 아기들과 비교해서 절반에 불과하다는 사실을 발견했다.[48] 무려 절반!

이 칭찬받아 마땅한 발견은 신속한 행동으로 이어졌다. 의학계는 수십만 명의 목숨을 구할 수 있는 기회를 제시했고, 당연히 공중보건 공동체는 그 소식을 즉각적으로 널리 알렸다. 미국 정부는 야심 차게도 백투슬립Back to Sleep 캠페인을 출범해서[49] 이제 막 부모가 된 사람들에게 아기를 똑바로 뉘어서 등을 대고 자게 하는 것이 중요한 이유를 교육하기 시작했다. 그리고 미국 국립보건원National Institutes of Health은 수많은 TV 광고를 내보내고, 관련 홍보자료를 병원 및 진료실에 배포했다.

물론 보장된 성공이란 없다. 사실 이와 같은 대다수의 캠페인이 실패로 끝난다. 그래서 내가 실망한 공중보건 공무원들과 그렇게 자주 통화하는 것이다. 예를 들어, 체인 레스토랑들에 칼로리 표기를 하게 함으로써 비만을 줄이고자 한, 최근 세간의 이목을 끌었던 건강 캠페인에 대해 한번 생각해 보자. 이 캠페인은 소비자에게 빅맥이나 프라푸치노의 칼로리가 얼마나 높은지를 알려 줌으로써[50] 칼로리 소비를 줄일 수 있을 것으로 기대를 모았지만…, 사실상 효과는 전혀 없었다. 2010년부터 국민을 대상으로 매년 독감예방 접종을 받게 설득하고 있는 미국 보건당국의 캠페인[51]은 또 어떤가? 그 효과는 미미했다. 캠페인이 실행되기 전 39%[52]였던 접종률이 겨우 43%[53]로 증가하는 데 그친 것이다. 따라서 백투슬립 캠페인 역시 과거의 많은 시도가 그랬던 것처럼 실질적으로 아무 효과 없이 끝날 것으로 예상하기에 충분했다.

그러나 다행스럽게도, 이 캠페인은 성공적이었다. 1993년부터 2010년까지,[54] 미국에서 등을 대고 똑바로 누워서 자는 아기의 비중은 17%에서 73%로 4배 이상 증가했고, SIDS로 인한 사망률도 크게 줄었다. 이 메시지는 지금도 의미가 있다. 캠페인이 시작된 지 수십 년이 흐른 2016년, 내가 필라델피아에서 아이를 낳았을 때 의사는 내게 백투슬립 팸플릿을 건네주었다.

백투슬립이 이처럼 엄청난 성공으로 이어진 것에 반해, 왜 다른 수많은 캠페인은 실패로 끝난 것일까? 나는 타이밍에 관한 프라사드의 질문으로부터 영감을 얻어 하나의 가설을 세웠다.

부모가 된다는 것은 삶의 가장 분명한 전환점 중 하나다. 출산 하루 전까지도 나의 세상엔, 입히고, 먹이고, 보호하고, 달래야 할 무력한 아기가 없었다. 그러나 이제 모든 것이 바뀌었다. 부모가 된다는 것은 완전히 새로운 일이며, 그렇기에 깨뜨려야 할 오랜 습관이나 없애버려야 할 기존 루틴도 없다. 더 좋든, 더 나쁘든, 모든 일이 완전히 새롭게 시작된다. 바로 이러한 중요한 시점에 백투슬립 메시지가 전달된다. 그 시점, 우리의 행동 방식은 고정되지 않았고, 무엇이든 똑바로 제대로 하고자 하는 마음의 준비가 되어 있다. 나는 직감했다. 사람들의 행동 패턴을 바꾸는 데 그보다 더 좋은 시점은 없다는 것을 말이다. 당신의 부모가 혹은 조부모가 그 전에 어떻게 행동했든 상관없이, 의사가 당신에게 아기를 똑바로 뉘어서 재우는 것이 중요하다고 말할 때, 당신은 기꺼이 따를 준비가 되어 있다. 게다가 그때 당신에게는 맞서 싸워야 할 나쁜 습관 같은 것도 없다.

이 사례를 성인들의 식습관과 흡연, 백신 접종에 영향을 미치고자 마련한 공중보건 캠페인과 비교해 보자. 이 캠페인들은 바쁜 삶의 가운데서 우리를 붙잡는다. 이미 틀에 박힌 일상은 변화의 가능성을 제한한다. 그 메시지가 삶과 죽음을 가르는 중요한 차이를 만들어 낼 수 있는데도, 우리는 종종 이를 외면한다.

자신이나 다른 사람의 행동을 바꾸고자 할 때 백지상태(새로운 시작)에서 시작한다면, 또 발목을 잡는 오랜 습관을 가지고 있지 않다면, 우리는 대단히 유리한 위치에 서 있는 셈이다. 구글을 방문하고 난 이후로, 나는 이러한 통찰이 대단히 중요함에도 제대로 주목받지 못하고 있다는 생각이 들었다.

다만 문제가 하나 있다. 그것은 진정한 백지상태가 지극히 드물다는 것이다. 우리가 바꾸려는 대부분의 행동은 일상적이고 습관적인데다 치밀하게 잘 짜인 루틴으로 굳어져 있다.

그러나 다행스럽게도, 백지상태가 아니라고 해서 변화가 불가능한 것은 아니다. 그저 힘들 뿐이다. 내가 구글에서 얻은 예감은, 완전한 백지상태가 아니라고 해도 백지상태의 '느낌'을 얼마든지 이용할 수 있다는 것이었다.

새로운 시작 효과

2012년, 구글에서 돌아오자마자 나는 박사과정에 있는 헹첸 다이 Hengchen Dai(지금은 UCLA 교수인)와 하버드 객원 교수인 제이슨 리스

41

Jason Riis를 만났다. 나는 그들에게 프라사드의 질문을 들려주면서, 사람들은 새로운 시작을 하고 있다고 느낄 때 변화에 더욱 개방적이 된다는 나의 직감에 대해 이야기하고 싶었다.

나의 설명을 듣던 헹첸과 제이슨의 눈빛이 빛났다. 그들 역시 시점이 변화에서 대단히 중요한 요인이라는 것을 즉각적으로 이해했다. 우리는 사람들이 새로운 시작처럼 느껴지는 순간, 변화에 본능적으로 이끌린다는 사실을 알았다. 가령 새해 결심을 떠올려 보자. 반면 경제학 이론에서는, 인간의 기호는 새로운 제약이나 새로운 정보, 혹은 생각이나 예산에 대한 조정을 강제하는 가격 충격 같은 변화하는 환경에 직면하지 않는 이상, 장기적으로 안정적이라고 가정한다. 그러나 헹첸과 제이슨 그리고 나는 이러한 가정이 틀렸으며, 환경에 변화가 없더라도 사람들이 자신을 바꿔야 한다고 느끼는 체계적이고 예측 가능한 시점이 분명히 있다고 생각했다. 우리는 들뜬 마음으로, 새로운 시작이 행동 변화를 자극하는 시점에 관해 이야기를 나누면서 각 사례에서 공통점은 무엇인지 그리고 동기가 바뀌는 이유는 무엇인지 등을 논의했다.

새로운 시작 시점에서 발동하는 변화의 대부분은 사소한 것이었다. 가령 손톱을 물어뜯는 습관을 고치고, 교통사고 이후 다시 자동차 핸들을 잡게 되고, 실연을 겪고 난 이후에 새로운 연애 전략을 활용하는 것처럼 말이다. 그러나 나는 보다 중대한 변화에 관한 이야기도 들었다. 예를 들어, 베스트셀러 《채리티: 워터*Thirst*》의 저자 스콧 해리슨

Scott Harrison의 사례를 살펴보자.[55] 스콧은 새해 첫날, 금욕적인 삶과 비영리사업을 위해 앞으로 광란의 파티를 벌이는 클럽 기획자로서의 역할을 중단하리라 결심했다. 새로운 시작은 실질적인 변화를 자극하는 기회로 보였다.

팀 회의를 하는 동안에 헹첸과 제이슨과 나는 새해의 위력을 즉각 인식했지만, 이는 보다 광범위한 현상 중에서 잘 알려진 하나의 사례에 불과하다는 느낌을 받았다. 즉, 사람들이 자신에게 새로운 시작의 기회가 주어졌다고 인식하면서 기꺼이 변화하고자 하는 많은 순간 중 하나라고 생각했다. 남은 과제는 이와 같은 반응을 촉발하는 또 다른 순간을 확인하고, 그러한 순간이 왜 그리고 어떻게 우리를 움직이게 만들고 변화를 자극하는지 이해하는 것이었다.

가장 먼저, 헹첸은 사람들이 새해와 같은 특별한 시점을 어떻게 생각하는지에 관한 기존의 연구자료를 파헤친 끝에 흥미로운 사실을 발견했다. 또 사람들이 어떻게 시간의 흐름을 인식하는지에 관한 심리학 분야의 자료를 살펴보았는데, 거기서 우리는 사람들이 시간을 연속체가 아닌 '에피소드' 단위로 생각하며,[56] 우리 삶에서 특별한 순간으로부터 이야기 흐름을 만들어 내는 성향이 있다는 사실을 발견했다. 가령 대학 기숙사에 들어가던 날에 하나의 장(대학 시절)이 시작되고, 첫 출근 날에 또 하나의 장(컨설턴트 시절)이 시작된다. 그리고 마흔 번째 생일에 새로운 장이 시작되고, 새해, 혹은 새천년 첫날에 또 다른 장이 시작되는 식이었다.

우리는 지극히 사소한 것이라도 새로운 삶의 단계가 사람들에게 백지상태의 인식을 가져다준다는 사실을 알게 되었다. 이러한 새로운 삶의 단계야말로 우리가 어떤 존재인지, 무엇을 하며 살아가는지를 정의하는 순간이며, 사람은 이러한 순간을 통해 삶의 전환점을 맞이한다. 예를 들어 우리는 '학생'에서 '직장인'이 되고, '임차인'에서 '주택소유주'가, '독신'에서 '기혼자'가, '성인'에서 '부모'가, '뉴요커'에서 '캘리포니안'이, '90년대 주민'에서 '21세기 미국인'이 된다. 이러한 명칭은 우리 행동에 대단히 중요하다. 우리에게 주어지는 명칭,[57] 이를테면 '유권자'(그냥 투표하는 사람이 아니라)나 '당근 섭취자'[58](가능할 때마다 당근을 먹는 사람이 아니라), 혹은 '셰익스피어 독자'[59](셰익스피어 작품을 많이 읽은 사람이 아니라) 같은 것이 우리 자신을 설명하는 방식뿐 아니라, 우리가 행동하는 방식에도 지대한 영향을 미친다.

'새해'에 '새로운 자아'가 변화를 만들어 낼 수 있다고 기대하면서 새해 결심을 세울 때, 명칭은 힘을 발휘한다. 새해의 힘과 관련된 사례 중 내가 좋아하는 것이 있다. 레이 자하브Ray Zahab의 이야기다. 레이는 내가 의사결정을 주제로 진행한 팟캐스트에 손님으로 출연했던 인물이다. 그는 90년대의 장이 끝나고 새로운 장이 시작된 새천년의 시점을 활용해 자신의 삶을 전환했다.[60]

그전까지만 해도 레이는 술과 담배에 절어 살았고, 맥도널드에서 세 끼를 모두 해결한 날도 있었다. 삼십 대 초반이 되었을 때, 레이는 어떻게든 변하고 싶었다. 건강과 날씬한 몸매를 잃어버린 자신의 삶이 혐오스러웠다.

그는 자신이 장거리 달리기를 하는 자신의 형처럼 될 수 있을지 궁금했다. 장거리 달리기는 흡연자에게는 불가능한 일이라는 사실을 깨닫는 데는 오래 걸리지 않았다. 이를 위한 분명한 첫 단계는 금연이었다. 그러나 레이는 담배를 끊을 수 없었다. 계속해서 시도했지만 강력한 흡연 욕구가 그의 발목을 잡았다. 자신을 반대 방향으로 몰고 가려면 다른 무언가가 필요했다.

그때 아이디어가 떠올랐다. 그것은 세기의 전환, 즉 1999년 마지막 날을 이용해서 금연하는 것이었다. 레이는 이렇게 설명했다. "그날을 이용하기로 했습니다. 그날은 모두의 마음속에 중요한 마지막이었으니까요. 한 세기의 끝이잖아요? 인류에게 있어 새로운 시작을 위한 전환점이었죠."

1999년 12월 31일 자정 직전, 레이는 마지막 담배를 태웠다. 그러면서 이렇게 혼잣말을 했다. "지금 못 하면 영원히 못 할 거야."

다음 날 아침, 레이는 강한 흡연 욕구와 함께 잠에서 깼다. 그는 그날을 이렇게 떠올렸다. "하지만 이제 2000년 1월 1일이야." 새천년이 도래했고, 그는 중요한 경계선을 넘었다. 레이는 이제 더는 담배를 끊지 못하던 과거의 그가 아니었다. "제 마음속 작은 불꽃이 이렇게 외치더군요. '할 수 있어.'"

결국 레이는 성공했다. 그는 영원히 담배를 끊었다.

2003년 그는 세계에서 가장 힘든 경주 중 하나인 100마일 유콘

아크틱 울트라Yukon Arctic Ultra 대회에서 우승을 차지했다. 레이는 그 승리가 2000년 첫날 시작된 것이라고 말했다. 그날은 그의 삶에서 다른 모든 것을 가능하게 만들어 준 순간이었다.

물론 레이는 새해 시작과 더불어 자신의 삶을 바꾼 사람 중 극적인 경우에 해당한다. 하지만 매년 1월 1일[61] 미국인의 약 40%가 새로운 변화를 결심한다. 가령 다이어트, 은퇴를 위한 저축, 외국어 습득 같은 변화 말이다.

새해가 시작되면 우리는 업무시간에 소셜미디어를 끊고, A 학점을 받고, 더 나은 동료가 되고, 건강한 식단을 실천하기 위한 과거의 도전과 실패를 마치 다른 사람의 일인 양 바라본다. 작년에는 업무 중 소셜미디어 끊기나 금연에 실패했다. 그러나 새해에 접어들면 이렇게 생각한다. "그건 과거의 나였고, 이제는 새로운 나다."

바로 이 지점에서 헨첸과 제이슨과 나는 생각했다. 사람들이 새로운 순간을 맞이했을 때, 그들이 변화를 가로막는 힘든 장애물을 극복하도록 보다 효과적으로 도움을 줄 수 있겠다고. 다만 우선 그러한 생각을 검증할 필요가 있었다.

우리는 가장 먼저, 사람들이 자연스럽게 변화를 추구하게 되는 것이 언제인지 알 수 있는 정보를 수집했다.[62] 그리고 다양한 데이터베이스에 걸쳐 동일한 패턴을 확인할 수 있었다. 캠퍼스 내 헬스장의 경우, 대학생들은 1월뿐만 아니라 주초, 연휴 이후, 새 학기 초 그리고 생일 이후(단, 21번째 생일은 제외하고. 그 이유는 뭘까?)에 더 많이 방문했다. 마찬가지로 우리는 역시, 1월과 월요일, 연휴 직후에 온라인 목표 수립(유명한 목표 설정 웹사이트인 스틱K stickK의 자료에 따를 때) 및 '다이어트' 검색에서 뚜렷한 상승을 확인했다. 또한 사람들의 생일이 스틱K 상에서 더 많은 목표 수립과 관련이 있다는 사실도 알 수 있었다.

우리는 데이터 분석을 통해 뚜렷하고 일관적인 그림을 확인했고, 헹첸과 제이슨과 나는 그 패턴을 "새로운 시작 효과 fresh start effect"라고 불렀다.

미국인을 대상으로 새해 첫날이나 생일과 같은 새로운 시작일에 대해 어떻게 느끼는지 조사했을 때, 여러 사람이 새로운 시작이 일종의 심리적 '재도전'의 기회를 제공한다고 답했다. 그런 날 사람들은 과거의 실패로부터 멀리 떨어져 있다고 느낀다.[63] 그들은 자신이 마치 다른 사람이라도 된 것처럼, 미래를 낙관적으로 바라볼 타당한 이유라도 생긴 것처럼 행동한다.

사람들은 새로운 시작이라고 느끼는 날에 더 많은 변화를 추구한다. 이러한 순간이 목표에 대한 새로운 도전을 가로막은 공통적인 장애물, 다시 말해 예전에도 실패했고 그래서 앞으로도 실패할 것 같은 두려움을 극복하도록 도움을 주기 때문이다.

이와 같은 이유에서 나는 월요일마다 이번 주가 지난주보다 더욱 생산적이리라 기대하고, 많은 사람이 새해 첫날뿐 아니라 생일에 새로운 결심을 세운다. 우리는 새로운 시작을 하면서[64] 잠시 숨을 돌리고 숙고하며 더 큰 그림을 떠올린다. 그리고 더 많이 변화를 모색한다.

47

이로써 헹첸과 제이슨과 나는 새로운 시작이 왜 중요한지 분명히 이해했고, 관련된 증거도 확보했다. 그런데도 한발 더 나아가, 삶을 바꾸는 잠재력으로 가득한 순간이 그밖에 더 있는지 알아보고 싶었다.

달력을 넘어서

1970년대 초, 미 연방전력위원회 변호사인 밥 패스Bob Pass는 여자 친구와 함께 국립동물원에 놀러 갔다가 대규모 유인원 전시회를 보게 되었다. 그는 우리에 갇힌 고릴라를 바라보다가[65] 여자 친구에게 이렇게 말했다. "그들이 어떤 기분인지 정확히 알겠어."

얼마 후, 밥은 직장을 그만두었다. 그는 기분 전환을 위해 여행을 한 뒤, 지역 컨트리클럽에서 테니스를 가르치기 시작했다. 그는 변호사로서 일을 할 때보다 더 행복하다고 느꼈지만, 이 생활을 오래할 수는 없다는 것을 알았다. 아내와 아이들을 부양하려면 자신이 잠시 떠나온 안정적인 일자리가 필요했기 때문이다.

다시 얼마 후, 밥은 정장을 차려입고 한 로펌의 채용 면접을 봤다. 면접은 순조롭게 진행되었지만, 갑자기 몸에 통증을 느낀 그는 차를 몰고 집으로 돌아가야만 했다. 그리고 이틀 후에 밥은 심장판막 포도상 구균 감염으로 입원했다. 회복 가능성은 확실하지 않았다.

그러나 얼마 지나지 않아 이 같은 경험이 얼마나 중요한지 드러났다. 삶과 죽음에 대해 걱정하며 병상에 누워 있는 동안 밥은 좀 전에 받았던 채용 제안을 포함해서 자신의 과거와 현재에 대해 골똘히 생각했고, 분명한 결론에 도달했다. 그것은 더는 변호사 생활을 하기 싫다는 것이었다. 죽음에 대한 생각이 삶의 새로운 길을 모색하는 기회가 된 것이다. 밥은 이렇게 말했다 "삶을 똑바로 바라보게 되었죠."

밥은 자신이 테니스 코치 일을 사랑한다는 사실을 깨달았다. 변호사로서 안정적인 일자리를 포기한 뒤, 그는 1973년에 몇 명의 수강생들과 함께 테니스 아카데미를 시작했다. 그리고 몇십 년이 흘러 내가 그의 번창하는 아카데미의 수강생이 되었을 때, 밥은 내게 자신의 이야기를 들려주면서 그것이 인생 최고의 결정이었다고 말해 주었다.[66]

나는 새로운 시작에 관해 온종일 생각하다가, 밥으로 하여금 삶의 한 장을 마무리하고 새로운 장을 시작할 용기를 갖게 만든 건 다름 아닌 건강에 대한 두려움이라는 것을 이해하게 되었다. 그의 경우, 달력의 특정한 날짜와는 아무 관련이 없었다. 삶에서 중요한 사건이 새로운 시작을 가능하게 한 것이다.

밥의 사례에서는 질병이 새로운 시작을 위한 자극제가 되었다. 하지만 여러 연구 결과들이 일상적인 사건, 즉 국가 간 이동이나 직장 내 승진, 혹은 통근 수단의 변경 같은 일들이 그러한 자극제가 될 수 있음을 보여 준다.

1994년에 발표된 한 논문에서, 두 심리학자[67]는 경력 전환이나 개인적인 관계 종료, 혹은 다이어트 돌입 같은 의미 있는 삶의 변화에 도전했던 사람들 100명 이상을 대상으로 조사를 실시했다. 놀랍게도 성공적인 도전의 36%가 이사를 했을 때 이뤄졌으며, 이사 후 도전이 실패로 돌아간 경우는 13%에 불과하다는 사실도 발견했다. 이러한 통계 자료는 변화를 모색할 때, 물리적 이동에 따른 변화가 달력상 새로운 시작에 의해 촉발된 것만큼 강력한 위력을 발휘한다는 사실을 보여 준다.

그러나 이러한 새로운 시작은 달력의 날짜와는 달리, 경제학 이론의 예측과 모순을 이루지 않는다. 이러한 시작이 우리의 관점뿐 아니라, 실제로 삶의 환경을 '바꾸기' 때문이다. 그리고 그 과정에서 우리는 예전에는 인식하지 못했던 변화를 향한 새로운 길을 발견하게 된다. 가령 2014년 런던 지하철 파업[68]에 대해 생각해 보자. 파업이 벌어지면서 몇몇 지하철 역사가 폐쇄되었고, 이로 인해 수십만 통근자들이 새로운 교통수단을 이용해야 했다. 그런데 이 때문에 일부는 새롭고 보다 효율적인 통근 경로를 발견하게 되었고, 지하철 이용객의 약 5%가 통근 습관과 관련해서 긍정적이고 지속적인 변화를 경험했다. 이사나 지하철 파업과 같은 물리적인 변화는 기존의 행동을 파괴하고 사람들이 더 나은 접근방식을 인식하는 데 도움을 준다. 또 이러한 변화는 순수하게 '심리적인' 새로운 시작에 따른 동일한 이익을 가져다주며, 자전적인 기억에서 새로운 장을 열어 준다. 이것만 보면 변화가 한층 통제 가능하고 매력적인 과제처럼 보일 것이다.

그러나 모든 변화가 똑같이 일어나지는 않는다. 가령 텍사스 A&M 대학의 편입생을 대상으로 진행한 연구[69]를 살펴보자. 이들 편입생 중 일부는 다른 지역에서 왔고, 다른 일부는 지역 칼리지 출신이었다. 연구원들은 환경에 큰 변화가 없는 학생과 환경이 크게 바뀐 학생들을 비교했다. 일부 편입생은 환경적 측면에서 사소한 변화만 경험했는데, 일상생활을 대부분 유지하면서 동일한 지역에서 똑같은 친구들과 교류했다. 반면 다른 편입생들은 보다 실질적인 변화를 경험했다.

연구자들은 학생들이 경험한 변화의 유형이 TV 시청이나 신문 구독, 혹은 운동 습관에 영향을 미쳤는지 살펴봤다. 그 결과, 변화의 정도가 대단히 중요한 역할을 한 것이 드러났다. 환경이 크게 변하지 않은 지역 칼리지 출신 학생들은 기존 습관을 대부분 유지했던 반면, 큰 변화를 겪은 학생들은 더 많은 행동 변화를 경험했다. 이와 마찬가지로 헹첸과 제이슨과 나는 연구를 통해 달력상 특정 시점이 다른 시점보다 더 뚜렷한 반응을 촉발한다는 사실을 확인했다.[70] 예를 들어, 새해 첫날은 일반적인 월요일보다 행동에 훨씬 더 큰 영향을 미친다. 특정한 날짜의 의미가 클수록 우리는 한 걸음 물러서서 상황을 새롭게 바라보고, 심리적인 차원에서 과거와의 뚜렷한 단절을 경험하게 된다.

이 연구 결과에 대해 더 깊이 생각하면서 나는 사람들이 새로운 시작의 잠재력을 충분히 활용하지 못하고 있다는 사실을 더 분명히 깨닫게 되었다. 변화를 희망할 때, 우리는 주변 환경을 재편함으로써 기존의 습관과 사고방식에 영향을 미칠 수 있다. 일을 할 수 있는 새로운 커피숍을 발견하거나 새로운 체육관을 찾는 것도 간단한 재편의 방법이 될 수 있다. 우리는 자신에게 무엇이 중요한지 새롭게 평가하기 위해서, 환경의 변화를 이용하는 방법을 모색해야 한다. 그것이 질병이든 승진이든, 아니면 이사든 간에, 이러한 기회는 우리에게 삶의 전환에 필요한 계기를 선사한다.

새로운 시작의 문제

구글에 방문한 지 2년쯤 흘렀을 때, 박사과정 학생이었던 헹첸이 자신의 박사 논문에 관한 아이디어를 들고 나를 찾아왔다. 그녀는 메이저리그 야구MLB에 관해 연구하고 싶다고 했다. 이전에 단 한 번도 그녀에게서 스포츠팬이라는 인상을 받아 본 적이 없었던 나는 그녀의 결정에 놀라지 않을 수 없었다.

그러나 헹첸이 내셔널리그와 아메리칸리그 사이의 선수 트레이드와 관련된 규칙의 이상한 측면에 대해 설명했을 때, 나는 그녀가 왜 연구 과제로 이를 선택했는지 이해할 수 있었다. 그녀는 내게 이렇게 물었다. "선수가 시즌 중반에 다른 리그로 트레이드될 때, 그들의 시즌 성적이 막 경력을 시작한 것처럼 새롭게 기록된다는 사실을 아세요?" 반면 동일한 리그 안에서 트레이드가 이뤄질 경우, 그들의 시즌 성적은 아무 일도 없었던 것처럼 이어서 기록된다.

단숨에 이해할 수 있었다. 헹첸은 리그 간 트레이드에 따른 '리셋'이 선수들에게 일종의 새로운 시작을 의미하기에 야구에 주목한 것이었다. 여기서의 리셋은 말 그대로 통계 자료의 백지상태를 뜻했다. 새로운 시작을 주제로 함께 추진했던 연구에서 우리는 그와 같은 형태의 리셋에 주목한 적이 없었다.

물론 리셋의 사례는 우리 주변에 널렸다. 매일 아침 일어날 때마다 핏비트 앱 화면 속에 떠 있는 걸음 수는 '0'으로 바뀐다. 어제의 걸음 수는 과거가 되고 나는 새로운 시작을 해야 한다. 마찬가지로 매 학기 새로운 학생들이 내 강의를 들으러 올 때마다, 그들이 이전에 다른 과목에서 받은 성적은 나로부터 받게 될 성적에 아무런 영향을 미치지 않는다. 그 밖에도 이익보고서와 매출 기록 그리고 여러 다양한 통계 자료는 매년, 매월, 혹은 매주 깨끗하게 리셋된다. 그렇지만 헹첸이 박사 논문에 대한 아이디어를 들고 나를 찾아왔을 때, 이러한 유형의 리셋이 목표를 향한 발전에 어떤 영향을 미치는지에 대해 우리가 알고 있는 바는 거의 없었다.

헹첸은 통계적으로 구별할 수 없는 두 야구 선수가 주요한 변화(새로운 팀으로 트레이드되는 일)를 경험할 때, 그러나 오직 한 선수에게만 백지상태의 기회가 주어질 때 무슨 일이 벌어지는지 살펴보고자 했다. 예를 들어, 시즌 중반까지 타격에서 동일한 성적을 올리고 있는 두 선수, 즉 재키 로빈슨과 재키 로빈스가 있다고 상상해 보자. 이제

두 사람은 새로운 팀으로 트레이드된다. 그런데 재키 로빈슨은 다른 리그로 트레이드되면서 시즌 성적이 리셋되는 반면, 재키 로빈스는 리그 안에서 트레이드되어 시즌 성적이 그대로 이어진다. 그렇다면 무슨 일이 일어날까?

헹첸은 40년에 달하는 메이저리그 데이터를 분석했다.[71] 그리고 그 대답이 두 재키가 그때까지 올린 성적에 달렸다는 사실을 알게 되었다. 첫째, 낮은 타율[72]을 기록했던 선수들은 다른 리그로 트레이드되었을 때 도움을 받았다. 새로운 시작에 대한 지난 연구와 일관되게, 헹첸은 이들 선수의 경우 리그 내에서 트레이드된 선수들보다 트레이드 이후에 성적이 훨씬 더 크게 향상되었다는 사실을 확인했다.

내가 대학원생이었던 2004년, 우리 홈 팀인 보스턴 레드삭스는 이러한 시즌 중반 리셋으로 인해 도움을 얻었다. 그해 유격수 올란도 카브레라Orlando Cabrera[73]가 몬트리올 엑스포스에서 리그를 건너 레드삭스로 트레이드되었다. 그때까지 올란도의 시즌 타율은 2할 4푼 6리로 그해 메이저리그 평균인 2할 6푼 5리에 못 미치는 기록이었다. 그러나 레드삭스로 넘어오면서 그의 시즌 성적은 리셋되었고, 타율이 2할 9푼 4리로 29%나 뛰면서 보스턴 야구팬들을 놀라게 했다.

그러나 헹첸을 더욱 놀랍게 만든 것은 새로운 시작이 항상 긍정적인 영향만 미치는 건 아니라는 사실이었다. 전반적으로 트레이드 이전에 높은 타율[74]을 기록했던(시즌이 순조롭게 흘러가고 있었던) 선수들은 트레이드 이후에 성적이 떨어지는 경향을 보였다. 그리고 놀랍게도, 선수의 타율이 리그를 건너뛴 트레이드로 인해 깨끗하게 지워졌을 때 하락폭은 더욱 뚜렷했다(이러한 패턴은 하락이 단지 평균으로의 회귀는 아니라는 사실을 말해 준다). 고전하고 있던 선수들이 트레이드로부터 도움을 얻은 반면, 최고 성과자들은 리셋으로부터 어려움을 겪었다. 리셋이 그들의 최근 성공이 과거 일처럼 느껴지게 만들고, 처음부터 기록을 새롭게 세워가게끔 강요한 것이다.

제로드 살타라마치아Jarrod Saltalamacchia 역시 만사가 뜻대로 돌아가고 있을 때는 새로운 시작이 암울한 경험이 될 수 있다는 사실을 힘들게 깨달았다.[75] 2007년 애틀랜타 브레이브스에서 2할 8푼 4리의 타율을 기록하던 포수 살타라마치아는 그해 시즌 중간에 리그를 건너 텍사스 레인저스로 트레이드되었다. 그리고 10월경 그의 타율은 13% 더 낮은 2할 5푼 1리로 떨어졌다. 헹첸의 예측과 같았다.

야구에 대한 연구는 헹첸이 동일한 패턴을 확인한 여러 연구 중 하나에 불과했다. 사람들을 모집해 단어 검색 같은 과제를 수행하거나 그들의 개인적인 목표를 추적하게 했던 실험에서,[76] 헹첸은 리셋이 낮은 성과자에게는 도움이 되지만, 이미 잘하고 있던 사람에게는 오히려 손해가 된다는 사실을 반복적으로 확인했다.

이는 중요하면서도 주의를 요구하는 교훈이다. 즉, 모두가 새로운 시작으로부터 도움을 얻을 수 있는 것은 아니다. 상황이 순조롭게 흘러가고 있을 때는 어떠한 변화든 방해가 될 수 있다. 우리는 이러한 일을 가정에서 그리고 직장에서 확인할 수 있다. 변화 그 자체로 중요한 일은 아니라고 해도, 결과는 당신의 발목을 잡을 수 있다. 한창 업무에 몰두해 있는데 원치 않는 전화나 수다쟁이 동료 때문에 방해를 받게 되면 어떤 느낌이 드는지 떠올려 보라. 그 한 번의 간섭은 하루의 나머지를 망쳐 버릴 만큼 충분히 강하다. 혹은 아침에 스무디, 점심에 샐러드, 저녁에 집에서 요리한 식사로 구성된 새로운 식이요법을 실천하면서 꽤 효과를 보고 있는 와중에 여름휴가를 떠나게 되거나 수많은 퍼넬 케이크(재료를 깔때기를 이용해 소용돌이 모양으로 뽑아서 굽거나 튀긴 케이크-옮긴이)를 먹게 된다면 어떤가? 이제 당신은 예전의 건강한 습관으로 다시 돌아가지 못한다.

헹첸의 발견 덕분에 나는 과거의 몇몇 연구들을 새로운 시각으로 바라보게 되었다. 학부생들을 대상으로 헬스장에 나가는 새로운 습관을 형성하도록 도움을 줬던 두 실험(내가 이끌었던 실험)에서, 똑같은 위험한 패턴이 모습을 드러냈다. 두 실험에서 휴가 시즌은 학생들에게 부정적인 영향을 미친 것으로 드러났다.[77] 체육관에 나가는 새로운 습관을 형성했던 학생들은 휴가 시즌을 보내고 학교로 복귀했을 때 그 습관으로 다시 돌아가지 못했다.[78] 변화의 효과는 전반적으로 나타났고 학생들의 개선을 과거로 되돌렸다.

이러한 발견들은 새로운 시작이 변화를 시작하는 데는 도움이 되지만, 동시에 제대로 기능하는 루틴에는 방해 요인이 될 수 있다는 사실을 분명하게 보여 줬다. 좋은 습관을 '유지'하고자 한다면, 반드시 유의해야 할 부분이다.

변화를 자극해야 하는 시점

2014년 가을 어느 날, 수천 명의 미국인이 메일함에서 편지 봉투 하나를 발견했다. 봉투 안의 붉은색 편지지에는 커다란 흰색 글씨로 이렇게 적혀 있었다. "기다리지 마세요. … 저축을 시작하세요!"

이 메시지를 받은 모든 사람에게는 두 가지 공통점이 있었다. 첫째, 그들은 내가 포함된 연구팀과 제휴를 맺은 여러 대규모 대학 중 한 곳에서 일하고 있었다. 둘째, 그들은 은퇴를 위한 저축을 거의 하지 않고 있었다.

이전 연구를 통해 우리는 저축을 하지 않는 많은 사람이 사실은 미래를 위해 월급의 일부를 떼어 놓기를 원하고 있다는 걸 알았다.[79] 다만 그들 모두 아직 시작하지 못하고 있을 뿐이었다. 그래서 헹첸과 나는 저축 전문가인 존 버시어스John Beshears와 슐로모 베나르치Shlomo Benartzi와 팀을 이루어 저축을 정말로 쉽게 만들어 줄 방법을 찾고자 했다[80](우리는 편지 안에 곧바로 회신이 가능한 반송 주소를 적고 우표를 붙인 또 하나의 편지를 동봉했다). 편지를 받은 사람이 더 많은 저축을 시작하기 위해 해야 할 일은 해당 칸에 서명하고 확인했음을 표시하는 것뿐이었다. 그러기만 하면 우리가 그들의 월급 중 일부를 퇴직연금 계좌로 송금시키는 나머지 모든 절차를 처리할 계획이었다.

더 많은 사람이 저축을 시작하도록 돕는 일에 열중하는 동안 우리

팀이 가장 관심을 기울인 것은, 언제 저축을 시작하게끔 사람들을 독려해야 할지를 알아내는 것이었다. 우리는 모든 사람에게 지금 당장 저축을 시작할 기회를 제시했지만, 그중 많은 이가 조금이나마 월급이 줄어드는 고통을 연기하고 싶어 하리라 예상했다. 그래서 조금이라도 더 많은 사람이 저축을 시작하도록 설득하기 위해서는 올바른 시점에 변화를 독려하는 게 좋겠다고 판단한 것이다. 이는 처음 구글을 방문했을 때 프라사드 세티가 내게 던졌던 시점에 관한 질문을 상기시켰다.

지금까지 새로운 시작에 관해서 내가 이야기한 모든 것은 그 출발이 프라사드의 질문에 대한 나의 대답임에 분명하다. 그러나 내가 소개한 연구는 다만 새로운 시작 시점이 사람들이 '자연스럽게' 변화에 착수하는 시점이라는 사실만 보여 준다. 그렇다면 실제로는 프라사드의 질문에 대한 답을 내놓지 않은 셈이다. 그가 알고 싶어 한 것은 언제 구글이 변화를 '촉구'해야 하는지였으니 말이다.

나는 헹첸과 제이슨과 함께 진행했던 몇몇 실험으로부터 프라사드의 질문에 대한 대답의 실마리를 얻었다. 우리는 여러 연구를 통해 저마다의 목표를 지닌 펜실베이니아 대학 학부생들을 모아서 그들에게 목표 달성을 위한 시작에 도움을 주겠다고 약속했다. 다음으로 우리는 그들에게 특정한 미래 시점에 새롭고 개선된 행동을 시작하게끔 돕는 이메일 알림을 받는 것에 서명하게 했다. 단, 여기서 우리는 한 가지 기술을 사용했다. 미래의 날짜를 설명하는 방식에 조금씩 변화

를 준 것이다. 관련 연구에서 일부 학생에게는 3월 20일[81]을 '봄의 첫
날'이라고 설명했고, 나머지 학생들에겐 '3월의 세 번째 목요일'이라
고 말했다. 또 다른 연구에서는 5월 14일[82]을 '펜실베이니아 대학의
여름방학 첫날'이라고 설명한 반면, 일부에게는 '펜실베이니아 대학
의 행정일(우리가 만든 의미 없는 이름)'이라고 설명했다.

이 연구들은 새로운 시작 시점의 중요성에 대한 우리의 기대를 확
인시켜 주었다. 학생들은 특정 날짜를 새로운 시작과 관련지어 제시
했을 때(봄의 첫날처럼), 별 특징 없는 날로 제시했을 때(3월의 세 번째 목
요일처럼)보다 목표 달성을 위해 노력하기에 더욱 매력적인 시점으로
인식했다. 그 목표가 새로운 운동 습관을 시작하는 것이든, 수면 습관
을 개선하는 것이든, 소셜미디어에 쏟는 시간을 줄이는 것이든, 우리
가 제안한 날짜가 새로운 시작과 연관되어 있을 때, 더 많은 학생이
변화를 위해서 우리가 보내는 이메일 알림을 받아보기를 원했다. 다
른 행동과학자들이 수행한 후속연구[83]에서도 다이어트를 하려는 사
람들 사이에서 비슷한 패턴이 발견됐다.[84] 그리고 또 다른 팀이 최근
에 수행한 연구에서도 목표를 세운 사람들에게 수정된 주간 달력[85]
을 보여 줌으로써 비슷한 효과를 얻었다는 사실이 드러났다. 그 달력
에서 월요일 혹은 일요일을 한 주의 시작으로 표기했을 때, 사람들은
목표 달성을 위한 동기를 더 많이 느꼈다고 보고했다.

그러나 이러한 결과들 모두 소규모 조사 연구에서 온 것이었고, 그
중 일부는 사람들의 실제 행동을 추적하는 것이 아니라 다만 그들에

게 무엇을 하고자 하는지 질문한 것에 대한 답에 불과했다. 게다가 연구 중 대다수는 반드시 의미 있는 의사결정을 내릴 필요가 없는 학부생을 대상으로 한 것이었다. 내가 알고 싶은 것은 변화의 의지가 실제 행동으로 이어졌는지였다. 그래서 협력자들과 함께 수천 명의 대학 근로자에게 붉은색 편지를 보내서 그들이 은퇴를 위해 저축을 하도록 촉구한 것이다. 우리는 새로운 시작 시점이 한층 고정된 루틴을 가지고 있는 나이 많은 성인이 그들의 삶에서 의미 있는 변화를 시도하는 데도 도움을 줄 수 있는지 확인하고 싶었다.

퇴직연금 프로그램[86]은 장기적인 행복에 대단히 중요하지만, 많은 미국인이 충분한 금액을 저축하지 않고 있다. 새로운 시작 시점이 퇴직연금 계좌에 저축을 시작하는 사람들의 중요한 의사결정에 영향을 줄 수 있다면, 분명 의미가 있을 것이었다. 그래서 우리는 즉각 저축을 시작하는 선택권에 더하여, 더 늦은 날짜에 저축을 시작하는 기회를 제시했다. 우리는 일부 근로자에게 새로운 시작을 의미하는 날짜를 제시했다(다음번 생일 혹은 봄의 시작). 그리고 다른 이들에게는 새로운 시작을 의미하는 날짜가 아닌, 임의로 이름 붙인 미래의 어느 날 혹은 마틴 루터 킹의 기념일처럼 새로운 시작과 특별한 연관성이 없는 휴일을 제시했다.

특정한 이름을 붙인 새로운 시작[87]의 힘은 대단히 인상적이었다. 다음번 생일이나 봄의 첫날에 저축을 시작하게끔 독려한 편지를 받은 직원들은 임의적인 미래의 어느 날에 저축을 시작하게끔 독려한 편지를 받은 이보다 20~30% 더 높은 저축률을 보였다. 사람들에게 다가오는 새로운 시작 시점을 상기시킴으로써, 우리는 행동 변화를 위한 동일한 기회가 한층 매력적으로 보이게 만들 수 있었다. 이러한 발견은 우리가 사람들을 올바른 시점에 초대한다면, 그것이 온라인 강의 등록이든 에너지 효율이 높은 가전제품을 구매하거나 건강검진을 예약하는 것이든 사람들의 다양한 목표 지향적 행동을 강화할 수 있다는 사실을 보여 줬다.

나는 이후 일관된 수많은 증거를 기반으로, 2012년 구글에 방문했을 때보다 사람의 행동 변화를 격려하기 위한 최고의 시점을 더 잘 예측하게 되었다고 자신한다. 나는 이와 관련된 인사이트를 몇몇 사람과 공유하고 있다. 또한 새로운 시작에 관한 나의 연구 결과를 프라사드에게 들려주었고, 구글 프로그래머들은 직원들이 변화에 더욱 개방적이 되는 시점(가령 승진 직후나 새로운 사무실로 이전했을 때)을 확인하는 "모먼츠 엔진moments engine"을 개발했다.[88] 덕분에 그들은 이 프로그램을 활용해서 올바른 시점에 변화를 격려함으로써 직원들의 행동을 바꿀 수 있었다.

다행이라면, 구글이 행동 변화를 격려하는 시점에 대해 전략적으로 접근하는 유일한 기업은 아니라는 점이다. 모금 캠페인을 벌이는 비영리단체부터 넛지 일정을 잡는 인사 컨설팅기업에 이르기까지,[89] 점점 더 많은 조직이 새로운 시작을 활용해서 직원들이 행동 변화를 시도할 수 있게끔 도움을 주고 있다.

시작할 기회를 찾아라

헹첸, 제이슨과 함께 연구했던 새로운 시작에 관한 내용을 발표한 이후로, 매년 새해가 시작될 무렵이면 우리의 접근방식을 특정한 주제에 적용하기를 원하는 기자와 TV 앵커, 라디오 출연자, 팟캐스트 진행자로부터 많은 이메일이 날아든다.

그러나 새로운 시작의 힘에 대해 조금 이야기를 나누고 나면, 많은 이가 2007년 설문조사를 통해 알려진 다소 실망스러운 통계 자료를 언급한다. 미국인의 새해 결심 중 1/3[90]은 1월 말에 중단되고 전체적으로 4/5는 실패로 이어진다는 내용 말이다. 그래서 기자들 대부분은 내게 다음과 같은 비판적이면서도 마땅한 질문을 던진다. "그렇게나 많은 결심이 실패로 돌아간다면, 굳이 결심을 할 필요가 있는가? 이제 이처럼 어리석은 전통을 그만두어야 하는 게 아닐까?"

물론 나는 그들이 왜 이 같은 질문을 던지는지 이해한다. 과거에 나역시 결심이 실패로 끝나면서 많은 좌절을 경험했다. 그리고 지금은 성공을 돕는 과학을 더 많은 이에게 가르치는 일에 전념하고 있다. 하지만 이 같은 질문은 여전히 나를 다소 짜증 나게 만든다. 배우 데이비드 하셀호프David Hasselhoff도 말하지 않았는가. "타석에 들어서지 않으면 홈런을 칠 수 없다."[91]

새해 결심은 대단한 것이다! 봄맞이 결심, 생일 결심, 월요일 결심도 그렇다. 결심할 때마다 우리는 타석에 들어서는 것이다. 그러나 변화가 힘들고 두렵다는 인식이 새로운 도전을 종종 가로막는다. 당신은 아마 변화를 만들어 내는 아이디어를 좋아할 것이다. 그러나 정작 실천은 너무도 힘들어 보이기에 좀처럼 엄두를 내지 못할 것이다. 당신은 분명히 이전의 변화 시도에서 실패를 경험했을 것이며, 또다시 실패하리라 예상하고 있을지 모른다. 변화가 지속되기 위해서는 수차례에 걸친 시도가 필요하다.

나는 회의주의자들에게 말하고 싶다. 새해 결심에 관한 실망스러운 통계 자료를 뒤집어 생각하면, 매년 1월에 세우는 목표 중 20%는 '성공'으로 이어진다는 사실을 알 수 있다고 말이다. 많은 이가 새로운 결심을 세웠기 때문에 삶을 더 좋게 바꿀 수 있었다. 레이 자하브의 경우를 생각해 보자. 그는 건강하지 못한 불행한 흡연자에서 세계적인 운동선수로 거듭났다. 새로운 시작은 사람들이 작은 변화에 도전하는 데 도움을 준다. 또 동시에 쉽지 않은 목표에 도전하려는 '의지'를 제공함으로써 획기적인 변화를 자극하기도 한다.

당신은 어떤가? 삶에서 긍정적인 변화를 바라지만, 예전에 실패한 적이 있기에 또 다른 시도 역시 비슷하게 끝나리란 걱정으로 성공 가능성에 대해 비관적인가? 내가 해 줄 수 있는 조언은 새로운 시작의 기회를 찾으라는 것이다. 다가오는 날 중에 과거와의 분명한 단절을 의미하는 날이 있는가? 그것이 당신의 생일일 수도, 여름의 시작일 수도, 혹은 그냥 월요일일 수도 있다. 현재의 물리적 환경을 바꿀 수 있는가 혹은 직원들이 그들의 환경을 바꾸는 데 도움을 줄 수 있는가? 물론 집과 사무실을 이사하는 것이 현실적으로 힘들 수 있지만, 카페에서 일을 하거나 습관의 일부를 바꿔 보는 것만으로도 변화를 만들어 낼 수 있다. 혹은 자신의 성과를 기록하는 방식을 처음부터 새롭게 시작해 볼 수 있는가? 물론 당신이 프로야구팀 코치는 아닐 것이다. 그렇다고 해도 연간 매출 목표를 월간 목표로 구분함으로써 자신에게(혹은 힘들어하는 직원에게) 더 잦은 리셋의 기회를 제공할 수 있다. 단, 직원들이 현재 잘하고 있다면 기존 루틴을 방해하지 않도록 주의하자.

일단 올바른 시작의 시점을 발견했거나 만들어 냈다면, 다음 질문은 이것이다. 변화를 향한 여정에서 어떻게 성공을 거둘 것인가?

요약

- 변화를 추구하기에 이상적인 시점은, 새로운 시작 직후다.

- 새로운 시작은 변화의 동기를 강화한다. 실질적인 백지상태, 혹은 백지상태에 대한 인식을 제시하기 때문이다. 새로운 시작은 실패를 한층 분명하게 과거로 넘겨 버리며, 미래에 대한 낙관주의를 강화한다. 또한 나쁜 습관을 중단하고, 삶을 한층 큰 그림으로 바라보게 만든다.

- 새로운 시작(새로운 해, 계절, 월, 혹은 주)을 알리는 달력상의 날짜, 생일 혹은 기념일이 변화의 시점이 될 수 있다. 건강에 대한 위협이나 새로운 지역으로의 이사처럼 의미 있는 삶의 사건 역시 새로운 시작점이 될 수 있다. 마지막으로 리셋(성과를 추적하기 위해 사용하는 기준을 원점으로 되돌릴 때) 또한 새로운 시작의 기회를 제공한다.

- 새로운 시작이 긍정적인 변화를 자극할 수 있지만, 이미 잘하고 있는 상황에서는 방해 요인으로 작용하여 성과를 되돌릴 수 있으니 주의하자.

- 다른 사람(직원, 친구, 가족)이 긍정적인 변화를 시도하도록 자극하는 데 특히 효과적인 시점은 새로운 시작 직후다.

Chapter 2

충동

스톡홀름의 오덴플란 지하철역은 혼잡스러운 교통의 중심지로서 스웨덴의 가장 번잡한 도심 구역에 자리 잡고 있다. 매일 10만 명에 달하는 승객[92]이 출퇴근이나 병원 방문, 쇼핑, 비즈니스 미팅, 친구와의 식사, 혹은 환승을 위해 오덴플란역을 지난다.

오덴플란역을 출입하는 건 지극히 일상적인 일이었다. 사람들은 계단이나 에스컬레이터를 이용해서 역사에 들어가고 나왔다. 적어도 2009년 어느 날 밤까지는 말이다. 그날 폴크스바겐의 지원을 받은 한 기술팀이 특별한 작업을 시작했다. 스톡홀름 온 시내가 잠들었을 시각, 그들은 역사에서 외부로 이어지는 계단에 거대한 흑백 패널을 깔았다. 날이 밝아오기 전에 작업은 끝났다.

그들이 만든 것은 기술적으로나 예술적으로 놀라운 작품이었다. 지하 역사에서 지상으로 연결된 평범한 계단들이 거대한 피아노 건반으로 새롭게 탄생한 것이다.

패널을 설치하기 전 출구에서 찍은 영상을 보면, 대다수의 보행자가 계단 대신 에스컬레이터를 이용하고 있는 것이 보인다.[93] 그러나 피아노 계단이 모습을 드러낸 그날, 사람들은 예상치 못한 즐거움을 발견하고는 깜짝 놀랐다.

내가 전 세계 기업을 돌며 프레젠테이션을 하면서 공학적인 차원에서 놀라운 이 설치물의 영상을 보여 줄 때마다, 사람들은 어른과 아이 그리고 강아지까지 계단을 오르내리면서 음악을 만드는 모습을 바라보며 미소를 짓는다. 사람들은 낯선 장난감을 가지고 놀면서 듀엣으로 작곡을 하고, 영상을 찍고, 손을 잡고, 큰 웃음을 터뜨린다. 더 놀라운 것은 이 영상이 밝히듯, 피아노 계단이 설치된 이후로 오덴플란 지하철을 이용하는 승객 중 66% 이상이 에스컬레이터 대신 계단을 선택했다는 사실이다.[94] 이것이 폴크스바겐 기술팀이 의도한 바였다. 그들은 매일 조금이라도 계단을 오르내리는 것이 사람들의 건강에 도움을 줄 수 있다는 걸 알았고,[95] 공통적인 문제에 대한 하나의 창조적 해결책으로서 피아노 계단을 설계했던 것이다.[96]

내가 기업 청중에게 이러한 재미있는 영상을 보여 준 건 모든 집이나 사무실에 피아노 계단을 설치해야 한다고 말하기 위해서가 아니다. 행동 변화를 가로막는 중대한 장벽과 이를 극복하기 위한 방법을 현실감 있게 보여 주기 위해서다.

그 장벽은 단순하다. 그것은 '올바른' 일을 하는 것이 대개는 단기적으로 만족감을 주지 못한다는 사실이다. 우리는 계단을 이용하는 것이 건강에 더 유익하다는 걸 알지만, 우리의 몸은 피곤하다. 그때 에스컬레이터가 우리에게 손짓한다. 우리는 업무적으로 중요한 과제에 집중해야 한다는 사실을 알지만, 소셜미디어 화면을 스크롤하는 것이 훨씬 더 재밌다. 우리는 항상 평정심을 유지해야 한다는 걸 알지만, 짜증 나게 만드는 동료에게 소리를 질러야 속이 후련하다. 중요한 시험을 앞두고 공부를 해야 한다는 걸 알지만, 소파에 앉아 좋아하는 숀다 라임스의 드라마를 보는 것이 훨씬 더 즐겁다. 장기적인 보상보다 단기적으로 만족감을 주는 일을 선호하는 이러한 성향에 대해 경제학자들은 '현재 편향present bias'이라는 용어로 설명한다.[97] 일반적으로 '충동성impulsivity'이라고 불리는데, 안타깝게도 이러한 성향은 지극히 보편적이다.

당연히 나도 현재 편향 문제에 직면하고 있다. 이 문제와 가장 치열하게 싸웠던 때는 보스턴 공대 대학원생 시절이었다. 나는 어떻게든 운동을 하지 않으면 프로그램을 짜거나 시험에 대비해서 밤늦게까지 공부해야 할 때 녹초가 되고 말 것이라는 사실을 알았다. 하지만 운동이 신체적, 정신적 건강을 위해 중요하다는 사실을 알면서도, 긴 수업이 끝난 후 운동복으로 갈아입고 헬스장에 가는 일은 쉽지 않았다. 특히 보스턴의 가혹한 겨울날에는 말이다.

당시 약혼자였던 지금의 남편에게 나는 이렇게 칭얼거리곤 했다. "대체 어떻게 해야 헬스장에 갈 수 있을까?" 어느 날 짜증이 난 그는 기발하면서도 확실한 해답을 내놨다. "당신은 엔지니어 아냐? 그런데 솔루션을 찾을 수 없단 말이야?"

당시 온통 엔지니어링 문제에 몰두해 있었음에도, 이상하게도 나는 그 문제만큼은 공학도의 시선으로 바라보지 않았다. 약혼자의 퉁

71

명스러운 지적 덕분에 나는 엔지니어의 시선으로 나를 가로막고 있는 힘에 대해 생각하기 시작했다. 나는 이 문제를 극복할 방법을 찾아야 했다. 이 사례에서 나를 가로막고 있는 힘의 정체는 분명했다. 그것은 내가 해야 한다고 생각한 일(긴 수업을 마치고 헬스장에 가는 일)이 단기적인 만족감을 주지 않는다는 사실이었다. 이 문제를 해결하려면, 그것을 즉각적으로 만족감을 주는 활동으로 바꾸는 방법을 알아내야 했다.

설탕 한 스푼

1964년, 줄리 앤드루스가 뛰어난 보모로 등장하는 디즈니 영화 〈메리 포핀스Mary Poppins〉[98]가 개봉했을 때, 많은 비평가의 찬사와 대중의 환호가 쏟아졌다. 극중에서 메리 포핀스는 엄격한 부모 밑에서 성장하는, 사랑스럽긴 해도 구제 불능인 두 영국 아이를 돌보는 일을 맡게 된다. 이 힘든 과제를 수행하는 과정에서 줄줄이 실패했던 그동안의 보모들과는 달리, 포핀스는 기이한 행동과 아름다운 노래로 성공을 거둔다.

아마 당신은 줄리 앤드루스가 영화 속에서 자신이 부르게 될 노래 중 하나가 마음에 들지 않아서 〈메리 포핀스〉의 주인공 역할을 처음에 거절했었다는 사실은 모를 것이다. 이에 월트 디즈니는 어떻게든 그녀를 설득하기 위해 유명한 작사가인 밥Bob과 리처드 셔먼Richard Sherman에게 좀 더 인상적인 곡을 써달라고 부탁했다.[99]

밥이 새롭고 더 나은 아이디어를 부지런히 찾는 동안, 다행스럽게도 운명이 도움의 손길을 내밀었다. 어느 날 그의 여덟 살 아들이 학교에서 집으로 돌아오면서, 소아마비 백신 접종을 받은 이야기를 꺼냈다. 밥은 그 주사가 무척 고통스러웠으리라 예상하면서 아들에게 아프지 않았는지 물었다. 그때 한 아들의 대답이 오늘날 가장 인기 있는 동요의 한 구절을 위한 영감을 제공했다. "아니요. 설탕 덩어리 위에 약을 한 방울 떨어뜨려 주었거든요."

대단히 이상한 것은, 여러 연구 결과를 보면 우리가 장기적인 목표를 향해 달리기 시작할 때 이처럼 현명한 접근방식을 좀처럼 따르지 않고, 과제의 부담을 줄이려 하지 않는다는 사실이다. 대신 우리는 참아야 할 불편함에 대해 별로 고려하지 않고, 혹은 그러한 불편함을 완화하려는 노력도 없이 행동 변화를 추구하는 경향이 있다. 예를 들어, 새로운 식이요법을 시작할 때 우리는 브로콜리와 당근, 케일, 퀴노아 등 가장 건강에 좋을 것 같은 식품을 한 바구니 산다. 맛은 전혀 고려하지 않고 말이다. 그리고 수강 신청을 할 때 가장 쓸모 있을 것 같은 과목을 먼저 신청한다. 그 과목이 얼마나 어렵고 힘든지에 대해서는 생각해 보지도 않고 말이다. 또한 새로운 헬스장에 등록한 뒤에는 효과적이긴 하지만 너무나 힘든 계단 오르기 같은 운동기구로 직행한다.

실제로 사람들이 변화를 시도하는 방식을 조사한 설문에서, 응답자 중 2/3 이상[100]이 단기적인 고통에 대한 별다른 고민 없이 '장기적인' 효과를 기대할 수 있는 방식에 집중한다고 답했다. 목표 추구를 그 자체로 즐거운 일로 만들려고 노력한다고 답한 사람은 응답자의 26%에 불과했다.

이에 대한 좋은 설명이 있다. 장기적 효과는 일반적으로 목표를 추구하거나 변화를 시도하기 위한 원동력이다. 운동과 공부, 저축, 식이요법 등에 장기적인 이익이 없다면, 사람들은 굳이 이러한 것을 시도하려고 하지 않을 것이다.

그러나 목표에 집중하는 접근방식 자체가 문제 될 수 있다는 것도 걱정할 필요가 있다. 많은 연구가 사람들이 자기 통제를 너무 쉽게 생각하는 경향이 있다는 사실을 보여 준다. 그래서 사람들은 출석 횟수당 사용료를 내는 방식이 더 저렴한데도 값비싼 헬스장 회원권을 끊고,[101] 끝마치지도 못할 온라인 강좌에 매번 등록하는 것이다.[102] 그리고 매월 간식 예산을 줄이기 위해 할인 중인 패밀리 사이즈의 스낵[103]을 선택하지만, 결국에는 앉은 자리에서 마지막 한 조각까지 먹어치우고 마는 것이 우리다. 인간은 '미래의 나'가 현명한 선택을 내리리라 기대하지만 '현재의 나'는 너무 자주 유혹에 무릎을 꿇는다.

인간에겐 자신의 실패를 외면하는 비상한 능력이 있다. 계속해서 허둥댈 때조차 많은 이가 과거의 실수로부터 배우기보다 다음에는 더 잘할 수 있을 것이라는 낙관주의를 포기하지 않는다. 계속해서 새로운 시작을 하고 낙관적인 전망을 좀처럼 내려놓지 않는다. 이러한 능력은 아침에 힘차게 일어나게 하는 데는 도움이 되지만, 현명한 방식으로 변화에 접근하는 데는 방해가 된다.

그렇다고 내 이야기를 오해해선 안 된다. 새로운 시작이 우리가 힘든 목표를 향해 달려 나가는 데 도움을 주는 건 확실하다. 다만 현재 편향과 같은 장애물을 고려하지 않는다면, 새로운 시작이 우리가 현명하게 목표를 추구하지 못하도록 방해할 수 있다. 가령 새벽 5시에 조깅을 하겠다는 생각이 10월에도 속을 불편하게 만든다면, 새해가 시작되는 날에도 그것은 여전히 매력적이지 않은 일일 것이다.

이러한 점을 이해했던 심리학자 아일릿 피시바흐Ayelet Fishbach와 케이틀린 울리Kaitlin Woolley는 사람들이 자신의 의지력을 과대평가하지 않는다면, 보다 효과적으로 힘든 목표에 접근할 수 있으리라 보았다. 사람들이 자신의 약에 설탕 덩어리를 추가함으로써 장기적인 목표 추구를 '단기적인' 차원에서 보다 즐겁게 만드는 데 집중한다면, 훨씬 더 성공적일 것으로 예상한 것이다.

이들은 한 연구에서, 피실험자들이 건강한 음식을 먹도록 했다.[104] 또 더 많이 운동하도록 했다.[105] 단 특이한 점은 무작위로 선택한 일부 피실험자들에겐 그들이 가장 좋아하는 음식이나 운동의 유형을 선택하게 했고, 다른 피실험자들에겐 많은 사람이 자연스럽게 그렇게 하듯 가장 효과가 좋을 것처럼 보이는 음식이나 운동을 선택하게 했다는 사실이다.

아일릿과 케이틀린은 연구를 통해 사람들이 건강한 활동에서 재미를 발견하도록 유도함으로써 실질적으로 더 나은 결과를 이끌어 낼 수 있다는 걸 확인했다. 그럴 때 사람들은 더욱 오랫동안 운동을 하고 건강한 음식을 먹었다. 그들의 발견은 스톡홀름 오덴플란 지하철역에서 벌어졌던 상황과 비슷해 보인다. 다만 염두에 두어야 할 것은 이것이다. 이러한 결과(어느 정도 직관적이기는 하지만)가 자기 통제력과 어려운 일을 해내는 능력에 대한 우리의 지나친 믿음이나 목표에 접근하는 방식에 정면으로 배치된다는 사실 말이다.

나이키 광고처럼 "저스트 두 잇" 하면 된다고 생각할 것이 아니라, 먼저 인간은 누구나 지금 이 순간 하기 싫은 일을 하는 데 어려움을 겪는다는 사실을 이해하고, 그러한 일을 더 즐겁게 만들 수 있는 방법을 찾는 것이 더 많은 발전을 가져온다는 것을 기억하자.

〈메리 포핀스〉 노래의 후렴구, "한 스푼의 설탕이 약을 삼키게 만들어 준다" 뒤에는 아일릿과 케이틀린 연구의 핵심이 되는 아이디어를 보다 완벽하게 요약한 또 다른 구절이 이어진다. "해야 할 모든 일에는 즐거운 부분이 있지. 그걸 발견해서 이용하는 거야! 그러면 일은 놀이가 되지." 노래는 효과가 있었다. 그 지혜가 부분적으로 진실처럼 들렸기 때문이다. 아이들을 돌본 경험이 있는 사람이라면, 아이들에게 귀찮은 일을 처리하는 장기적인 이익에 집중하라고 말하는 것이 아무런 쓸모가 없다는 걸 알 것이다. 아이들은 즐겁지 않으면 절대 하지 않기 때문이다.

성인은 만족을 미루는 데에서 아이들보다 더 나은 신경 회로를 갖고 있기는 하지만, 근본적으로 아이와 다르지 않다.[106] 다만 이를 인정하지 않을 뿐이다.

안타깝게도, 내가 운동을 해야 한다는 걸 알면서도 좀처럼 실행하지 못하는 일로 고민하던 대학원생 시절에는 아일릿과 케이틀린이 그들의 중요한 연구를 수행하기 전이었기에, 그들의 통찰력을 활용할 수 없었다. 그럼에도 엔지니어로서 솔루션을 발견할 수 있을 것이라는 약혼자의 조언 덕분에 나는 그와 비슷한 아이디어를 얻었다. 결국 나는 다양한 자기 통제 딜레마(나 자신의 것만은 아닌)에 맞서 싸웠고, 또한 의도치 않게 메리 포핀스의 지혜와 아일릿과 케이틀린의 성과(그들이 이를 발견하기도 전에)를 모두 활용할 수 있었다.

유혹 묶기 전략

좀처럼 운동을 하지 않게 되는 문제로 고민하던 대학원 1학년 시절, 나는 또 다른 도전과제를 맞이했다. 그 시절 힘든 수업이 끝난 오후에는 읽어야 할 각종 자료와 여러 가지 과제가 쌓여 있었는데, 그럼에도 나는 그것들을 처리하는 대신 소파 위에서 꾸물거리며 재미있는 책을 읽곤 했다. 특히 제임스 패터슨이나 J. K. 롤링 같은 작가의 작품을 좋아했다. 소설은 내게 궁극적인 탐닉의 대상이었다.

그러나 소설을 읽는 것은 내게 남은 시간을 최고로 활용하는 방법이 아님이 분명했다. 나는 공학에서 박사 학위를 따려고 노력 중이었다. 그러니 무엇보다 공부에 집중해야 했다. 게다가 보스턴에서 두 번째 학기를 보내는 동안 분명한 경고 메시지도 받은 터였다. 당시 가장 힘든 컴퓨터과학 과목에서의 점수를 확인해 보니, 이대로 가다가는 낙제를 면치 못할 것 같았다. 그때까지 단 한 번도 낙제하거나 그 근처에 가본 적이 없던 나였다. 무언가 변화가 필요했다.

고맙게도, 약혼자의 조언 덕분에 나는 어떻게 운동을 하면서 동시에 공부를 미루는 걸 멈출 수 있을지에 대한 아이디어를 얻었다. 나 자신에게 운동하는 동안에는 좋아하는 책을 읽을 수 있다고 허락하면 어떨까? 그럴 수 있다면, 공부를 해야 할 때 집에서 《해리 포터 *Harry Potter*》를 읽느라 시간을 낭비하는 것을 막을 수 있고, 지금 읽는 소설에서 그다음에 무슨 일이 벌어질지 알고 싶어서라도 헬스장으로 향할 것이었다. 뿐만 아니라 소설과 운동을 함께 즐길 수 있다! 소설을 읽으면서도 죄책감을 느낄 필요가 없고, 헬스장에서 보내는 시간도 더 빨리 지나갈 것이었다.

이 아이디어에 대해 더욱 깊이 골몰하다가, 나는 그와 비슷한 방법을 내가 직면한 다른 자기 통제 문제 해결에 활용할 수 있겠다는 생각에 이르렀다. 주변을 둘러보니 곳곳에서 일석이조의 기회를 발견할 수 있었다. 이를테면, 나는 발톱을 관리받는 걸 좋아하지만 다소 이것이 시간을 낭비하는 일처럼 느껴지곤 했다. 그렇다면 읽어야 할 자료가 있을 때에만 발톱을 관리받으면 어떨까? 그렇다면 관리사가 나의 발을 씻고, 마사지하고, 다듬는 동안에도 시간을 덜 낭비하게 될 것이다. 또 빨래를 개고, 요리하고, 설거지하고, 혹은 여러 다양한 집안일을 할 때에만 내가 좋아하는 넷플릭스 드라마를 보면 어떨까? 세월이 흐르면서 나는 교수로서 자주 만나야 할 필요가 있는 학생과 면담을 할 때에만 평소 좋아하는 버거 매장에 방문하는 것으로 정한다면 패스트푸드 음식을 덜 먹게 될 거라는 사실도 깨달았다. 그렇게 되면 나는 내가 좋아하는 버거를 먹기 위해서라도 더 많은 시간을 학생 면담에 쓸 테지만, 전체적으로는 패스트푸드를 덜 먹게 될 것이었다. 나는 이러한 전략에 "유혹 묶기temptation bundling"라는 이름을 붙였다. 그리고 가능한 곳에 이 전략을 적용하기 시작했다.

신참 행동과학자로서는 자연스러운 행동이지만, 나는 유혹 묶기 전략이 나뿐만 아니라 다른 사람에게도 도움이 될지 확인하고 싶었다. 또한 와튼 스쿨 조교수로서 그러한 가능성을 검증하기 위한 계획을 세웠다.

와튼 스쿨의 내 사무실 바로 맞은편에는 펜실베이니아 대학의 최고급 헬스장인 포트럭 피트니스 센터Pottruck Fitness Center가 있다. 유혹 묶기 전략의 효과를 과학적으로 검증하는 데 필요한 예산과 협력자[107]를 마련한 뒤, 나는 공고문을 캠퍼스 곳곳에 붙였다. 포트럭에서 더 많이 운동하기를 원하고, 연구에 참여함으로써 100달러를 벌 생각이 있는, 거기에 아이팟이 있는 사람을 모집한다는 내용이었다. 이들은 학기 초반에 그 헬스장에서 내 지시하에 1시간을 보내고, 우리 연구팀이 그들의 헬스장 방문에 관한 데이터에 접근할 수 있게끔 허용하기만 하면 됐다.

수백 명에 달하는 학생과 교직원들이 신청했다. 놀라운 일도 아니다. 100달러를 벌면서 동시에 좋은 운동 습관을 갖게 되는 것만큼 좋은 게 있을까?

피실험자들이 포트럭 헬스장에 모습을 드러냈을 때, 우리는 그들을 위해 더 좋은 소식을 준비했다. 우리는 100달러 말고도 그들에게 또 다른 선물을 줄 생각이었다. 단, 선물의 종류와 그 활용 방법은 저마다 달랐다.

우리는 일부 피실험자에게 그들이 선택한 네 가지 재미있는 오디오 소설(이를테면 《헝거게임The Hunger Games》이나 《다빈치 코드The Da Vinci Code》 같은 것으로, 우리는 그 내용이 재미있는지 미리 확인했다)이 저장된 아이팟을 빌려줬다. 그 선물을 받은 피실험자들은 자신이 선택한 오디오 소설의 도입부를 들으면서 운동을 시작했다. 우리는 그들에게 다음 내용이 궁금하면 헬스장으로 다시 와야 한다고 일러주고, 그들에게 대여해 준 아이팟은 다시 보관함에 넣고 잠갔다. 오직 운동을 하는 동안에만 오디오북을 들을 수 있게 한 것이다. 그 실험의 논리는 모두에게 분명했다. 우리는 이 유혹이 사람들을 헬스장으로 돌아오게 하는 데 도움을 주리라 기대했다.

두 번째 '통제' 그룹에 해당하는 피실험자들에게도 우리는 더 많이 운동하게끔 격려했다. 하지만 이들에게는 헬스장에서만 사용할 수 있는 오디오 소설이 담긴 아이팟을 빌려주는 대신, 북스토어 반스앤노블에서 사용할 수 있는 상품권을 선물로 줬다. 그들 모두 이미 아이팟을 갖고 있었기에[108] 원한다면 상품권으로 오디오 소설을 다운로드받을 수 있었다. 다만 우리는 그렇게 하도록 제안하지 않았고, 그렇게 한 사람도 거의 없었다.

예상했던 대로,[109] 유혹 묶기 전략의 일환으로 기회를 얻은 피실험자들은 통제 그룹에 비해 더욱 자주 헬스장을 찾았다. 우리 연구에 참여 등록을 한 뒤, 아이팟을 대여한 학생과 직원들이 통제 그룹보다 55% 더 많이 운동했다. 게다가 그들은 7주 동안(추수감사절 휴일까지의 기간) 큰 도움을 받았다. 결론적으로, 유혹 묶기 전략은 실질적인 효과가 있었다.

그런데 이 연구에서 우리가 발견한 가장 흥미로운 점은 '누가' 유혹 묶기 전략으로부터 최대의 이익을 얻었는가였다. 그것은 피실험자 모집 시, 따로 운동 시간을 할애하기가 힘들어 보였던 이들(해야 할 일이 너무 많아 바빴던 이들)이었다. 이들이야말로 헬스장 방문과 재미있는 오디오북을 묶은 전략을 통해 가장 많은 도움을 받은 것이 드러났다.

이 마지막 발견은 예상하지 못한 것이었지만, 나와 협력자들은 그 안에 내포된 논리를 즉각 발견해 냈다. 애초에 내가 유혹 묶기에 관한 아이디어를 떠올리게 된 것도 나 자신의 바쁜 나날 때문이었다. 실제로 이 아이디어는 대학원에서 다시 학업에 열중하게끔 많은 도움을 주었다.[110] 일정이 바쁜 이들이야말로 헬스장에 가기 위해(혹은 다른 일상적인 목표를 성취하기 위해) 강한 유혹이 필요했던 사람들이었다. 무언가를 이루기 위해 의지력에 의존하는 것만으로는 희망이 없다. 오랜 노력의 마지막에는 에너지가 거의 남아 있지 않기 때문이다.

그러나 이 연구에는 또한 실망스러운 부분도 있었다. 7주 후 포트럭 헬스장이 추수감사절 연휴 동안 문을 닫자, 유혹 묶기 전략의 효과도 사라지고 말았다(새로운 시작의 파괴적인 사례). 이 같은 결과는 후속 연구에 대한 영감을 주었다. 나와 내 협력자들은 24시간 피트니스 헬스장 오더블Audible[111]과 제휴를 맺고 새로운 한 달짜리 프로그램을 개발했고, 이를 더 많이 운동하기를 희망하는 수천 명의 헬스장 회원들에게 제안했다.[112] 우리는 그 프로그램에 참여했던 일부 회원에게는 단지 더 많이 운동하라고 독려했고(이들은 '통제' 그룹이었다), 다른 이들에게는 무료 오디오북을 다운로드받게 하고 유혹 묶기 전략에 관해 설명하면서 운동을 할 때만 오디오북을 즐기도록 조언했다.

무료로 오디오북을 다운로드받게 하고 유혹 묶기 전략에 관해 설명해 준 이들은, 한 달 프로그램 동안 적어도 일주일에 1번 운동하는 가능성이 7%포인트 증가했다. 이 효과는 프로그램이 끝난 이후로 적어도 17주 동안 지속됐다(17주를 끝으로 데이터 수집 작업을 중단했기에 정확히 알 수 없으나, 그 효과는 아마 더 오래 이어졌을 것이다). 오디오북을 헬스장 사물함에 보관하는 방법으로 55%의 증가를 이뤄낸 경우만큼 인상적이지는 않았지만, 이 정도의 개입만으로 얻은 성공은 관심을 끌기에 충분했다. 그저 사람들에게 제안만 했을 뿐이기 때문이다. 첫 연구에서는 사람들의 아이팟을 물리적으로 제한했지만, 이 연구에서는 사람들의 행동을 직접적으로 제한하지 않았다. 따라서 이러한 결과는 유혹 묶기 전략이 강력하고 행동을 지속적으로 변화시킬 수 있다는 사실을 확인시켜 주는 것이었다.

이 연구의 교훈은 동기를 추가적으로 강화해야 하는 과제를 수행할 때에만 즐거운 일을 할 수 있도록(자가용이나 대중교통을 이용할 때가 아니라, 헬스장에서만 오디오북을 들을 수 있도록) 제한할 수 있다면, 유혹 묶기 전략을 효과적으로 활용할 수 있다는 것이다. 다만 사람들에게 유혹 묶기 전략을 시도하게끔 제안하기만 해도 충분히 지속적인 효과를 만들어 낼 수 있다.

플로리다 고등학교에서 수행한 최근 연구는, 우리가 때로 두려워하면서도 실제로는 도움이 되는 행동을 유혹과 함께 묶음으로써 해야 하는 일들에 대한 장기적인 끈기는 물론, 단기적인 끈기도 강화할 수 있다는 사실을 보여 줬다. 학생들이 어려운 수학 문제를 푸는 동안 그들에게 스낵과 음악, 매직마커Magic Marker(컬러 사인펜 브랜드–옮긴이)를 즐길 수 있게 하자, 놀랍게도 학생들은 주어진 과제를 더 많이 수행했다.[113] 이는 그러한 방법이 방해가 되리라 우려한 많은 교사의 예상과는 달랐다.

83

유혹 묶기 전략이 효과를 발휘할 때, 힘든 목표가 더는 두렵지 않게 되고, 낭비된 시간까지 만회할 수 있게 된다. 나는 이 전략을 활용함으로써 집에서 더 많이 요리하는 것부터 프로젝트를 마무리하는 것에 이르기까지(가령 스크랩북을 만드는 시간을 위해 들을 팟캐스트를 남겨 놓음으로써), 모든 유형의 문제를 해결할 수 있다는 사실을 깨달았다.

하지만 안타까운 것이 하나 있다면, 모든 활동을 다른 활동과 함께 묶을 수는 없다는 것이다. 예를 들어 메일함에 들어 있는 모든 새로운 이메일에 답장을 쓰기 위해서는 정신을 온통 집중해야 한다. 그러한 과제를 오디오북이나 팟캐스트, 혹은 TV 프로그램과 묶는 것은 선택 사항이 될 수 없다. 일반적으로, 인식적으로 힘든 과제는 다른 인식적으로 힘든 과제와 함께 묶을 수 없다. 육체적으로 힘든 활동끼리도 마찬가지다. 가령 버거 먹기나 와인 마시기는 운동과 함께 묶을 수 없다. 이러한 이유로, 유혹 묶기 전략은 우리가 변화를 추구할 때 현재 편향의 문제를 해결하는 데 항상 도움을 주지는 못한다. 고려할 수 있는 하나의 방법에 불과하다.

또한 이는 타인의 변화에 도움을 줄 수 있는 확실한 전략도 아니다. 사람들이 스스로 관리를 해야 하기 때문이다. 그들이 완전히 몰입하지 않는다면 얼마든지 자신을 쉽게 속일 수 있다(유혹만 즐기면서!). 그렇다면 대안은 없는 걸까?

업무를 즐겁게 만들기

2012년, 취리히 대학에서 박사과정을 밟고 있던 뛰어난 젊은 경제학자 야나 갈루스Jana Gallus는 한 문제에 관심을 갖게 되었다. 그것은 280개 이상의 언어로 활용되고 5,000만 개의 검색 항목으로 이뤄진 온라인 백과사전, 위키피디아를 어렵게 만든 문제였는데, 다름 아닌, 그동안 사이트에서 활발히 활동하던 편집자들이 한꺼번에 떠나 버린 일이었다.

야나가 이 문제에 관심을 갖게 된 것은 그 편집자들(〈왕좌의 게임Game of Thrones〉부터 양자역학에 이르기까지의 모든 주제에 관한 게시글을 정확하고 최신으로 관리하는 소위 위키피디언Wikipedian)이 자신들이 한 일에 대해 한 푼의 대가도 받지 않는다는 사실 때문이었다. 그래서 현금 보상은 이 문제를 해결하기 위한 방안이 될 수 없었다.

위키피디아는 순수하게 자발적인 참여자[14]의 노력에 의존했기에, 사람들이 자신의 완전한 잠재력을 성취하도록 동기를 부여하는 수단으로서 돈 이외의 대안을 탐구하기 위한 최고의 실험용 배양 접시처럼 보였다. 일반적으로 경제학 이론은 돈이 최고라고 가정하기 때문에, 이는 경제학자가 주목하기에 다소 특이한 주제였다. 하지만 야나는 자신의 경험으로부터 사람들은 경제적인 보상 이외의 것에도 관심을 기울인다는 사실을 배웠다. 실제로 즐거움이나 동료의 인정은 그녀 자신에게 돈보다 더욱 강력한 동기부여의 원천이었다. 야나는 자신의 분야에 있는 다른 사람에게 그러한 사실을 보여 주고 싶었고, 또한 점차 증가 추세에 있던 비경제적인 동기부여의 원천을 무시하는 경제학 모형에 반박하는 연구 사례에 기여하고 싶었다. 따라서 자발적인 노동을 기반으로 그들의 제국을 세운 위키피디아야말로 그녀의 이론을 탐구하기에 최적의 장소처럼 보였다.

야나는 자신의 연구를 진척시키고, 영감을 주는 조직에게 도움을 줄 기회를 발견했다. 그녀는 때때로 온라인 콘텐츠를 수정하는 지루한 과제에 편집자들이 몰두하게 만드는 것과 관련해서 위키피디아가 겪는 어려움을 현재 편향의 또 다른 징후로 인식했다. 간단하게 말해서, 즉각적인 보상의 유혹이 없는 상태에서 지루한 과제를 계속해 나가는 것은 고통이다. 이러한 삶의 진실이 개인적인 목표를 성취하기 위해 노력하는 사람들에게 도전과제를 부여하는 것처럼, 이는 조직에게도 방해가 될 수 있었다. 그들이 완수해야 하는 일은 언제나 즉각적인 만족을 주는 일이 아니었다.

위키피디아의 문제에 대해 더 많이 배우고 싶었던 야나는 조직의 이탈 문제에 관한 정보를 수집하고자 지역 위키피디언들의 월례 모임에 나가기 시작했다. 이 모임은 자신의 전문 영역에 관해서나 또 전체로서 그들의 공동체에 관한 이야기를 나누길 원하는 열정적이고 자발적인 소수 편집자들이 레스토랑이나 미술관에서 갖는 공식적인 만남이었다. 야나는 머지않아 몇몇 주요 기여자와 친분을 쌓게 되었고, 그들의 편집 업무(한 사람은 아이슬란드 전문가였고, 다른 사람은 기차 전문가였다) 그리고 그들의 공동체가 직면한 문제의 핵심이 무엇인지 알게 되었다. 그들의 세상 속으로 들어갈수록 그녀는 위키피디아 플랫폼에 작은 변화, 게다가 비용조차 들지 않는 약간의 변화만 주어도 편집자들의 이탈을 줄일 수 있겠다는 확신이 들었다.

그녀는 새로운 친구들에게 자신의 생각을 이야기했는데, 그 제안은 그냥 지나치기에 너무 좋은 것이었다. 그래서 공동체 내 리더들은 야나가 4,000명의 새로운 자발적인 편집자들을 대상으로 실험하는 데 동의했다.

야나는 동전 던지기 방식을 통해 일부 자격 있는 위키피디아 신참 편집자들을 모았다. 그러곤 그들의 노력이 인정을 받았으며, 그들의 이름이 수상자로서 위키피디아 웹사이트에 올라갔다고 이야기했다(위키피디아는 편집자들이 얼마나 자주 기여하는지 그리고 그들이 쓴 글이 얼마나 오랫동안 남아 있는지를 기준으로 수상자를 선정한다[115]). 또 이 같은 영예를 얻은 뛰어난 참여자들은 또한 하나, 둘, 혹은 세 개의 별을 받는데, 이 별은 사용자 이름 옆에 붙는다. 더 뛰어난 성과를 낼수록 더 많은 별을 받는 것이다. 반면 동전 던지기에서 다른 쪽이 나온 나머지 신참 편집자들에겐 그들 역시 가치 있는 콘텐츠를 위키피디아에 기여했음에도 그 어떤 상징적인 상도 주지 않았다(그러한 상이 있다고 알려 주지도 않았다).

야나는 그와 같은 상이 편집자들에겐 지루한 과제를 게임처럼 느끼게 만들어 주리라 기대했다. 그 상이 일의 본질을 바꾸지는 않았다. 그저 훌륭한 성과에 재미와 칭찬의 요소를 추가한 것뿐이었다. 당신은 아마 야나의 실험이 성공적이었을 것으로 추측할 것이다(아니라면 왜 내가 이 이야기를 여기서 하고 있단 말인가?). 그러나 당신은 이 방법이 '엄청나게' 큰 도움이 되었다는 것은 추측하지 못했을 것이다. 야나의 프로젝트는 놀라운 결과로 이어졌다. 그들의 노력을 인정받은 자발적인 편집자들[116]이 다음 달에 위키피디아에 기여한 바는 아무런 칭찬을 받지 못한 편집자들에 비해 20%나 높았다. 게다가 참여에서 드러난 이러한 격차는 대단히 오랜 기간 지속되었다. 상징적인 상을 받았던 자발적인 편집자들은 1년 후에도 위키피디아에서 다른 사람들보다 13%나 더 열심히 활동했다.

야나의 위키피디아 실험은 "게임화gamification"라고 불리는 것[117]의 한 가지 사례이다. 게임화란 게임이 아닌 활동에 상징적인 상, 경쟁의 느낌, 성과표와 같은 게임의 특성을 추가함으로써 더 흥미롭고 덜 지루하게 만드는 기술을 뜻한다. 게임화는 업무 자체를 바꾸지 않으면서 대신 업무의 포장만 바꿔서 목표 달성을 좀 더 흥미롭게 만드는("좋아! 별을 받았어!") 것이다. 직원들에게 보다 효과적으로 일의 동기를 부여하기 위해 기업이 사용할 수 있는 전략으로, 10년 전 비즈니스 컨설팅 업계에서 각광받은 바 있다. 가령, 기술 대기업인 시스코[118] 는 직원들이 소셜미디어 기술을 습득하는 데 도움을 주고자 설계된 프로그램을 게임화했다. 그들은 직원들이 인증 수업에서 다른 단계에 도달

할 때 보상으로서 배지를 줬다. 마찬가지로 마이크로소프트는 세계
적인 제품에서 언어 번역의 검증을 게임화하기 위해 순위표[119]를 만
들었다. 글로벌 소프트웨어 기업인 SAP 역시 매출 성과를 기준으로
직원들에게 배지를 수여하고, 그것을 성과표에 기록하는 게임[120]을
개발했다.

겉으로 볼 때, 게임화는 쉬운 문제처럼 보일 수 있다. 그렇다면 왜
기업은 업무를 더욱 재미있게 만들지 않는 걸까? 와튼 스쿨의 두 동
료가 발견했듯, 게임화는 행동 변화를 위한 하향식 전략으로서 쉽게
부작용을 낳을 수 있기 때문이다. 야나와 마찬가지로, 이선 몰릭Ethan
Mollick과 낸시 로스바드Nancy Rothbard 역시 생산성 혁신을 위한 게임
화의 잠재력에 주목했다. 그래서 몇 년 전, 다소 지루한 업무를 하던
수백 명의 영업사원을 대상으로 한 가지 실험을 했다. 이들이 맡고 있
던 업무는 지역 내 기업들을 만나서 이들이 지역 웹사이트에서 판매
중인 제품이나 서비스에 대한 할인 쿠폰을 발행하게끔 설득하는 것
이었다(그루폰Groupon의 사례를 떠올려 보자). 그에 대한 대가로 영업사원
은 온라인으로 판매되는 쿠폰에 대한 수수료를 받았다.

이선과 낸시는 이러한 업무를 보다 흥미롭게 만들기 위해, 전문적
인 게임 디자이너들과 협력해서 농구를 주제로 한 세일즈 게임을 개
발했다.[121] 게임에서 영업사원은 고객과 거래를 마무리할 때 포인트
를 얻는다. 거래 규모가 클수록 받을 수 있는 포인트도 커진다. 기존
고객을 통해 발생한 매출은 '레이업layup', 신규 고객을 통한 매출은

'점프샷jump shot'이다. 세일즈팀 사무실에 설치된 거대한 화면에는 최고 성과자들의 이름이 뜨고, 때로 성공적인 덩크슛과 같은 농구 애니메이션이 나왔다. 정기적인 이메일을 통해서 승리를 거둔 '선수'가 업데이트되고, 게임이 끝난 뒤 승자에게는 샴페인 병이 선물로 지급됐다.

직원 성과에 대한 이 게임의 효과를 확인하기 위해, 이선과 낸시는 한 세일즈 사무실의 직원들을 참여시키고, 다른 두 사무실의 직원들은 배제했다. 그 후 게임에 참여한 영업사원의 성과와 참여하지 않은 이의 성과를 비교했다.

큰 기대를 걸었던 이선과 낸시는 게임이 세일즈 성과에 아무런 영향을 미치지 못했다는 사실에 놀랐다.[122] 심지어 영업사원들이 업무를 대하는 방식에도 영향을 미치지 못했다. 단, 데이터를 더 깊이 들여다볼수록 아주 흥미로운 패턴이 보였다.

두 사람은 게임에 참여한 모든 이에게 그들이 그 게임을 '받아들였는지' 확인하기 위해 여러 가지 질문을 던졌다. 그 게임을 따랐는가? 규칙을 이해했는가? 규칙이 공정하다고 생각하는가? 설계된 질문[123]은 그들이 '매직 서클magic circle[124]에 들어갔는지' 확인하기 위함이었다. 매직 서클에 들어갔다는 말은 일상적인 상호작용을 관리하는 일반적인 규칙 대신, 게임의 규칙을 따르기로 동의했다는 의미다.[125] 사람들이 매직 서클에 들어가지 않으면, 게임은 아무런 의미가 없다. 예를 들어, 내가 어린 아들과 함께 모노폴리 게임을 할 때 아들이 은행에서 돈을 훔친다면 그건 그가 매직 서클에 들어가지 않았다는 뜻이다. 이 말은 그 게임이 아들에게 아무런 흥미를 주지 못했다는 의미다. 어떤 의미도, 어떤 과제도 주지 못한 것이다.

이선과 낸시는 그들의 연구에도 똑같은 원칙이 적용된다는 사실을 발견했다. 농구 게임이 전부 헛소리에 불과하다고 생각한(그래서 그 규칙을 따르려고 하지 않았던) 영업사원들은 실제로 게임이 시작되자 업무를 더욱 부정적으로 느꼈고, 그들의 세일즈 성과도 조금 떨어졌다.[126] 게임의 효과는 이를 온전히 받아들인 영업사원에게서만 나타났다(이들은 게임을 통해 업무를 더 긍정적으로 바라보게 되었다).

이선과 낸시는 그들의 연구가 기업들이 게임화 전략을 통해 저지르는 공통적인 실수를 잘 드러내 보였다고 생각했다. 직원들 입장에서 기업이 '의무적인 즐거움'에 참여하도록 강요하는 것처럼 느껴질 때, 게임화는 아무런 도움이 되지 않으며, 오히려 피해가 될 수도 있다. 또한 게임이 제대로 작동하지 않을 때(제대로 작동하는 게임을 개발하기 위해서는 기술이 필요하다)는 누구에게도 도움을 주지 못한다. 이는 운동과 지루한 강의를 조합하는 유혹 묶기나 다를 바 없다.

게임화를 통해 가능한 일

이선과 낸시의 실험은 실패로 돌아갔지만, 그렇다고 해서 게임화의 결과가 매번 실망스러운 것은 아니다. 제대로 작동할 때 게임화는 그 '과정'을 보다 흥미롭게 만들어 줌으로써 사람들이 원하는 목표를 성취할 수 있게 돕는다. 여기서 중요한 것은, 모두가 게임에 들어가기로 선택하는 것이다. 모두가 뛰어들면 결과는 대단히 인상적일 수 있다.

낸시 스트랄Nancy Strahl이 겪었던 일에 대해 생각해 보자.[27] 내가 진행하는 팟캐스트에 출연했던 낸시는 게임화가 어떻게 자신의 삶을 바꿨는지 설명했다. 2008년, 남편과 아들을 공항에 데려다준 뒤 갑자기 들이닥친 메스꺼움은 그녀의 삶을 완전히 바꿔버렸다. 낸시는 단지 식중독일 거라 예상했다. 하지만 상태가 더욱 나빠져 결국 병원에 갔을 때, 뇌졸중이 원인이었다는 사실을 알게 되었다. 다음 날 낸시가 깨어났을 때, 의사는 그녀의 몸 왼쪽이 마비가 되었다고 설명했다. 완전히 회복될 가능성도 희박했고, 다시는 걷지도 못할 것이었다.

그래도 가능성이 없는 건 아니었다. 낸시는 다시 독립적으로 생활할 수 있게 모든 노력을 다할 마음의 준비가 되어 있었다. 그녀는 아들 결혼식에서 춤을 추고, 미래의 손자들을 돌볼 수 있기를 원했다. 그러려면 장기적인 집중 재활 프로그램을 받아야 했다.

낸시는 어떻게든 해내기로 결심하고 하루에 5시간 동안 병원에서 재활 훈련을 시작했다. 퇴원한 뒤에는 집에서 혼자 훈련해야 했다. 낸시는 물리치료사가 알려 준 수십 가지 훈련 방법대로 집에서 매일 훈련했다. 대단히 힘들고 지루한 일이었다. 무엇보다 상당히 고통스러웠다. 그만큼 그녀가 회복될 가능성은 작았다.

향후 방법을 모색하는 동안, 낸시는 새로운 유형의 재활 프로그램을 테스트하는 임상시험에 참여하게 되었다. 프로그램명이 '빠른 회복Recovery Rapids'이었는데, 급류 래프팅을 하는 비디오 게임을 기반으로 한 것이었다. 그녀는 매일 가상의 카약을 타고 화면 속 강물을 따라 노를 저었다. 병을 집거나 보물 상자를 발견하면서 급류를 헤쳐나갔다. 레벨 1을 통과하자 게임이 좀 더 어려워졌다. 그럼에도 머지않아 낸시는 게임에 푹 빠졌다. 그 게임은 대단히 재미있었고 재활 효과도 꽤 좋았다. 결국 낸시는 뇌졸중 발병 이후 처음으로 혼자서 전등 스위치를 켤 수 있게 되었다.

이후 낸시의 회복 속도는 놀라웠다. 그녀는 서서히 걷고 운전할 수 있게 되었고, 집 근처의 호수에서 실제로 카약을 타게 되었다. 의사가 다시는 걷지 못할 것이라고 그녀에게 선언한 후로 몇 년이 흐른 아들의 결혼식에서, 낸시는 춤을 췄다. 이제 낸시는 뇌졸중으로 영원히 잃어버릴까 봐 우려했던 독립성을 되찾았다. 그녀는 게임화 덕분에 스스로 성공적으로 회복할 수 있었다고 믿는다.

낸시 사례는 예외가 아니다. 목표 달성을 위해 게임화를 선택한 많은 사람이 목표에 도달하는 데 도움을 받았다는 것은 과학이 증명한다. 운동량을 늘리겠다는 목표 아래 매사추세츠에서 여러 가족이 참여한 12주짜리 실험[128]을 살펴보자. 이 실험에서 일부 가족은 운동을 '게임화'했다. 이 실험에 참여한 모든 가족은 하루의 걸음 수 목표를 정하고, 목표를 달성했을 때 피드백을 받았다(피실험자 모두 디지털 활동 측정기를 착용했다). 단, 일부 피실험자는 걸을 때마다 포인트를 얻었고, 충분한 포인트가 쌓이면 단계 1에서 다음 단계로 올라갈 수 있었다. 그리고 게임의 마지막 최고 단계에 도달하면 선물로 커피잔을 받았다.

상품이 본질적으로 상징적인 것임에도 불구하고(커피잔은 좋긴 하지만 그것으로 청구서의 금액을 결제할 수는 없다), 게임화는 상당한 효과를 보였다. 게임이 진행되는 동안은 물론, 게임이 끝나고 난 12주 동안, 무작위로 게임을 하게끔 할당된 가족은 운동을 게임화하지 않은 가족보다 훨씬 더 많이 운동했다. '빠른 회복' 프로그램이 낸시 스트랄의 재활을 더욱 재미있게 만든 것처럼, 그 게임이 운동을 더욱 즐겁게 만들어 준 것이다. 그래서 사람들은 더 많이 운동했고, 활동 수준의 변화도 오랫동안 이어졌다.

더욱 중요한 것은, 모든 피실험자가 '자발적으로' 게임에 참여했고 기꺼이 매직 서클로 들어갔다는 점이다. 사람들이 적극적으로 참여하고자 할 때, 메리 포핀스의 접근방식이 가장 큰 효과를 가져온다는 사실이 분명하게 드러났다.

이는 우리가 성공을 향해 달려갈 수 있다는 사실을 뜻한다. 그럼에도 불구하고 급박한 질문이 하나 남았다. 직원들이 적극적으로 참여할지 아닐지를 예상할 수 없는 경우, '관리자'는 어떻게 게임화를 이용할 수 있을까? 업무를 보다 매력적으로 만들기 위해서 쓸 수 있는 리스크가 작은 한 가지 방식은, 사무실 공간 자체를 보다 즐겁고 신나게 만드는 것이다. 이러한 방식에 반대하는 직원은 거의 없을 것이다. 구글의 혁신적이면서도 많은 기업이 따라 하고 있는 사무실 디자인에 대해 생각해 보자. 2012년 구글을 방문했을 때 나는 깜짝 놀랐다. 구글은 직원들에게 고급 리조트에나 있을 법한 다양한 서비스를 제공하고 있었다. 맛있는 음식을 무료로 제공하고, 탁구장과 수영장, 배구장을 구비하고 티셔츠까지 선물했다. IT 기업[129] 아사나Asana의 경우는 어떤가? 아사나는 직원들에게 1만 달러의 예산을 지급한 뒤 그들의 사무 공간을 꾸미게 하고 있다. 사료 기업 파머스독Farmer's Dog[130]은 직원들이 즐겁고 사랑받고 있음을 느낄 수 있도록 실제로 개를 '고용'하고 있다(개들에게는 '최고영감책임자Chief Inspirational Officer'나 '놀이책임자Head of Playtime'와 같은 공식 직함도 주어진다). 이 같은 사례는 수도 없이 많다. 우리 주변의 혁신적인 기업들은 메리 포핀스 전략을 부지런히 활용함으로써 직원들의 업무 경험을 더욱 즐겁게 만들어 나가고 있다. 코로나바이러스 전염병이 확산하면서 대부분의 미국 직장인이 재택근무를 하게 되자, 기업들은 화상회의 시간을 더욱 즐겁게 만드는 방법을 찾았다. '가상의 행복한 시간'[131]은 자포스 같은 기업에서 유행했다. 어떤 기업은 회의에 '콰란티니스Quaran-tinis(전염병 확산으로 인한 격리 기간에 구할 수 있는 재료로 만들어 마시는 칵테일-옮긴이)'처럼 귀여운 명칭을 붙이기도 했다.

　일부 기업은 대단히 현명하게 대처하고 있지만, 개인적으로는 정말로 놀랍게도 아직 많은 이가 메리 포핀스의 통찰력을 제대로 활용

95

하지 못하고 있는 것 같아 아쉬움이 크다. 이를 위해 가장 먼저 인정해야 할 것이 있다. 나 자신에게 도움이 되는 것을 내가 좋아하는 경우는 대단히 예외적이라는 사실 말이다. 변화를 가로막는 가장 큰 장애물은 우리가 해야 한다고 생각하는 일을 실행할 때 따르는 단기적인 고통과 불편함이다. 일반적으로 야심 찬 목표를 향해 달려갈 때, 우리는 유혹에 맞서야만 한다.

그러나 제임스 패터슨의 소설과 운동을 묶었던 대학원 시절의 경험 이후 내가 발견했듯이, 간단한 해결책이 있다. 우리는 즉각적인 만족이 나에 맞서 반대하는 것이 아닌, 나를 위해 작동하도록 '시나리오를 뒤집어야' 한다. 연구 결과는 의지력에 의존해서 유혹에 저항하기보다, 좋은 행동을 단기적으로 보다 만족스럽게 만드는 방법을 이해하는 편이 더 낫다는 사실을 반복적으로 보여 준다. 먼 훗날의 거대한 성과는 계속해서 동기를 부여하기에 충분하지 않다. 메리 포핀스의 접근방식은 우리를 목표로부터 떼어 놓을 수 있는 즐거움이란 요소를 포착하고, 이를 활용해서 장애물을 유혹으로 전환한다. 그렇게 되면 우리는 갑작스럽게 헬스장에 가고, 업무에 집중하고, 더 건강한 음식을 먹고, 더 열심히 공부하고 싶어진다. 이러한 욕망이 변화를 위한 강력한 동기를 제공하는 것은 분명하다.

요약

- 현재 편향(즉, 충동)이란 장기적인 큰 보상보다 즉각적인 만족을 주는 유혹을 더 선호하는 경향을 말한다. 이는 변화를 가로막는 유해한 장애물이다.

- 메리 포핀스는 옳았다. 목표 추구에 '즐거움이란 요소'를 추가하여 즉각적인 만족감을 줌으로써 우리는 현재 편향을 극복할 수 있다.

- 유혹 묶기란 우리가 실행을 어려워하면서도 실제로는 도움이 되는, 혹은 가치 있는 활동(가령 운동)을 실행할 때에만 즐거움(가령 소파에 누워 TV 보기)을 허용하는 전략을 말한다.

- 유혹 묶기는 두 가지 문제를 한 번에 해결한다. 유혹에 대한 지나친 탐닉을 제어하고, 장기적인 목표에 기여하는 활동에 더 많은 시간을 할애하게 만든다.

- 게임화는 목표 추구를 즉각적인 만족을 주는 활동으로 전환하는 또 하나의 전략이다. 이를 위해서 상징적인 보상, 경쟁적인 분위기, 성과표와 같은 게임의 요소를 추가함으로써 특정 활동을 더욱 재미있게 만들어야 한다.

- 단, 게임화는 사람들이 자발적으로 게임에 '뛰어들 때'에만 효과를 발휘한다. 게임을 하게끔 강요받고 있다고 느껴지면, 오히려 부작용을 일으킬 수 있다.

Chapter 3

미루기

2002년, 오마르 안다야Omar Andaya는 필리핀의 대형 은행 그린뱅크의 은행장을 맡고 있었다.[132] 그는 종종 은행장들이 공통적으로 직면하게 되는 문제로 어려움을 겪고 있었다. 그 문제란 고객들이 은행에 충분한 돈을 저축하지 않는다는 것이었다.

몇 년 전 건강이 좋지 못한 아버지로부터 은행 경영권을 넘겨받았을 때, 오마르는 처음 이 문제를 인식하게 됐다. 이는 두 가지 문제를 발생시킬 수 있었는데, 첫째, 고객이 은행에 저축하는 현금 자산이 부족하면 실제 그들의 삶에 치명적인 결과로 이어질 수 있었다. 현금 부족은 고객의 건강 관리에 대한 접근을 제한하고, 교육 성과를 가로막으며, 궁극적으로 개인의 잠재 소득을 제한하기 때문이었다. 둘째, 저축액 부족은 은행의 재정에 어려움을 줄 수 있었다. 결국 고객과 은행 비즈니스 모두에 큰 위험이 될 가능성이 컸다. 그는 자신을 괴롭히는 이 문제를 해결해야 했다. 그래서 브레인스토밍을 통해 가능한 해결책을 찾기 시작했다.

고객들이 더 많은 돈을 저축하게끔 유도하는 것은 정말로 힘든 일이었다. 2015년을 기준으로 필리핀보다 훨씬 더 부유한 미국에서

조차 세 가구 중 한 가구는 전혀 저축을 하지 않았고,[133] 가구의 41%는 예상치 못하게 발생하는 2,000달러의 지출을 충당할 여력도 없었다.[134] 오마르가 그린뱅크 경영권을 물려받았을 무렵, 필리핀에서 전체 가구의 31%가량은 빈곤선(최저생계 유지에 필요한 수입 수준)에 미치지 못하고 있는 상황이었다.[135] 오마르는 포기하고 싶지 않았지만, 당장 무엇을 해야 할지 알 수 없었다.

그러던 중 오마르는 한 친구의 소개를 받아 개발도상국에서 소비자를 연구하던 세 학자를 만나게 되었다. 그들에겐 그린뱅크 고객의 저축률을 높일 수 있는 아이디어가 있었고 그것이 오마르의 관심을 끌었다.[136] 이 경제학자들의 이름은 나바 아슈라프Nava Ashraf와 딘 칼란Dean Karlan, 웨슬리 잉Wesley Yin이었다.[137]

다만, 한 가지 작은 문제가 있었다. 그들의 제안을 들은 많은 사람이 그건 미친 짓이라고 치부한다는 것이었다. 학자들은 고객에게 '인출이 제한된locked' 은행 계좌에 저축할 기회를 제공할 것을 제안했다.[138] 이는 광범위한 포커스그룹을 통해 나온 아이디어였다. 그 계좌는 그린뱅크가 제공하는 다른 저축 계좌와 똑같은 것으로, 이자율도 동일했다. 단, 중요한 한 가지 차이라면, 이 상품을 선택한 고객은 그들이 선택한 미래 시점이나 특정 잔액에 이르기 전에는 해당 계좌에서 돈을 인출하지 못한다는 점이었다. 그 계좌는 일종의 '금융 정조대financial chastity belt'와 같은 것이었다.

매년 약 150명의 와튼MBA 학생들이 참석하는 강의에서, 나는 오마르의 이야기를 들려준다. 내가 이 이야기를 꺼내면 강의실 분위기가 흥미진진해진다. 학생들은 인출 제한 계좌의 장점에 대해 논쟁을 벌인다. 수년간 경제학을 공부해 온 이들로선 말문이 막힐 수밖에 없다. 높은 이자율 같은 큰 혜택도 없고 마음대로 예금을 인출할 수도 없는 계좌에, 대체 누가 돈을 넣는단 말인가? 그들에게 그런 계좌는 충격 그 자체다. 힘들게 번 돈에 접근하지 못하게 막는 명백한 사기가 아닌가? 이들의 말에는 일리가 있다. 인출이 막혀 있는 계좌는 기본적인 경제 원칙, 즉 사람들은 통제보다 유연성을, 제약보다 자유를 선호한다는 사실을 외면하는 것이다.

그린뱅크에 있는 오마르의 많은 동료 역시 나의 회의적인 학생들과 똑같은 걱정을 했다. 하지만 오마르는 필사적으로 무언가를 시도하고자 했고, 이러한 이상한 제안 속에 번득이는 심리적 통찰을 발견했다. 이는 와튼 스쿨 MBA의 다른 그룹이 간파한 것으로, 매년 수업 시간마다 치열한 논쟁을 일으키는 주제이기도 하다. 2003년 여러 동료와의 논쟁 끝에, 오마르는 인출 제한 계좌에 예상되는 위험을 감수하기로 결정했다. 그는 학자들이 새로운 저축 상품을 하나의 실험으로서 몇백 명의 그린뱅크 고객에게 제안하게 하고, 무슨 일이 일어나는지 지켜보기로 했다.

미루는 습관 해결하기

오마르가 필리핀에서 새로운 유형의 특별한 계좌 출시를 궁리하고 있었을 무렵, MIT 행동과학자 댄 애리얼리Dan Ariely는 그와는 다르지만 관련된 문제를 해결하기 위해 애쓰고 있었다. 댄은 학생들이 그렇게나 자주 과제를 미룬다는 사실을 믿을 수 없었다. 이들은 세계에서 가장 뛰어난 학생들이었다. 그런데도 그들은 "과제는 뒤로 미뤄둔 채 데이트를 하고, 학생회 회의를 하고, 산속으로 스키 여행을 떠났다."[139] 댄은 왜 그러는지 도무지 이해가 안 됐다. 학생들이 과제 마감일 직전이 아니라, 과제가 주어진 시점부터 본격적으로 시작해서 집중한다면 훨씬 더 많은 것을 배울 수 있을 텐데 말이다. 나 역시 동료 교수로서 그의 마음을 충분히 이해한다. 집중만 하면 얼마든지 지킬 수 있는 마감일을 어김으로써 똑똑한 학생들이 스스로 곤경에 빠지는 모습을 지켜보는 것은 참으로 안타까운 일이니까.

학생들의 나쁜 학습 습관에 크게 당황한 댄은 동료인 클라우스 베르텐브로흐Klaus Wertenbroch와 함께 팀을 이뤄 실험을 통해 학생들의 행동을 좀 더 면밀하게 들여다보기로 했다. 두 사람은 이 실험으로 MIT 영재들이 스스로 문제를 해결할 수 있도록 돕고, 그 과정에서 사람들이 미루기 유혹을 떨치고 어떻게든 목표를 달성하는 방법에 관한 통찰력을 얻을 수 있으리라 기대했다.

댄은 클라우스와 함께 자신의 14주짜리 수업을 듣기로 했던 MIT 학생 99명을 대상으로 연구를 시작했다.[140] 학생들은 수업을 이수하려면 짧은 보고서 세 편을 제출해야 했다. 댄은 약 절반의 학생에게는 수업 기간에 걸쳐 균등하게 분배한 과제 제출 마감 일시를 알렸다. 반면 다른 절반에게는 특별한 기회를 줬다. 세 편의 보고서를 강의 마지막 날까지 제출해도 무방하다고 한 것이다. 단, 학생들이 원할 경우 각 보고서의 마감일을 스스로 정할 수 있는데, 만약 그렇게 정한 마감일을 어길 경우엔 그에 따라 벌점을 부과하겠다고 일러뒀다.

여기서 우리는 인출이 제한된 은행 계좌를 개설하는 것과 마찬가지로, 미루기 벌점이 있는 마감일을 자발적으로 선택하는 행동 역시 경제학 이론의 기본 원칙을 외면하는 것이라는 사실에 유의할 필요가 있다. 경제학 이론은 사람들이 더 많은 자유를 선호한다고 말한다. 이러한 이유로 항공사는 일정 변경이 가능한 티켓에 높은 할증료를 요구하고, 레스토랑은 알라카르트à la carte(정식 요리와 다르게 자기가 좋아하는 요리만 주문하는 일품요리-옮긴이)보다 브런치 뷔페(브런치로 먹을 수 있는 음식들을 준비해 놓고 손님이 스스로 선택해 덜어 먹도록 한 식사-옮긴이)에 더 높은 가격을 요구하며, 은행은 언제든 인출이 가능한 예금 계좌보다 인출일이 고정된 적금에 더 높은 이자율을 제공한다.

그러나 댄은 실제로 학생들에게 유연성 '감소'에 대한 할증을 요구한 셈이었다. 전통적인 방식으로 교육받은 경제학자의 관점에서 볼 때, 댄의 학생들이 선택할 수 있는 최고 전략은 스스로 마감일을 선택하지 않고 최대한 많은 시간을 각각의 보고서에 허용하는 것이었다. 그래야만 어떠한 벌점도 받지 않고 다른 과목의 과제와 추가적인 과제를 처리하기 위한 유연성을 최대한 확보할 수 있으니까.

그럼에도 불구하고 댄의 학생 중 68%가 제한적인 선택권을 택했다. 그들은 자발적으로 마감일을 '원했다.'

이 사실을 나의 MBA 학생들과 공유하면, 오마르 안다야와 그린뱅크에 관한 이야기로 시작된 논쟁의 열기가 한층 더 뜨거워진다. 많은 학생이 댄의 데이터가 결국 MIT 학생들이 그렇게 똑똑하지 않다는 사실을 보여 주는 것이라고 주장했다. 벌점이 부과될 수 있는 마감일을 자발적으로 선택했다면, 그들은 명백한 실수를 저지르고 있는 것이다. 모든 과목의 마감일로 가득한 학기 내에서 학생들은 유연성과 자유를 중요하게 생각해야 한다. 하지만 내 수업을 듣고 있던 또 다른 학생들은 이러한 생각에 동의하지 않았다. 그들은 시간 관리의 중요성을 지적했다. 그리고 따로 마감일을 정해 놓는 편이 학기 전반에 걸쳐 보고서를 마무리할 수 있는 균등한 시간을 마련하는 데 도움이 된다고 했다.

내가 학생들에게 댄의 발견을 지지하는 다른 연구 결과에 대해 언급하면, 논쟁의 열기는 최고조에 이른다. 필리핀의 그린뱅크에 인출 제한 계좌를 제안했던 나바와 딘 그리고 웨슬리는 그린뱅크 고객 중 28%가 인출 제한이 없는 일반적인 계좌를 개설하거나 계좌를 아예 개설하지 않는 쪽이 아닌, 제한된 계좌를 개설하는 쪽을 선택했다는 사실을 발견했다(28%라는 수치가 그리 압도적인 비중은 아니지만, 0%가 될 것이라는 예측과 비교하면 놀라운 수준이다).[141]

이 같은 결과에 이르면, 광범위한 경제학 교육을 받은 학생들은 말 그대로 머리를 쥐어뜯는다. 그들은 사람들이 더 높은 이자율의 혜택도 없이 예금 인출을 자발적으로 제한하거나 벌점이 부과될 수 있는 마감 시스템을 선택하는 건 미친 짓이라고 주장했다. 적절한 보상도 없이 유연성과 자유를 포기하다니! 이는 경제학 이론의 핵심적인 믿음, 혹은 전 세계 모든 정부 정책 및 마케팅 전략의 기반이다(크루즈선이나 리조트가 모든 음식을 마음껏 먹을 수 있다고 광고하는 데에는 이유가 있다). 나아가 이는 또한 상식이다. 그렇지 않은가?

그럴 수도 있고, 아닐 수도 있다. 앞 장에서 나는 우리의 충동이 목표 달성에 중대한 장애물이 될 수 있으며, 이를 위한 한 가지 해결책으로 해야만 하는 일을 즐거운 일로 바꿈으로써 충동을 자산으로 전환하는 방법을 소개했다. 그러나 미루기를 예방하는 것과 관련해서, 당근을 매달아 놓는 것만이 선택지는 아니다. 동시에 우리는 채찍도 사용할 수 있다. 다시 말해, 유혹이 다가오는 것을 보고 나쁜 충동이 우리에게서 최고의 것을 빼앗아가지 못하도록 미리 조치할 수 있다. 그것이 바로 그린뱅크 고객들과 댄 애리얼리의 학생들이 한 일이다. 예금을 인출하고 보고서를 최대한 미룰 수 있는 자유에 제한을 선택함으로써, 그들은 미래의 유혹에 무릎 꿇는 것을 더욱 어렵게 만들고, 장기적인 목표에 도달하는 것을 더욱 쉽게 만들고자 한 것이다.

스스로 수갑 차기

그린뱅크의 인출 제한 계좌 사례를 뒷받침하는 아이디어는 생소한 것이 아니다. 인간의 역사 속에는 유혹을 이기기 위해 이와 비슷한 기술을 활용했던 사람들의 이야기(신화든 실제든 간에)로 가득하다. 그중 가장 유명한 사례는 아마《오디세이*Odyssey*》일 것이다.[142] 오디세우스는 사이렌이 부르는 노래의 유혹에 넘어가 자신이 배를 다른 방향으로 몰지 못하도록 돛대에 자신의 몸을 묶어달라고 했다.[143] 내가 좋아하는 사례는 프랑스 작가 빅토르 위고Victor Hugo의 이야기이다. 사교계의 명사였던 그는《노트르담의 꼽추*Notre-Dame de Paris*》원고를 마무리하지 못하고 질질 끌고 있었다. 출판사가 정한 엄격한 마감 기한을 어떻게든 지키고픈 절박한 마음에, 그는 몸을 덮는 숄을 제외한 모든 옷을 옷장에 넣고 잠가버렸다.[144] 이 같은 방법으로 스스로 밖에 나갈 수 없게 만든 것이다. 강제로 집에 머무르면서 소설 쓰기에 집중할 수밖에 없었던 그는 결국 성공적으로 원고 마감일을 지켰다.

그로부터 100년 이상의 세월이 흐른 뒤, 학자들은 자발적으로 자신에게 제약을 부과하는 사람들의 이상한 경향에 관해 관심을 기울이기 시작했다. 1955년 경제학자 로버트 스트로츠Robert Strotz는 일부 사람들(위고와 같은)이 스스로 목표 달성을 가로막는 충동에 빠지지 않게 만들고자 기이한 일을 한다는 사실에 주목했다.[145] 가령 만기 전에는 인출이 불가능한 특별 크리스마스 저축예금에 돈을 넣거나, 자발적으로 '정착'하고자 결혼을 하는 식이었다(이 논문이 1950년대에 나왔다는 사실을 상기하자).

이 주제에 관한 로버트 스트로츠의 논문은 머잖아 블록버스터(학술 논문을 두고 그렇게 부를 수 있다면)인 것으로 드러났다. 이 논문은 인간이 항상 유연성과 자유를 선호하는 것이 아니라, 때로는 유혹을 극복하기 위해 그 반대의 것을 원한다는 이단적인 개념을 경제학자들에게 소개했다. 스트로츠의 후계자들(미래의 경제학자이자 노벨상 수상자인 토머스 셸링Thomas Schelling과 리처드 탈러Richard Thaler를 포함해서)은 이러한 전략을 면밀히 탐구했고,[146] 여기에 "이행 장치commitment device"[147]라는 이름을 붙였다.

더 큰 목적을 위해 자신의 자유를 제한하는 선택을 한다면, 우리는 이행 장치를 이용하고 있는 셈이다.[148] 보고서를 언제까지 제출하겠다고 상사에게 말하는 것은 그 과제를 처리하기 위한 이행 장치다. 일반적인 돼지 저금통(안에 든 돈을 꺼내려면 깨뜨려야 하는 세라믹 재질의 저금통)은 돈을 꺼내는 것을 다소 힘들게 만드는 이행 장치다. 주방 선반을 작은 접시로 채우는 것은 적게 먹기 위한 이행 장치다. 스마트폰의 하루 사용량을 제한하는 모먼트Moment 같은 앱[149]을 다운로드받는 것은 기술 중독을 완화하는 이행 장치다. 그리고 극단적인 사례로, 도박자 제외 명단gambling self-exclusion list(펜실베이니아 같은 일부 주에서 선택할 수 있는)[150]에 자신의 이름을 등록함으로써 카지노에 발을 들이는 순간 체포되게 만드는 것은 자신을 도박판에서 멀리 떨어뜨리게 하는 이행 장치다.

물론, 충동적 선택을 예방하기 위해 설계된 제한은 주변에 널려 있다. 제한 속도, 마약 금지법, 운전 중 문자메시지 금지 그리고 균등한 간격을 둔 과제 마감일이 그것이다. 그러나 일반적으로 이러한 유형의 제한은 정부나 교사처럼 선의를 지닌 제삼자가 우리에게 부과하는 것이다. 이행 장치를 이상하게 보이도록 만드는 것은 자발적으로 자신에게 제한을 부과한다는 것, 즉 '스스로' 수갑을 찬다는 사실이다!

스스로 수갑을 차는 것이 왜 때로는 유용한 방법이 될 수 있는지에 대한 통찰을 제시하고 싶지만, 나는 아직 이러한 전략의 효과를 입증하는 구체적인 증거를 발견하지 못했다. 따라서 그린뱅크의 인출 제한 계좌와 댄 애리얼리의 수업에서 스스로 정한 마감일 사례로 다시 돌아가서 설명하고자 한다.

오마르 안다야에게 이례적인 은행 계좌에 관한 아이디어를 제안했던 경제학자들은 신중하게 설계된 대규모 연구를 통해 결과를 평가했다.[151] 그들은 과거 혹은 현재 그린뱅크의 고객을 1,000명 이상 모아 무작위로 두 그룹으로 나눴다. 약 800명으로 이뤄진 첫 번째 그룹의 고객들은 인출이 제한된 계좌를 개설하도록 은행으로부터 제안받았다. 그리고 약 500명으로 이뤄진 두 번째 그룹의 고객들은 '통제' 그룹으로서 그 같은 계좌의 개설을 제안받지 않았다. 다음으로 연구원들은 향후 1년에 걸쳐 모든 고객의 계좌 잔액을 추적했다(인출이 제

한된 계좌를 선택했든 아니든 간에). 인출이 제한된 계좌를 개설한 고객의
선택이 차이를 만들어 냈는지 확인하기 위해서였다.

결과가 나왔을 때,[152] 이 연구를 이끈 사람 중 하나인 딘 칼란은 내
게 깜짝 놀랐다고 했다. 두 그룹을 비교했더니 인출 제한 계좌를 제
안받은 이들이 다음 해에 통제 그룹보다 80%나 더 많이 저축한 것이
다. 다시 말해, 통제 그룹에 속한 고객이 100달러를 저축했다면, 인출
제한 계좌 개설을 제안받은 그룹의 고객은 180달러를 저축한 것이
다. 이는 실로 놀라운 차이다! 인출 제한 계좌 개설을 제안받은 고객
중 28%만이 실제로 계좌를 개설했다는 사실을 고려하면, 인출 제한
계좌 개설을 제안받은 그룹의 사람 중 상대적으로 소수인 이들이 아
주 많이 저축함으로써 고객 전체의 저축액을 크게 늘렸다는 의미다.

이러한 이단적인 아이디어는 결국 대단히 현명한 전략으로 밝혀
졌다. 실제로 사람들이 자신의 저축 목표를 달성하게끔 도움을 주었
다.[153] 그렇다면 벌점이 부과될 수 있는 과제의 마감일을 자발적으로
정하게 한 댄 애리얼리의 제안은 어떤 결과를 가져왔을까?

이 질문에 답하기 위해, 댄과 클라우스는 앞서 소개한 연구의 후속
연구를 추진했다.[154] 이번에는 60명의 MIT 학생 그룹이 단일 최종
마감일에 직면했을 때와 벌점이 부과될 수 있는 중간 마감일을 자발
적으로 자신에게 부여했을 때 과제를 얼마나 잘 수행했는지를 비교
했다.[155] 그 결과 스스로 마감일을 정할 수 있는 선택권이 있었던 학
생들이 제출한 과제의 오류율이 단일 최종 마감일에 직면하도록 무

작위로 할당된 학생의 과제의 오류율에 비해 50%나 적었다. 스스로 마감 일정을 정할 수 있게 한 기회가 인출 제한 계좌 개설을 제안받은 기회와 흡사하게 엄청나게 많은 도움을 준 것이다.

지금까지도 나는 이러한 성공의 규모가 충격적이라고 생각한다. 그래서 이 같은 결과를 MBA 학생들, 특히 이성적인 사람이라면 이행 장치(그에 따른 이익은 물론)를 결코 받아들이지 않을 것이라고 단호하게 주장하는 학생들과 기꺼이 공유하고 있다.

데이터는 명백하다. 비록 경제학 이론의 황금 법칙과 모순된다고 해도, 이행 장치는 뜻밖의 행운과도 같다. 이는 우리가 임박한 유혹에 성급하게 대응할 때가 아닌, 우리에게 무엇이 좋은지 분명히 알고 있을 때 내리게 되는 선택으로 자신을 유도함으로써 더 나은 행동을 하게끔 돕는다. 그리고 나중에 잘못 행동하게 만드는 유혹에 빠지지 않도록 막는다.

모두 좋은 전략이다. 하지만 회의주의자는 이렇게 물을 것이다. 그런데 내가 이용하는 은행이 인출 제한 저축예금 계좌 서비스를 제시하지 않으면(거의 대부분이 그렇다)? 우리가 추구하는 모든 장기적인 목표를 위한 이행 장치는 어떻게 발견할 수 있는가? 당신이 마감 기한을 맞춰야 하는 사업가라고 해도 마감을 지키지 못한다고 당신에게 벌점을 부과하는 교사는 없을 것이다. 더 많이 운동하기를 원하지만 우리가 다니는 헬스장은 운동할 때에만 들을 수 있는 오디오북이 담긴 아이팟을 대여하지 않는다.[156] 그렇다면 우리 모두는 목표를 추구하는 과정에서 자신만의 이행 장치를 개발하기 위한 간단한 방법을 찾아야 한다.

다행스럽게도, 간단한 방법이 있다.

현금 이행 장치

크고 먹음직스러운 치즈버거를 떠올려 보자. 그 버거 안에는 당신이 좋아하는 내용물(상추, 토마토, 양파, 베이컨 등)로 가득하다. 냄새도 황홀하다. 친구와 함께 점심을 먹기 위해 레스토랑에 들렀는데 마침 점원이 그 버거를 옆 좌석 손님에게 가져다 준다면, 당연히 먹고 싶은 생각이 들지 않겠는가? 그러나 당신은 이제 건강식만 먹기로 자신과 약속한 상황이다. 과연 당신은 그 유혹을 이길 수 있겠는가?

이는 와튼 스쿨 MBA 초빙 강사인 조던 골드버그Jordan Goldberg가 우리 학생들에게 매년 던지는 질문이다.[157] 조던은 내가 헹첸, 제이슨과 함께 사람들이 새로운 시작일 이후에 더 많이 목표를 세우는 경향이 있는지를 확인하기 위해 데이터를 분석했던 스틱KstickK의 공동 설립자다.[158]

조던이 학생들에게 그 질문을 던지고 나면, 강의실은 언제나 소곤대는 소리로 가득해진다. 학생들은 자신에게 저항할 수 있는 의지력이 있다고 믿고 싶어 하지만, 대부분은 아마도 버거를 주문하게 될 것이라고 인정할 만큼 자신을 충분히 알고 있다.

다음으로, 조던은 더 쉬운 질문을 던진다. 만약 그 치즈버거를 먹을 경우 누군가에게 500달러를 빚지게 된다면? 그러면 그 맛있는 유혹에 굴복할지 말지를 골똘히 고민하게 될 것이다. 그렇지 않은가?

나를 포함한 모두가 고개를 끄덕인다. 그 결정에 관해서 논란이 되는 부분은 없다.

조던은 이 질문과 함께 학생들에게 특이한 유형의 이행 장치를 소개한다. 그것은 계획을 포기하면 말 그대로 돈을 지급하도록 함으로써 계획을 고수하게 돕는 이행 장치다. 나는 이를 "현금 이행 장치cash commitment devices"라고 부른다. 실제로 많은 기업이 고객들에게 이러한 유형의 이행 장치를 제공한다. 지금까지 수많은 기업이 현금 이행 장치를 시도했으며, 이는 대단히 유용한 것으로 드러났다. 여기서 우리가 해야 할 일은 목표를 세우고, 그 과정을 면밀하게 추적할 사람(혹은 특정 기술)을 선택하고, 지키지 못할 때 제삼자에게 지급해야 할 돈을 거는 것이다(그 돈이 특정 개인이나 단체에 가도록 정해 놓을 수도 있다. 심지어 실패를 더욱 가슴 아프게 만들기 위해서 자신의 정치적 성향과 상반된 단체, 가령 총기 소유권이나 총기 규제를 주장하는 단체를 특정하는 방법도 있다). 몇 달러 정도로 금액을 작게 설정할 수도 있지만, 금액이 클수록 성공률은 더욱 높을 수 있다.

교회에 규칙적으로 나가길 원하는가? 신뢰할 만한 사람을 선택해서 심판으로 세우고 당신이 가지 않을 경우 지급할 금액을 걸자. 더는 루저와 데이트하지 않고 싶은가? 그렇다면 당신에게 책임을 물을 만한 안목 있는 친구를 선택하고 판돈을 걸자.[159]

얼마 전, 나는 작가이자 기술 사업가인 닉 윈터Nick Winter와 함께 이야기를 나눴다.[160] 그 역시 삶의 방향을 바꾸기 위해서 현금 이행 장치를 사용했다고 했다. 2012년 무렵, 스물여섯의 프로그래머였던 그는[161] 자신의 삶이 기대처럼 흘러가지 않고 있음을 느꼈다. 좌절과 실망 속에서 그는 자신에게 이렇게 물었다. "내 삶이 보다 다채롭고 충만해지려면 무엇을 해야 할까? 무슨 일이 재미있을까? 나는 어떤 삶을 바라는가?"

이 질문에 관해 곰곰이 생각하던 닉은 그의 일상에 모험적인 측면이 부족하다는 사실을 깨달았다. 그는 분명히 프로그래밍 업무를 좋아했고, 자신의 직업에 만족감을 느꼈지만 그가 최근에 한 가장 흥미로운 일이라고는 헬스장에 다니기 시작한 것뿐이었다. 다음으로 닉이 깨달은 것은 자신의 예술적 재능을 충분히 활용하지 못하고 있다는 사실이었다. 닉은 한층 더 창조적인 일을 하고 싶었다.

이러한 깨달음을 시작으로, 닉은 본격적인 모험가가 되기로 결심했다(스카이다이빙, 스케이트보드 배우기, 자각몽 꾸는 법 배우기, 5km 달리기 기록을 5분 단축하기 등). 그리고 그러한 변화의 과정을 주제로 책을 쓰기로 했다. 그는 이 모든 도전을 위해 자신에게 3개월의 시간을 줬다.

머잖아 닉은 환상에서 벗어났다. 단기간에 그토록 거대한 삶의 변화를 이룩하기는 힘들다는 사실을 깨달은 것이다. 자신의 계획을 친구들에게 말하는 것만으로는 충분하지 않았다(비록 그것이 출발점이기는 하지만, 아무런 성과도 없을 때는 수치심을 느껴야 했다). 닉은 목표 달성을 위해 더 많은 것을 걸어야 한다고 생각했다. 그래서 아주 특별한 형태의 계약을 판매하는 기업에 대한 이야기를 접했을 때 호기심이 발동했다. 그 계약은 이런 것이었다. 3개월 안에 책을 쓰지 않고 스카이다이빙을 하지 않으면, 엄청난 액수의 벌금(약 1만 4,000달러, 한화 약 1,650만 원)을 낸다. 닉은 그 조건에 동의했다.[162]

1만 4,000달러는 백만장자에게는 작은 돈일 테지만, 닉에게는 그렇지 않았다. 그는 은행 잔고의 대부분을 걸어야 했다. 다만 닉은 이 같은 계약이 그로 하여금 어쩔 수 없이 책을 쓰게 하고 비행기에서 뛰어 내리게 만들 것이라고 생각했다.

성취를 위한 거대한 동기를 부여받은 닉은 3개월 만에 자신의 모험에 대한 (이제는 아주 유명해진!) 책,《동기부여 해커 *The Motivation Hacker*》[163]를 썼고, 여자 친구와 함께 스카이다이빙에 도전했다. 그에게 고소공포증이 있다는 사실까지 고려하면, 특히나 자랑스러워할 만한 성취였다.

현금 이행 장치의 위력과 단순성을 아주 잘 보여 준다는 점에서, 나는 닉의 이야기를 좋아한다. 또한 그의 이야기는 현금 이행 장치의 다소 모순적인 특성을 부각시킨다. 장치를 사용할 경우 한편으로, 자유는 많을수록 좋은 것이라고 말하는 경제학의 일반 법칙을 '무시'하는 것이다. 그러나 다른 한편으로, 원치 않는 행동에 따른 대가를 인상하거나 그러한 행동을 포기하게 만드는 제약을 부과하라고 말하는 표준 경제학에 '크게 의존'하는 것이다. 이는 소비를 줄이기 위해 담배와 술에 세금을 부과하거나 마리화나를 금지하는 것 같은, 경제학이 제시하는 바로 그 해결책이다.

현금 이행 장치는 다른 인센티브와 마찬가지로, 다양한 목적을 위해 사용될 수 있다는 점에서 특히 간편하다. 가령 장시간 사용할 경우 스마트폰을 잠그는 앱이나 도박자 제외 명단에 서명한 후에 카지노가 출입을 거부하도록 만드는 유형의 이행 장치에 비하면 훨씬 간편하다. 잃고 싶지 않은 어느 정도의 돈 그리고 자신의 발전 상태를 감독할 누군가(혹은 무언가)만 있으면 된다.

다만 실질적인 문제는 현금 이행 장치가 일부 사람에게는 아주 이상한 방법처럼 보인다는 사실에 있다. 어쨌든 말 그대로 벌금을 내겠다고 자발적으로 서명한 것이니까! 하지만 이러한 방법이 우리의 직관에 반하는 것이라고 해도, 그 결과는 아주 효과적인 것으로 드러났다. 실제로 2,000명의 흡연자를 대상[64]으로 한 연구에서, 현금 이행 장치(6개월 이후 니코틴 소변 검사를 통과할 경우에만 찾을 수 있는 예치금을 넣어 둔 예금 계좌)가 사람들의 금연에 큰 도움을 줬다는 사실을 보여 줬다. 현금 이행 장치를 활용하기로 결정한 흡연자들은 평균적으로 약 이 주일에 1번 예금을 했고, 금연에 실패할 경우 잃어 버리게 될 계좌에 한 달 소득의 약 20%를 집어 넣었다. 그리고 놀랍게도 자신의 돈을 잃어버릴 위험을 감수한 흡연자 중 30% 이상이 금연에 성공했다. 이와 비슷한 현금 이행 장치[165]는 헬스장에 다니는 사람들이 더 많이 운동하고, 다이어트를 하는 사람이 더 많이 살을 빼고,[166] 가족을 위해 더욱 건강한 식료품을 구매하게끔[167] 도운 것으로 밝혀졌다.

현금 이행 장치의 마지막 과제는 그 효율성이 아니라, 더 많은 사람이 그 개념에 더욱 익숙해지도록 만드는 일이다. 그 방법을 활용할지 말지에 대해 선뜻 결정을 내리지 못하는 건 당연하다. 비록 그 성과가 대단하게 들린다고 해도, 목표를 달성하지 못할 때 값비싼 제약이나 벌금을 자발적으로 자신에게 부과할 마음의 준비가 되지 않았을 수도 있다. 당신만 그런 건 아니다. 예를 들어, 금연을 위해 현금을 걸겠다고 한 사람은 흡연자의 11%에 불과했다.[168]

왜 그럴까? 다양한 이유가 있을 수 있다. 한 가지는 모든 사람이 변화에 관심이 있는 것은 아니라는 점이다. 또 다른 이유는 변화를 원한다고 해도, 때로 실패가 통제 범위 밖에 있을 수 있다는 것이다. 가령, 가정 내에 뜻하지 않는 문제가 발생해서 운동 목표를 달성하지 못하게 된다면 당신은 그 문제를 해결해야 할 뿐만 아니라, 이행 장치로 인한 벌금까지 물어야 한다. 그러면 상황은 자신이 감당할 수 있는 범위를 넘어선 것이며, 결국 완전히 포기하게 될 것이다. 그런 경우는 어떻게 해야 한단 말인가?

서약 그리고 느슨한 이행

당신은 지금 인후통과 코막힘, 기침 증상을 호소하는 환자를 진료하는 바쁜 의사다. 환자들은 그들이 겪고 있는 고통을 끝내줄 처방을 원한다. 당연히 당신도 의사로서 환자들을 기꺼이 돕고 싶다.

그런데 감기로 진단한 한 환자가 당신에게 항생제를 처방해 달라고 한다. 당신은 그의 증상이 패혈성 인두염이나 폐렴과 같은 박테리아 감염은 아니라는 사실을 알고 있다. 감염일 경우에는 항생제가 도움이 되겠지만, 그럴 가능성은 없어 보인다. 그렇다면 항생제는 거의 도움이 되지 않는 것은 물론, 약값도 비싼 데다 자칫 발진이나 설사, 구토와 같은 부작용을 일으킬 수도 있다. 게다가 항생제를 더 많이 처방받은 환자일수록 박테리아 내성이 더욱 강력해져서 향후 감염을 치료하기가 더욱 힘들어진다.

이제 의사인 당신은 무엇을 해야 할지 골치 아픈 의사결정에 직면해야 한다. 환자가 원하는 대로 처방해 주고 싶은 유혹에 저항할 것인가? 아니면, 증상은 그렇지 않아도 어쨌든 도움이 되리라 기대하면서 의학적 지침을 어기고 환자가 원하는 대로 해줄 것인가?

당신은 의사들이 절대 실수할 리 없다고 믿고 싶을 것이다. 하지만 연구 결과에 따르면, 많은 의사가 환자들이 원하는 것을 제공하려는 유혹에 종종 굴복한다. 실제로 미국 성인은 매년 약 4,100만 건의 불필요한 항생제 처방을 받고 있으며, 이를 위해 10억 달러가 넘는 돈을 내고 있다(이는 단지 약값만 의미한다).[169]

이와 같은 불편한 진실을 알고 있고 동시에 약속의 힘에 대해서도 잘 알고 있는 의사와 행동과학자가 창조적인 팀을 이뤘다. 그들은 이러한 문제에 도움이 될 만한 아이디어를 개발했다.[170]

일반적으로, 사람들은 자신이 정말로 관심을 기울이는 목표를 추구해야 할 때(가령 요구 사항이 많은 환자를 만났을 때 더 나은 의사결정을 내리는 것처럼), 이에 대해 곰곰이 생각하고 자신이 할 수 있다는 확신을 가지려고 한다. 어쩌면 몇몇 가까운 친구나 가족, 혹은 동료와 함께 자신의 목표에 관해 이야기를 나눌 수도 있다. 그러나 준비는 종종 거기서 끝난다.

불필요한 항생제 처방을 줄이고자 한 연구원들은 이러한 사실을 깨닫고 의사들이 환자의 요구에 굴복하기 전에 한 번 더 생각하게 만드는 추가적인 단계를 제시했다. 그들은 의사들이 정말로 필요한 경우가 아니라면 항생제 처방을 하지 않겠다는 공식적인 서약서에 서명하고,[171] 진료 대기실에 그 서약서가 잘 보이도록 걸어 놓게 했다.

심리학 연구원들은 이 전략이 다음과 같이 작동하길 기대했다. 서약서에 서명하고 이를 벽에 걸어 두면, 의사 입장에서는 불필요한 항생제 처방에 대한 정신적 비용이 책정되는 셈이다. 이후 항생제 처방의 유혹을 받을 때, 이에 넘어가는 건 약속을 저버리는 것이라는 사실이 명백해졌다. 어쨌든 당신은 불필요한 항생제 처방을 하지 않겠다는 공식적인 서약서에 서명했으니 말이다. 이는 간단하게 말해서, 불필요한 항생제 처방의 '가격'이 높아진 것이다.

이 아이디어를 개발한 팀은 로스앤젤레스에 있는 주요 병원 관리자들에게 이를 시험하게끔 설득했다. 이들 병원에서 일부 의사들에게 "유익보다 해가 클 경우에 항생제 처방을 피하겠습니다"라고 적힌 서약서에 서명하고, 이를 진료 대기실에 걸어 놓도록 했다. 그러나 '통제' 집단에 해당하는 다른 의사들에게는 그러한 요청을 하지 않았다.

연구를 진행하는 동안 중증 감기 증상을 호소하는 1,000명에 가까운 환자가 이들 의사의 진료실에 방문했다. 그리고 연구원들은 서약서에 서명하고 이를 벽에 걸어 놓은 의사들이 통제 집단 의사들과 비교해서 약 1/3이나 부적절한 항생제 처방을 줄였다는 사실을 확인했다.

이 수치는 대단히 놀라운 것이었다. 그러나 개인적으로 볼 때 더욱 인상적인 대목은, 많은 의사가 서약으로부터 영향을 받았다는 사실이다. 그 약속을 어긴다고 해서 벌금을 내야 하는 것도 아니었는데 말이다. 이러한 서약은 구체적인 비용을 수반한다는 점에서, 내가 "엄격한 이행hard commitment"이라고 부른 현금 이행 장치, 가령 인출이 제한된 은행 계좌나 자발적 마감 벌점과 뚜렷한 대조를 이룬다. 의사들의 서약은 내가 "느슨한 이행soft commitment"이라고 부르는 것의 주요 사례다. 여기서 약속 이행 실패에 따른 대가는 '심리적인' 것에 불과하다.

우리는 목표 달성에 도움을 주기 위해 자기 자신이나 혹은 다른 이에게 아주 다양한 유형의 대가를 부과할 수 있다. 그러한 유형으로는 목표나 마감을 공식적으로 발표함으로써 이를 달성하지 못할 때 수치심을 얻는 '가벼운 벌점soft penalty'에서부터 실패했을 때 돈을 지급해야 하는 '무거운 벌점hard penalty'까지 다양하다.[172] 우리는 자발적으로 작은 접시에 음식을 담아 먹거나 돼지저금통에 돈을 넣는 식으로 자신에게 '가벼운 제한soft restriction'을 부과할 수도, 인출 제한 계좌를 개설해 저축하거나 헬스장에서만 아이팟을 사용하는 것에 동의하는 '무거운 제한hard restriction'을 부과할 수도 있다.

앞서 언급했듯이, 잘못된 행동에 대해 상당한 벌점을 부과하거나 미래의 자유를 제한하는 이행 장치라는 개념에 익숙한 사람은 많지 않다. 벌점이 너무 클 경우, 그 자체로 문제가 될 수도 있다. 따라서 엄격한 이행이라는 개념을 받아들이지 못하는 사람일 경우에는 다른 유형의 이행 장치를 통해 더 잘할 수 있다.

서약서에 서명하는 방법에서 벌점은 약속을 어겼을 때 자신이나 다른 사람에게 죄책감이나 불편함을 느끼는 정도라, 느슨한 이행 장치에 해당한다. 심리학자들은 '인지부조화', 즉 자기 자신과의 불편한 상태[173]가 놀랍게도 강력한 힘을 발휘한다는 사실을 알고 있다. 인지부조화는 1950년대에 레온 페스팅거Leon Festinger가 처음으로 연구했던 개념이다. 사람들은 내적 모순을 해결하기 위해 애를 쓴다. 인지부조화는 왜 종교를 저버리기가 그토록 힘든지(발을 들이고 많은 것을 투자

한 뒤엔 스스로 불행하다는 사실을 인정하기가 대단히 힘들다), 왜 흡연자들이 담배가 건강에 미치는 악영향을 과소평가하는지(당신이 나쁜 습관을 가지고 있지만 똑똑하다면, 인지부조화가 그 습관이 정말로 나쁜 것이라는 증거를 경시하거나 외면하게 만든다)를 잘 설명해 준다. 반면 인지부조화는 우리의 행동을 좋은 방향으로 바꿀 때 활용할 수 있는 간편한 도구이기도 하다. 스스로 서약하거나 다른 사람에게 서약하도록 요구함으로써, 우리는 인지부조화를 더 많은 것을 성취하는 데 도움이 되는 가벼운 벌점으로 전환할 수 있다.

나의 학생 중 하나[174]인 캐런 헤레라Karen Herrera의 사례를 살펴보자. 캐런이 우리 대학 필라델피아 캠퍼스에 입학했을 때, 그녀는 임상적인 기준에서 비만이었고 자신의 몸에 대단히 불만이 많은 상태였다. 이제 3학년이 된 캐런은 18kg의 살을 빼는 데 성공했다. 어떻게 가능했을까? 입학 후 몇 주가 지났을 무렵 그녀는 영양 프로그램에 등록했는데, 그것이 모든 것을 바꿔 놓았다고 내게 털어놨다. 그 프로그램의 매시간 카렌은 소규모로 관리 가능한 단기적인 다이어트 및 체중 조절 목표를 세웠고, 이를 위한 계획을 짰다. 다음으로, 일주일마다 영양사를 만나 발전 과정을 추적했다. 시간이 흐르면서 두 사람 사이에는 인간적인 관계가 형성되었다. 캐런은 내게 이렇게 말했다. "일주일마다 계획을 세워야 했죠, 그녀를 실망시키고 싶지 않았어요. 나 자신도 실망하고 싶지 않았고요." 자신을 실망시키고 싶지 않은(인지부조화의 고통을 피하고 싶은) 생각, 혹은 영양사를 실망시키고 싶지 않다는(그녀와의 약속을 지키고 싶은) 생각은 캐런이 자신의 목표를 달성하는 데 도움을 줬다. 3학년이 된 캐런을 만났을 때, 그녀는 처음으로 자신의 몸에 자신감을 갖게 되었으며, 자신이 성취하고 유지하고 있는 엄청난 변화에 만족한다고 내게 말했다. 그 모든 것이 느슨한 이행 장치 덕분이었다.

캐런의 느슨한 이행 장치가 작고 반복적이라는 사실에 주목할 필요가 있다. 그녀는 한 번에 18kg을 빼겠다고 작심하지 않았다. 주 단위로 건강하고 성취 가능한 체중 조절 목표를 세웠다. 이행 장치에 대한 많은 연구가 이러한 '한입 크기' 접근방식의 효과를 입증한다.

나의 박사과정 학생인 아니시 라이Aneesh Rai가 이끌고, 내가 참여해서 도움을 주었던 한 연구에 대해서도 생각해 보자. 이는 대규모 비영리단체에서 자원봉사자로 일하는 수천 명[175]을 대상으로 했다. 그들은 1년에 200시간 근무하기로 약속했지만, 그 약속을 제대로 지키지 못하고 있었다. 그러한 거대한 목표가 오히려 의욕을 저하시킬 수 있다는 사실을 알고 있던 나와 동료 연구원들은 대신 일주일에 4시간, 혹은 이 주일에 8시간을 목표로 세우라고 자원봉사자들에게 권했다. 물론 이는 1년에 200시간과 똑같은 양이다. 그런데 이처럼 더 작은 규모의 약속을 권했을 뿐인데도, 단순히 연간 목표 달성을 위해 노력하라고 독려했을 때보다 전체적으로 자원봉사 시간이 8% 더 늘었다 (마찬가지로, 온라인 금융서비스[176] 기업인 에이콘스Acorns는 사람들에게 주간 35달러나 월간 150달러를 저축하라고 권하는 것보다 하루에 5달러를 권하는 것이 저축률을 높이는 데 더 효과적이라는 사실을 발견했다. 그 전체적인 금액은 똑같은데도 말이다). 목표를 한입 크기로 세울 때, 인간은 위압감을 덜 느끼게 되고, 그만큼 자신의 말을 더 잘 지키려고 노력한다.

두 가지 유형의 사람들

나는 와튼 스쿨 MBA 학생들에게 이행 장치에 관해 설명하고 오마르의 사례를 공유하기를 좋아한다. 그렇지만 이런 이야기가 촉발하는 논쟁은 나의 아픈 곳을 건드린다. 처음으로 엄격한 이행 장치에 관한 연구를 접했던 대학원생 시절, 나 역시 실망과 좌절을 느꼈다. 그렇지만 나의 MBA 학생과는 달리, 나는 엄격한 이행 장치의 가치를 의심하지 않았다. 일부 사람이 엄격한 이행 장치를 반직관적으로 생각한다는 사실을 고려하기 전까지, 나는 그것이 효과가 있다고 배웠다. 그래서 그 전략이 경제학의 전통적인 원칙을 부정한다는 사실 때문에 혼란스러웠던 적은 없다. 다만 내가 당혹스러웠던 건, 이 전략을 사용하는 사람이 너무 적어서였다. 연구 데이터는 내게 이 가치 있는 도구를 세상에 널리 알려야 한다고 말했다. 그러나 대부분의 사람은 엄격한 이행 장치보다 느슨한 이행 장치를 더욱 매력적으로 느꼈다. 강도가 약하고 실질적으로 효과가 떨어지는데도 불구하고 말이다.

엄격한 이행 장치는 널리 알려지지 않았다. 많은 사람(똑똑하고 비즈니스에 밝은 와튼 스쿨 MBA 상당수 학생을 포함해서)은 그것을 완전히 이상한 것으로 치부한다. 그린뱅크 임원들뿐만 아니라 고객의 상당수가 인출 제한 계좌의 효과에 대해 처음에는 회의적이었다는 사실을 떠올려 보자. 인출 제한 계좌를 개설할 기회가 주어졌을 때, 72%의 고객이 그 기회를 거부했다. 그리고 담배를 끊고 싶어 하던 흡연자들 역시 현금 이행 장치를 사용하는 것에는 회의적이었다. 89%의 흡연자들이 이행 계좌에 돈을 넣는 것을 거부했다. 다른 연구에서 가져온 데이터 역시 비슷한 이야기를 들려준다. 즉, 엄격한 이행 장치를 채택하는 비율이 낮은 것이 일반적이라는 것이다. 그리고 이행 장치가 널리 알려지지 않았다는 추가적인 증거로, 대표적인 현금 이행 장치 기업(스틱K 그리고 비마인더Beeminder)들 중 어느 곳도 엄청난 성공을 거두지는 못했다는 사실을 꼽을 수 있다.

그렇다면 무엇이 문제인가? 이행 장치는 대단히 유용하다. 그리고 목표 달성에서 어려움을 겪고 있는 이가 많다는 점을 고려하면, 우리는 그 수요가 대단히 높으리라 짐작할 수 있다. 실제 자기계발 분야의 시장 규모는 연간 100억 달러로 추산된다.[77] 사람들이 가장 중요하면서도 도전적인 목표를 달성하기를 원한다는 것은 분명한데, 그런데도 이를 위한 대단히 효과적인 도구의 활용은 외면하고 있다.

이행 장치를 연구하는 행동경제학자들은 자신들이 부분적인 해답을 갖고 있다고 생각한다. 그리고 대부분의 사람이 이러한 도구를 필요로 하며, 성공을 향한 여정에서 예상하지 못한 장애물과 맞닥뜨리는 것을 걱정한다. 그들은 세상에 두 가지 유형의 사람이 존재한다고 가정한다.[178] 모든 사람은 자기통제 문제를 갖고 있다. 그러므로 자기통제는 유형을 구분하는 기준이 아니다. 일부 사람은 충동과 타협하고, 이를 억제하기 위해 기꺼이 조치를 취한다. 행동경제학자들은 이러한 사람을 "소피스티케이트sophisticate"라고 부른다. 그러나 내가 그린뱅크의 특별한 저축 상품에 관해서 와튼 MBA 학생들에게 설명할 때마다 촉발하는 논쟁이 증명하듯, 세상 사람 모두가 소피스티케이트는 아니다. 오히려 많은 이가 오로지 의지력에만 의존해서 자기통제 문제를 해결할 수 있다고 낙관한다. 행동경제학자들은 이러한 유형의 사람들을 "네이프naïf"라고 부른다.[179]

모든 사람이 자신이 소피스티케이트일 거라 믿고 있지만, 안타깝게도 세상은 네이프로 가득하다. 이것이 바로 값비싼 실패에 대한 적절한 두려움과 더불어, 이행 장치로 도움을 얻을 수 있는 많은 사람이 그것을 실제로 사용하지 않는 현상에 대해 우리가 내놓을 수 있는 최고의 설명이다. 네이프는 이행 장치가 이론적으로는 이상하게 보여도 자기통제 문제를 극복하기 위한 대단히 유용한 도구라는 사실을 깨닫지 못한다. 그렇지 않다면, 즉 세상이 소피스티케이트로 가득하다면, 많은 이가 그들의 은행과 헬스장, 교사, 의사로부터 이행 장치를 받아들이고, 심지어 그것을 적극적으로 요구할 것이다. 또한 세상이 소피스티케이트로 가득하다면, 사람들에게 이행 장치를 제시하는 것만으로도 유혹과 관련된 문제를 해결하기에 충분할 것이다. 우리가 모두 소피스티케이트라면, 이행 장치로부터 도움을 얻고자 하는 이들 모두 관련 장치를 사용할 것이며, 도움이 필요하지 않은 매우 드문 이들만 사용하지 않을 것이다. 그러한 세상에서는 음주운전을 금지하는 법(대신에, 자발적으로 음주운전을 하지 않도록 혈중알코올농도 측성기를 사용할 것이다), 사회보장보험 납입을 요구하는 법(대신에, 충분한 돈을 저축하기 위해서 인출 제한 계좌를 개설할 것이다) 같은 제삼자의 제한이 필요 없을 것이다.

하지만 안타깝게도, 우리는 그런 세상에서 살고 있지 않다. 댄과 클라우스는 한 연구를 통해 MIT 학생들에게 벌점이 부과되는 마감일을 받아들이는 선택권을 제시하는 것만으로 그들이 모든 과제를 최대한 잘하는 데 충분히 도움을 주지 못했다는 걸 보여 주었다.[180] 도움을 받길 원했던 학생 중 대다수가 이행 장치에 동의하지 않았기 때문이다. 두 사람은 학생들에게 벌점이 부과되고 균등한 기간으로 배분된 마감일을 받아들이도록 했을 때, 보고서에서 더 좋은 성적을 얻었다는 사실을 실제로 입증했다. 그런데도 엄청나게 많은 데이터가 대다수의 사람이 이행 장치를 받아들이지 않는 선택을 한다는 사실을 보여 준다. 이는 우리가 이행 장치를 필요로 하지 않거나 벌점을 감수하려고 하지 않기 때문이 아니다. 그저 우리가 그러한 장치의 가치를 낮게 평가하고, 또 그것이 얼마나 필요한지 모르기 때문이다.

네이프들이 세상에 만연하다는 사실은 유능한 관리자에게는 한 가지 중요한 역할이 필요함을 알려 준다. 유혹이 현명한 장기적 의사결정을 방해할 때마다 관리자는 직원들에게 비용과 제한을 부과하는 시스템을 구축해야 한다는 것이다. 그러한 시스템(소득의 일부를 퇴직연금 프로그램에 집어넣게 하거나 업무 중 특정 웹사이트의 접근을 제한하는 것 같은)은 이행 장치가 필요 없게 만든다. 올바른 동기가 이미 존재하기 때문이다. '좋은' 이행 장치가 제삼자에 의해 이미 직원들에게 부과되어 있으니까.

물론 이러한 정책은 지나치게 온정주의적일 수 있다. 관리자가 생산성을 저해하고 행복을 위협하는 것으로 판단한 일을 직원이 할 때마다 벌점을 부과하기 시작한다면, 직원들은 지나치게 간섭을 당하고 신뢰받지 못한다고 느낄 것이다. 유혹에 굴복하는(심지어 유혹을 즐기는) 자유를 중요하게 여기는 것이 항상 잘못된 것은 아니다. 그리고 더욱 제한적인 조직이 반드시 더 좋은 조직인 것도 아니다.

당신이 직원을 관리하는 자리에 있다면, 직원들이 의지력 결핍으로 성취해야 할 중요한 목표를 성취하지 못하고 있을 때, 특정한 제한을 부과하는 방법을 활용해 도움을 줄 수 있다. 회사 컴퓨터에서 페이스북 접속을 차단하거나 자판기에서 탄산수를 제거하는 것도 합리적인 정책이 될 수 있다. 물론 직원들이 스스로 제한을 설정하게끔 격려하는 방법 또한 고려할 수 있다.

전략적인 조직은 종종 직원이나 고객에 상호 도움이 되는 이행 장치를 권장한다. 예를 들어, 의료보험 사업자는 가입자들이 한 달에 특정

일수만큼 건강을 위한 약을 복용하도록 서약하게 격려할 수 있다[181](나는 연구를 통해 이 방법이 복용 이행을 크게 높인다는 사실을 입증했다). 관리자는 직원들이 소셜미디어에 할애하는 시간을 제한하는 소프트웨어를 다운로드받거나, 중요한 과제에 자발적으로 마감 기한을 설정하고, 공적이든 사적이든, 아니면 벌점이 부과되는 것이든 아니든 간에 다양한 형태의 이행 장치를 선택하게끔 격려할 수 있다. 이는 앞서 소개했듯이, 의사들이 불필요한 항생제 처방을 줄이도록 서약하게 했던 사례와 비슷하다.

우리 곁에 항상 우리를 보살피는 자애로운 조직과 관리자, 연구원, 정책입안자, 교사, 혹은 부모가 있을 수는 없다. 다행스럽게도, 이행 장치는 우리 자신이 관여할 때, 즉 자신에게 동기를 부여할 때 대단히 유용하다. 이행 장치의 가치를 인식하고 그것을 받아들일 만큼 충분히 똑똑해야 한다.

좋은 소식이 하나 있다. 이 시점에서 당신은 유리한 위치에 서 있다는 것이다. 이 페이지까지 책을 읽었다면, 당신은 이제 소피스티케이트가 되었다(그전까지는 아니었다고 해도). 다음 두 장에서는 자기통제가 충동적인 의사결정과 미루기를 촉발함으로써 행동 변화를 가로막는 핵심 장애물이 된다는 사실을 설명할 것이다. 비로소 우리는, 유혹이 우리를 궤도에서 벗어나게 만들기 전에 이행 장치를 통해 이를 제어할 수 있다는 사실을 알게 되었다.

요약

- 현재 편향은 종종 장기적인 목표에 도움이 되는 과제를 미루게 만든다.

- 이 문제에 대한 효과적인 해결책은 유혹을 인식하고, 그 순환 고리를 끊을 수 있는 제한, 즉 이행 장치를 마련하는 것이다. 더욱 중요한 목표를 위해서 자신의 자유를 제한하는 행동을 취할 때, 우리는 이행 장치를 활용하고 있는 셈이다. 저축 목표에 도달할 때까지 예금에 대한 접근을 제한하는 인출 제한 계좌가 한 가지 사례다.

- 현금 이행 장치는 다양한 목적으로 활용할 수 있는 엄격한 형태의 이행 장치다. 성공하지 못할 경우 포기해야 할 돈을 거는 방식으로, 목표를 달성할 수 있는 경제적 동기를 마련하게 된다.

- 공식적인 약속은 목표 달성 실패에 따른 심리적 비용을 높이는 느슨한 형태의 이행 장치다. 이는 구체적인 벌점이나 제한을 활용하는 엄격한 이행 장치만큼은 아니지만, 꽤 효과적이다.

- 목표 달성에 도움을 얻기 위해 자발적으로 자신에게 부과할 수 있는 비용은 가벼운 벌점(목표나 마감을 공식적으로 발표하는 것 같은)부터 무거운 벌점(실패할 경우 포기해야 할 돈을 거는

것 같은)에 이르기까지 다양하다. 또한 가벼운 제한(작은 접시에 음식을 담아서 먹기처럼)과 무거운 제한(인출 제한 계좌에 저축하기처럼)도 있다. 벌점과 제한이 가벼울수록 변화에 도움이 되는 정도는 약하지만, 더 쉽게 수용될 수 있다.

- 소소하고 단기적인 이행 장치가 거창하고 장기적인 이행 장치보다 훨씬 더 효과적이다. 비록 최종적인 결과는 동일하다고 해도 그렇다(가령 1년에 1,825달러를 저축하기보다 하루에 5달러 저축하기).

- 모든 사람이 이행 장치로부터 얼마나 많은 도움을 얻을 수 있는지를 이해하는 것은 아니다. 이해하지 못하는 사람들(네이프)은 의지력만 가지고서 유혹을 이기는 자신의 능력을 과대평가하는 경향이 있다. 반면 이를 이해하는 사람들(소피스티케이트)은 자신의 삶에서 변화를 일구어 내기에 훨씬 유리한 위치에 있다.

Chapter 4

잊어버림

미국에서는 한 해에 수십만 명이 독감으로 입원하고, 이로 인해 수만 명이 사망한다.[182] 이 수치만 봐도 이미 놀라운 수준이다. 그러나 2009년[183]에는 돼지 독감과 계절 독감이 전 세계적으로 빠르게 번지면서, 특히 안 좋은 한 해가 될 것 같은 조짐이 보였다(물론 2020년에 우리는 코로나-19 전염병으로 더욱 심각한 상황에 내몰렸지만).[184]

그해 9월, 갓 임명된 교수로서 나는 이번의 공중보건 위기 해결에 어떻게든 보탬이 되고 싶은 열망에 가득 찼다. 그래서 마음먹고 내슈빌로 날아가 〈포천〉 500대 기업 직원들의 건강과 복지를 개선하는 방법에 관한 토론회에 참석했다. 거기서 나는 역시 토론자의 자격으로 참석한, 이바이브 헬스Evive Health의 공동 설립자인 프라샨트 스리바스타바Prashant Srivastava를 만나게 되었다. 당시 프라샨트는 미국 전역의 많은 기업과 협력해 더 많은 직원이 독감 백신을 맞게끔 설득하고 있었다.[185]

오랫동안 의료 분야에서 일해 온 프라샨트는 많은 미국인이 다양한 형태의 예방 치료(가령 백신 접종)를 무료일 때조차 받지 않는다는 사실에 실망했다. 그리고 이 문제를 해결할 수 있을 거란 강한 믿음을 가지고 이바이브를 공동 설립했다. 오늘날 이바이브는 사람들이 종종 외면하지만 실제로는 건강에 도움이 되는 정책을 활용하는 방식과 시점에 대해 여러 기업과 협력함으로써 많은 이와 더욱 활발하게 소통하고 있다.

돼지 독감이 본격적으로 유행하기 시작하면서, 프라샨트의 사명은 어느 때보다 중요해졌다. 그러나 이바이브에는 한 가지 문제가 있었다. 과거 이바이브의 기업 고객들이 직원들에게 무료 독감 접종을 제안하고, 이바이브가 언제, 어디서 백신을 맞을 수 있는지에 관한 맞춤형 메시지를 직원들에게 발송했을 때조차, 백신을 맞는 이들은 약 30%에 불과했다는 것이었다.[186] 2009년에는 더 많은 직원이 돼지 독감 백신을 맞겠다고 했지만, 프라샨트는 의심스러웠다. 사람들이 백신을 맞겠다고 약속하고도 어기는 모습을 너무 많이 봐왔기 때문이었다. 내슈빌에서 프라샨트를 처음 만났을 때, 그는 내게 무엇을 어떻게 해야 할지 도무지 모르겠다고 했다. 이바이브는 어떻게 상황을 바꿀 수 있을까?

프라샨트의 문제는 내게는 대단히 익숙한 것이었다. 나는 내슈빌 공항에서 한 손에 바비큐 한 조각을 들고(저항할 시도조차 할 수 없는 유혹이 있었다) 집으로 돌아오는 비행기를 기다리면서, 왜 그런 일이 발생하는지 또 어떻게 그를 도울 수 있을지 생각했다.

유권자의 약속 불이행

2008년 미국 대선을 약 6개월 앞둔 시점, 다우존스 산업평균지수[187]는 전년도 최고치에서 20% 떨어졌고, 미국 경제는 9월 말경에 크게 악화됐다. 다가오는 경제 위기는 이번 대선에서 드러나지 않은 중요한 요인이었지만, 또 다른 핵심 변수는 1952년 이후 처음으로[188] 어느 당의 후보도 현직 대통령이나 부통령이 아니라는 사실이었다. 치열한 프라이머리 시즌이 끝났을 때, 민주당 후보 버락 오바마와 공화당 후보 존 매케인은 막상막하의 지지율을 보이고 있었다.[189]

모든 박빙의 선거가 그랬듯, 이번에도 투표율이 아슬아슬한 결과를 좌우할 것처럼 보였다. 선거인단이라는 미국 특유의 선거 제도[190] 때문에, 대선은 하나 혹은 두 개 주에서 수천 표, 심지어 수백 표의 차이로 결정 날 수 있었다. 이런 가능성은 플로리다주에서 아주 근소한 차이로 앨 고어가 조지 W. 부시에게 패한 2000년 대선에서 이미 확인된 바 있었다.[191] 일반적으로 미국 대선 투표율은 60%를 넘지 못한다.[192] 이는 근소한 차이의 승리가 반드시 국민 대다수의 의지를 반영하는 것은 아니라는 걸 의미했다.

나의 가까운 대학원 친구인 토드 로저스Todd Rogers는 이러한 통계 수치에 혼란을 느끼면서 이 문제를 해결하는 데 넘치는 의욕을 보였다. 그는 2008년 대선일까지 깨어 있는 대부분의 시간을 투표율 격정을 하며 보냈다. 토드는 이제 하버드 케네디 정책대학원의 유능한 교수가 되었지만, 박사과정 시절에는 나와 '한배 새끼littermate'였다. 본질적으로 같은 지도교수 아래서 박사 논문을 준비한 학술적인 형제였다는 말이다. 우리는 대학원 3년 동안 한 복도를 끼고 마주 보는 사무실에서 연구했고, 거의 매일 모닝커피를 함께 마셨으며, 통계 모델링부터 인맥에 이르기까지 모든 방면에서 도움을 주고받았다.

그런데 2008년 대선 예비선거를 앞둔 시점, 토드가 하나의 거대한 퍼즐에 몰두하기 시작한 것이다. 그는 엄청난 수의 등록 유권자가 투표를 하겠다고 해 놓고도 결국에는 투표장에 가지 않는다는 사실을 알고 있었다. 실제로 토드와 그의 협력자 마사히코 아이다Masahiko Aida가 한 선거[193]를 면밀히 연구한 결과, 여론조사에서 투표를 하겠다고 의사를 밝혔던 등록 유권자 중 54%가 "약속을 어겼다flaked out"(토드와 마사히코의 표현)는 것이 드러났다.

왜 그토록 많은 등록 유권자가 자신의 말을 지키지 않은 걸까? 토드는 궁금했다. 그는 다가오는 미 대선에서 비록 적은 비중의 유권자라도 투표소에 가게 만드는 것이 민주주의 절차를 개선하기 위한 기회라고 생각했다. 이는 쉽게 달성할 수 있는 목표처럼 보였다. 등록 유권자들은 이미 투표를 위해 등록하고, 여론조사에서 투표를 하겠다고 의사를 밝힌 사람들이 아닌가. 그들에게 정치적 참여가 가치 있는 일이라고 설득할 필요도 없었다. 그들은 다만 알려지지 않은 이유로 인해 투표소에 가지 않은 것이다.

2009년 내슈빌 공항에서 왜 그토록 많은 미국 인구가 독감 백신을 맞겠다고 하고도 약속을 어기는지 곰곰이 생각하던 나는, 프라샨트의 문제가 왜 그렇게 친숙해 보였는지 깨달았다. 유권자들이 약속을 어기는 이유에 관해 연구하던 토드는, 그때 나와 똑같은 문제를 놓고 씨름했던 것이다.

잊어버림

대학원 시절, 토드가 '유권자의 약속 불이행'이라는 어려운 과제를 놓고 한탄하는 모습을 종종 보았지만, 나는 그 문제의 기원에 관해서는 거의 알지 못했다. 그래서 그에게 전화를 걸었다. 토드는 약속 불이행의 문제는 사실 대단히 보편적인 것이라는 사실을 지적했다. 유권자가 투표장에 가지 않고, 직원이 백신 접종을 받지 않는 것만이 약속 불이행에 해당하는 건 아니다. 부모가 자녀에게 규칙적으로 책을 읽어주지 않고, 상사가 부하 직원에게 적절한 로드맵을 제시하지 않고, 미국인 대다수가 새해 결심을 지키지 않는 것도 약속 불이행이다. 연구 결과는 사람들의 의지로는 행동을 정확하게 예측할 수 없다는 사실을 보여 준다.[194]

토드는 약속 불이행과 관련된 모든 문제를 파악하고자 실행한 수

많은 설문조사와 학술 연구 끝에, 몇 가지 공통적인 원인이 있다는 사실을 발견했다. 게으름과 부주의도 그 원인에 해당했다. 하지만 더욱 중요하고도 놀라운 데다 가장 해결하기 쉬운 원인은 따로 있었다. 사람들이 단지 잊어버렸기 때문이라는 것이다. 투표소에 가지 않은 이유를 묻는 질문에 유권자들이 가장 많이 답변한 내용은 "잊어버려서"[195]였다. 토드는 이러한 사실을 깨닫고 깜짝 놀랐다.

잊어버렸단 말이 하지 않은 무언가에 대한 어설프게 꾸며 낸 핑계처럼 들릴 수 있다. 충분한 주의를 기울이지 않은 것이기 때문이다. 하지만 투표를 매우 진지하게 생각하는 사람들조차 망각의 덫에 걸릴 수 있다. 얼마 전 코네티컷에 사는 나의 친구[196]도 투표하는 것을 잊어버리고 말았다. 사실 그녀는 지역 선거의 한 후보에게 지지를 약속했고, 정말로 그 약속을 지키려고 했다(알다시피 약속은 사람들에게 많은 것을 의미한다). 그녀는 선거일에 뉴욕에 갈 일정이 있어서, 맨해튼으로 가기 전에 투표소에 방문하고자 했다. 그러나 바쁜 아침 출근 시간에 그만 투표해야 한다는 사실을 잊어버렸다. 자신의 실수를 깨달았을 때 그녀는 이미 뉴욕행 열차에 올라탄 상태였고, 돌아가기에는 너무 늦은 시간이었다. 물론 자신의 한 표가 투표의 결과를 뒤집지는 않으리란 걸 알고 있었음에도, 찜찜한 마음이 들었다고 했다.

이 이야기가 말해 주듯, 잊어버렸다는 것이 항상 꾸며 낸 핑계는 아니다. 망각은 우리의 생각보다 훨씬 더 중요하고 보편적인 원인이다. 최근의 한 연구에 따르면, 일반적인 성인[197]은 개인 비밀번호에서부터 사소한 일, 결혼기념일에 이르기까지 하루에 세 가지를 잊는다. 우리는 너무 쉽게 망각하는데, 그 이유 중 하나는 단지 정보를 머릿속에 간직하는 것이 힘들기 때문이다. 특히 그 정보에 대해 한두 번밖에 생각하지 않았다면 말이다. 독일 심리학자 헤르만 에빙하우스Hermann Ebbinghaus는 1885년에 발표한 고전 연구에서, 인간이 얼마나 빨리 잊어버리는지를 보여 줬다.[198] 실험에서 그는 다양한 조합의 의미 없는 음절을 외우려고 시도하고, 다음으로 다양한 시간 간격을 두고 자신의 기억을 시험했다. 그리고 이 실험으로부터 얻은 데이터를 기반으로, 헤르만은 망각이 기하급수적인 감쇄 함수를 따른다고 추정했다. 우리는 습득한 정보의 거의 절반을 25분 만에 잊어버린다. 24시간이 흐르면 약 70%를 잊고, 한 달이 지나면 약 80%의 기억이 사라진다. 이와 비슷한 형태의 실험 방식을 활용한 최근 연구들 역시 그 유사한 패턴을 보여 준다.[199]

당연한 말처럼 들리겠지만, 망각은 해야 할 일이 많을수록 더 많이 일어난다. 오늘날 우리가 평균적으로 해야 할 일은 엄청나게 많다. 한 가지 사례로, 나의 일과를 살펴보자. 나는 아침에 샤워하고, 양치하고, 옷을 입고, 화장하고, 아침을 먹는다. 그리고 네 살 아이의 옷을 입히고, 도시락과 간식, 물병을 가방에 챙겨 넣고, 아이의 양치질을 돕고, 천식 약을 먹이고, 자외선 차단제를 발라 주고, 부모님의 도움을 받아 아이를 등교시키고, 내 가방을 챙긴다(휴대전화는 물론, 비 오는 날에는 우산을 잊지 않도록 각별히 주의한다). 이는 단지 나의 출근 이전까지의 일과일 뿐이다. 일상적인 루틴에 해당하지 않거나 달력에 적혀 있지 않은 일에 관해 깊이 생각할 수 있는 여유는 거의 없다. 그렇다 보니 나는 무언가를 종종 잊어버린다. 치과 방문이든, 투표든, 친구에게 생일 축하 메시지를 보내는 일이든, 혹은 열쇠를 놓아둔 곳을 기억하는 일이든 간에 나는 매일 한 가지(혹은 몇 가지) 일을 망각한다.

때로는 달력에 적어 놓은 것도 잊는다. 한번은 시외에서 온 동료와의 이른 아침 회의도 잊어버렸다. 그가 이틀 전에 내게 상기시키고, 그 일정을 달력에 표시까지 해뒀는데 말이다. 그날 나는 일상적인 아침을 시작하면서 달력을 확인하지 않았다. 오전 9시 전에 회의를 해본 적이 없었기 때문이다. 그러나 예정된 모임 시간이 30분이나 지나서 날아 온, "우리 중 바보짓을 한 건 누구일까?"[200]라는 제목의 이메일을 받고 나서야 이 약속을 떠올릴 수 있었다. 너무 창피했다!

이러한 유형의 실수를 예방할 수 있는 한 가지 분명한 방법은 알림 시스템을 구축하는 것이다. 실제로 연구 결과, 알림이 확실히 도움이 되었다(이 점에서 이바이브 같은 기업은 좋은 일을 많이 하고 있는 셈이다). 가령 우편이나 전화, 혹은 대면을 통해 예방접종을 받아야 한다고 알리면,[201] 잊어버릴 확률을 평균 8%포인트나 낮출 수 있다.[202] 마찬가지로 투표율이 낮은 선거의 경우, 선거일 약 일주일 전에 우편으로 알리면 등록 유권자 투표율을 6%나 올릴 수 있다.[203] 알림은 예금 관련 문제에서도 사람들에게 도움을 준다. 내가 잊어버린 아침 회의 약속의 대상이었던 바로 그 경제학자(딘, 다시 한번 미안해!)와 공동 연구팀은, 볼리비아와 페루, 필리핀에서 은행과 함께 일련의 연구를 수행했다.[204] 연구 결과, 예금을 상기시키는 문자나 편지를 매월 발송함으로써 계좌 잔고가 약 6% 올랐다는 사실이 드러났다.

하지만 알림은 유용하긴 해도 심각한 제약이 있다. 알림과 관련해서 토드가 좋아하는 한 가지 연구(망각의 문제에 대해 내게 설명하면서 소개했던)가 이를 잘 보여 준다.

2004년 존 오스틴John Austin과 시귀르뒤르 시귀르드손Sigurdur Sigurdsson, 요나타 로빈Yonata Rubin이 한 대형 호텔과 카지노에서 연구를 수행했다.[205] 운전자에게 안전벨트를 매도록 상기시키는 실험이었다.[206] 그 호텔의 발레파킹 서비스를 이용한 430명의 단골은 자신의 행동이 연구 대상이라는 사실을 알지 못한 채 그 실험에 참여했다. 이들은 세 가지 다른 실험 조건 중 하나에 무작위로 할당되었는데, 그 조건이란 발레파킹된 자신의 차량을 요청했을 때 그들에게 어떤 일이 벌어지는지를 결정했다.

첫 번째 그룹의 손님들은 평소와 똑같은 경험을 했다. 그들은 호텔 발레파킹 구역에 있는 주차 요원에게 표를 건넸고, 자신의 차가 나오기를 기다렸다가 받아서 운전해서 갔다. 두 번째 그룹의 손님들은 주차 요원에게 표를 건넸을 때 "안전 운행을 위해 안전벨트 매는 것을 잊지 마세요!"라는 당부를 받았다. 마지막 그룹의 손님들에게도 주차 요원은 똑같은 당부를 전했지만, 이번에는 운전자가 차량에 탑승하는 시점에 그렇게 했다.

이 연구에서 두 알림 사이의 차이는 미묘했다. 두 번째와 세 번째 그룹의 운전자 모두 주차장을 나서기 전에 똑같은 알림을 받았다. 유일한 차이라면, 두 번째 그룹은 차에 탑승하기 평균 4분 50초(발레파킹한 자동차가 나오는 데 걸리는 평균 시간) 전에 그 말을 들었던 반면, 세 번째 그룹은 차량에 탑승할 때 그 말을 들었다는 것뿐이다. 이것이 과연 의미 있는 차이였을까?

결과는 '어마어마한' 차이로 드러났다.

훈련받은 학생 관찰자들은 어느 운전자가 실제로 안전벨트를 착용했는지 추적했다. 일반적으로 알림이 얼마나 잘 작동하는지만 놓고 보면, 놀랍게도 차가 나오기 몇 분 전에 안전벨트 착용을 당부받은 운전자나 아예 당부를 받지 않은 운전자 사이에는 유효한 차이가 보이지 않았다. 두 경우 모두에서 약 55% 운전자가 안전벨트를 맸다.[207] 큰 차이를 보인 유일한 그룹은 차에 오를 때 안전벨트 착용을 당부받은 세 번째 그룹이었다. 이들 운전자 중 80%가 안전벨트를 맨 것으로 드러났다.

중요한 안전과 결부된 행동에서 25%포인트 증가라는 놀라운 차이는, 알림 시점의 미묘한 변화에 의해 나타난 것이다. 나는 학생들에게 망각에 맞서 싸우는 전략에 관해 설명할 때마다, 이 연구의 중요성을 반복해서 강조한다. 이러한 발견은 다음과 같은 사실을 분명하게 입증했다. 알림은 행동 시점에 주어질 때, 훨씬 효과적으로 작동한다.

아침 회의 이틀 전, 동료가 내게 보내 준 알림 이메일에 대해 생각해 보자. 내가 일반적인 아침 루틴을 시작했을 때 그 알림은 이틀 후 오전 7시로 예정된 만남에 조금도 도움이 되지 않았다. 그리고 투표를 잊어버렸던 코네티컷 친구도 여러 번 알림을 받았다. 하지만 그 알림들은 그녀가 뉴욕으로 가는 열차를 타느라 정신이 없었던 선거일 아침에는 오지 않았다.

당신도 분명히 이 같은 일을 경험한 적이 있을 것이다. 배우자나 룸메이트가 아침에 당부한 퇴근길에 무언가를 사오라던 이야기가 얼마나 소용없었는지 떠올려 보라. 사무실에서 바쁜 일정을 보낸 퇴근 무렵, 그 목소리가 여전히 당신의 머릿속에 남아 있던가? 그 당부가 달력에 기록되거나 적절한 알림으로 설정되거나 할 일 목록을 머릿속에 각인시키는 긴 대화로 이어지지 않았다면, 퇴근 후 활동에 관한 아침 당부는 큰 소용이 없었을 것이다. 안전벨트 착용에 관한 연구는 알림과 실제 안전벨트를 매는 순간 사이의 '5분'이란 시간이 운전자가 차량에 탑승한 뒤 해야 할 일을 망각하는 데 충분한 시간이라는 사실을 보여 준다. 헤르만 에빙하우스의 기하급수적 망각 곡선은 알림의 시점을 올바로 선택하는 것이 얼마나 중요한지 알려 준다.

토드는 이러한 발견을 나와 공유하면서, 내게 처음으로 그 사실을 깨달은 순간 좌절했다고 말했다. 그가 발레파킹 요원이 되지 않는 한, 또 유권자가 집을 떠날 때 투표를 해야 한다고 귀에 속삭여 주지 않는 한, 어떻게 망각과 효과적으로 맞서 싸울 수 있겠는가?

신호 기반의 계획 수립

토드는 이 질문에 대한 대답을 모색하는 과정에서, 1990년대에 뮌헨 대학이 크리스마스 휴일 직전에 수행한 흥미진진한 연구를 발견했다. 연구의 저자들은 약 100명의 학생들에게 휴일 동안 성취하기를 바라는 힘든 목표가 무엇인지 물었다.[208] 학생들은 '학기말 보고서 쓰기'부터 '새로운 아파트 찾기' 혹은 '남자 친구와 화해하기'에 이르기까지 다양한 유형의 목표를 언급했다.

뮌헨은 눈이 많이 내리는 바이에른 알프스 기슭에 자리 잡고 있는 데다, 휴일 동안에 크리스마스 시장이 여기저기서 열리기에 그들에게 크리스마스 휴일은 마법과 같은 시즌이다. 연구원들은 분명히 그 기간의 관심 분산이 일부 학생들로 하여금 길을 잃게 만들 거라는 걸 알았다. 그러나 한편으로는 어떤 이들이 목표를 성취할지, 그 이유는 무엇일지도 궁금했다.

크리스마스 휴일이 끝나자마자, 연구원들은 학생들에게 무엇을 성취했는지 보고하게 했다. 그러자 놀라운 패턴이 포착됐다. 일반적인 방식으로 목표에 접근한 학생들의 성공률은 22%에 불과했다. 반면 표준적인 접근방식에서 살짝 변형된 방식으로 접근한 이들은 62% 성공률을 보고했다.

그들의 접근방식에 어떤 변형이 있었던 것일까?

이는 그 연구의 저자인 뉴욕 대학의 유명 심리학 교수 피터 골비처 Peter Gollwitzer가 "실행 의도implementation intention"라고 이름 붙인 것을 세운 것이었다. 이 흥미로운 용어는 실제로 더 높은 성공률을 보인 학생 그룹이 활용했던 대단히 단순한 전략을 뜻한다. 그것은 목표 달성을 위한 계획을 세우고, 이를 위한 행동을 알리는 구체적인 신호와 연결하는 방법을 말한다. 신호는 날짜와 시간(가령 화요일 오후 3시)처럼 간단한 것이 될 수도 있고, 혹은 좀 더 복잡하게 '사무실로 가는 길에 던킨도너츠 매장 지나치기' 같은 것이 될 수도 있다.

계획을 세울 때, 우리는 자신의 행동을 자극하는 것에 주목하지 않는다. 우리가 하고자 하는 일에만 집중할 뿐이다. 예를 들어, 구강 위생을 개선하기 위한 일반적인 계획은 이런 것이다. '나는 치간 칫솔을 더 많이 사용할 것이다.' 그러나 피터의 연구는 그 의도를 구체적인 시간이나 장소, 혹은 행동을 알리는 신호와 연결하는 것이 중요하다는 사실을 보여 준다. 치간 칫솔을 더 많이 사용하기를 원한다면, 목표를 이렇게 바꾸는 것이 도움이 된다. '매일 밤 양치한 뒤 치간 칫솔을 사용할 것이다.'

실행 의도 세우기는 다음 문장의 빈칸을 채우는 것만큼 간단하다. '( )일 때, ( )을 할 것이다.' 그러므로 '퇴직연금 월 납입금을 늘릴 것이다' 같은 것은 성공하기에 충분한 계획이 아니다. 대신 '월급이 오를 때마다 퇴직연금 월 납입금을 늘릴 것이다'가 한결 완전한 계획이다. 마찬가지로, '온라인 강의에 더 많은 시간을 투자할 것이다' 같은 것은 너무 추상적이다. 그보다는 '화요일 오후 5시에 나는 1시간 동안 온라인 강의를 들을 것이다'가 낫다. 그리고 '더 많이 걸어서 출근할 것이다'는 충분히 좋은 계획이 아니다. 대신 '영상 2도에서 27도 사이일 때 비나 눈이 오지 않을 경우에는 항상 걸어서 출근할 것이다'가 더 효과적이다.

피터는 수많은 조사 연구를 통해 신호 기반 계획을 수립하게 함으로써 목표 달성의 가능성을 크게 키울 수 있다는 사실을 보여 줬다. 행동을 자극하는 신호를 더 쉽게 발견할 수 있다면(더욱 구체적이라면)[209] 훨씬 더 좋다. 그러니 '매주 화요일과 목요일 퇴근 후에는 운동할 것이다. 그리고 17번 버스를 타고 메인스트리트에 있는 YMCA로 가서 일립티컬 머신을 이용해 30분 동안 운동할 것이다' 같은 계획이 '더 많이 운동할 것이다' 혹은 '화요일과 목요일에 헬스장에 갈 것이다'보다 더 도움이 된다.

2008년 대선을 앞두고 있던 토드는 피터의 연구를 발견했을 때, 유권자들이 약속을 지키도록 도움을 줄 수 있는 경제적이고 쉬운 방법을 찾았다고 생각했다. 그리고 실행 의도에 관한 자료를 파헤치면서 토드는 왜 신호 기반의 계획이 도움이 되는지에 관해 알려진 모든 내용을 확인했다.

나중에 토드가 내게 해 준 설명에 따르면, 첫째, 구체적인 계획을 수립하기 위해서는 시간과 노력이 필요한데, 더 많은 시간과 노력을 들여 생각할수록 그것은 우리의 기억 속에 더 깊숙이 자리 잡는다. 사실, 이는 1880년대 헤르만 에빙하우스의 망각에 관한 고전 연구에서 비롯된 핵심적인 발견 중 하나다. 정보에 더 많이 관여할수록,[210] 기억은 더 오래 지속된다. 이러한 발견은 수차례 재현되었으며, 어떻게 플래시 카드flash card(그림, 글자 등이 적힌 학습용 카드-옮긴이)를 활용해서 사람들이 더 많이 기억하게 만들 수 있는지에 대한 설명이 된다. 플래시 카드가 학습하고자 하는 정보에 더욱 쉽게 반복적으로 관여하게 만들어 주는 것이다.

또한 신호는 그 자체로 인간 기억과 밀접하게 연결되어 있다. 옛날 노래(청각 신호)를 들을 때 특정한 기억이 떠오르는 경우를 생각해 보자. 비틀스의 'When I'm Sixty-Four'를 들을 때마다, 나는 나의 결혼식이 떠오른다. 퇴장할 때 그 노래가 연주되었기 때문이다. 그리고 1993년 히트송인 에이스오브베이스의 'The Sign'을 들으면, 그 인상적인 후렴을 계속해서 따라 부르며 텍사스에서 사촌과 함께 보낸 크리스마스가 떠오른다. 당신에게도 틀림없이 이러한 재미있는 사례가 있을 것이다.

기억이 밀려드는 것은 시각과 청각, 후각, 미각, 촉각의 모든 유형의 신호를 통해 저장되었다가 재현되기 때문이다. 기억을 일깨우는 미각의 놀라운 힘[211]에 대한 가장 유명한 묘사는 마르셀 프루스트Marcel Proust의 소설 《잊어버린 시간을 찾아서In Search of Lost Time》에서 주인공이 마들렌 쿠키를 먹으면서 어린 시절의 기억 속으로 빨려 들어가는 장면이다. 소설에선 이러한 설명이 이어진다. 어린 시절 친척과 함께 보낸 일요일 여름의 "기억이 갑작스럽게 되살아났다." 그때 그는 바로 그 맛있는 과자를 먹었었다.

신호에 기억을 촉발하는 힘이 들어 있다는 사실은 계획을 자신이 마주치게 될 신호(가령 밤마다 양치하는 습관)와 연결함으로써 그 계획을 기억할 가능성을 끌어올릴 수 있다는 의미이기도 하다. 그 신호는 하기로 되어 있었던 행동에 대한 기억을 떠올리게 만든다.

어떠한 유형의 신호를 활용하든 간에, 피터 골비처의 연구는 신호 기반의 행동 계획이 망각이란 문제에 대한 놀라운 치료제라는 사실을 보여 준다.

가장 좋은 신호

어느 화창한 4월의 아침, 토드는 기억을 촉발하는 신호를 보다 유용하게 만드는 간단한 방법이 있는지 확인하기 위한 실험을 시작했다(그리고 나를 그 흥미로운 실험으로 끌어들였다). 그는 여러 명의 연구 보조요원[212]을 채용한 뒤 어느 바쁜 화요일 아침에 하버드스퀘어에 있는 유명 카페 밖에 서 있게 했다. 그리고 수백 명의 고객에게 이번 목요일에 사용할 수 있는 1달러 할인 쿠폰을 나눠주도록 했다. 보조요원들은 토드와 내가 망각의 문제에 맞서 싸우는 새로운 방식을 평가하

는 데 도움을 주고 있었다. 그들은 고객에게 쿠폰을 나눠 주면서 지침
을 함께 전달했다. 일부 고객은 기억을 되살리는 평범한 신호를 받았
다. 그들은 그 카페의 금전등록기 사진을 건네받으면서 계산할 때 그
쿠폰을 제시하면 할인받을 수 있다는 설명을 들었다.

그러나 이 연구에서 다른 고객은 우리가 보다 효과적이리라 예상한
구체적인 지침을 전달받았다. 그들 역시 똑같은 금전등록기 사진을
건네받았지만, 그 앞에는 〈토이 스토리*Toy Story*〉에 나오는 눈이 세 개
달린 외계인이 앉아 있었다. 우리는 그들에게 외계인 인형이 보이면 1
달러 할인 쿠폰을 제시하면 된다고 말했다.

쿠폰을 사용할 수 있는 목요일이 되었을 때, 우리는 약속대로 모두
가 볼 수 있도록 외계인 인형을 금전등록기 앞에 놓아뒀다. 하지만 오
직 일부 고객에게만 외계인 인형에 관해 설명했기에, 사람들에게 전
달하는 의미에는 차이가 있었다. 그 인형은 일부 고객에게 쿠폰을 제
출하게끔 상기시키는 알림이었고, 그 외의 고객들에겐 왜 예전에 있
던 장식이 치워졌는지 궁금하게 만들 뿐이었다.

토드와 나는 신호가 구체적일수록 기억을 자극하는 데 효과적일
것으로 예상했다. 우리의 예상은 옳았다. 외계인 인형을 찾아보도록
지침을 받은 고객은 그냥 1달러 할인 쿠폰을 제시하라는 지침만 받
은 고객보다 36%나 더 많이 쿠폰을 제시했다.

이 연구를 비롯한 일련의 후속 실험들을 통해 우리는 신호가 있는
것이 없는 것보다 낫지만, 신호는 일반적이지 않은 것을 활용하는 게

가장 좋다는 사실을 배웠다. 지나는 길에 마주치게 되는 이상한 무언가(외계인 인형처럼)는 제한적인 우리의 관심을 사로잡는 것이다.

이 연구는 기억을 더듬는 고대의 지혜와 실제로 관련이 있다. 기원전 80년대에 작성된 문헌[213] 《수사학 교과서*Rhetorica ad Herennium*》는 기억을 생생한 장면이나 물체와 연결함으로써 상기시킬 수 있다는, 지금은 널리 알려진 아이디어를 처음으로 소개했다.[214] 이것이 "기억의 궁전memory palace(특정한 공간을 상상해서 장소와 외울 것을 연결하여 암기하는 방법-옮긴이)" 기술의 기원이다. 기억의 궁전을 활용해서 정보를 기억하려면, 자신이 잘 알고 있는 장면이나 장소를 기억하고자 하는 각 항목과 연결하면 된다. 예를 들어, 집에서 걸어 다니며 마주치는 각각의 방을 목록 속 항목을 떠올리게 만드는 생생한 이미지로 장식함으로써 자신의 집(궁전)을 활용해 목록을 기억할 수 있다. 만일 당신이 약을 처방받고 기금 마련을 위한 빵 바자회에 머핀을 가져다 놓은 뒤에 편지를 보내야 하는 일련의 긴 행동을 기억해야 한다고 하자. 그렇다면 현관에 약병들이 줄지어 있고, 주방에 머핀이 가득 있고, 침실에 편지가 쌓여 있는 이미지를 상상한다. 다음으로 그날 해야 할 일을 떠올릴 때, 눈을 감고 상상의 집(이상한 장식으로 가득한)으로 걸어 들어간다. 그리고 기억을 자극하기 위해 각 방에 놓여 있는 것들을 떠올린다. 연구에 따르면, 이 기술을 활용해[214] 12개 품목의 쇼핑 목록을 암기하면 그중 최소 11개를 기억할 수 있는 사람의 수가 2배로 늘어난다고 한다.

청각 또한 유용한 기억술이 될 수 있다. 예를 들어, 동물을 계kingdom, 문phylum, 강class, 목order, 과family, 속genus, 종species으로 분류할 수 있다는 걸 처음 배웠을 때, 나는 'Kings Play Chess on Fine Green Silk'라는 문장을 들었다. 각 단어의 첫 글자가 각 범주를 떠올리는 신호로 기능한 덕에, 나는 그 정확한 순서를 기억할 수 있었다.

신호 기반의 계획을 세울 때는 이러한 방식을 염두에 두는 것이 좋다. 신호가 더 생생하고, 인상적이고, 기억에 남을수록 계획은 더 잘 떠오를 것이다.

투표율 높이기

선거운동 캠프의 자원봉사자와 고용된 인력은 매년 선거일을 앞두고 수백만 명의 등록 유권자에게 전화를 걸어, 지역 투표소에서 투표할 것을 독려한다. 이러한 과정[215]은 미국에서 영국, 캐나다[216]에서 인도,[217] 노르웨이[218]에서 호주[219]에 이르기까지 전 세계 민주주의 국가에서 쉽게 볼 수 있다. 당신이 민주주의 국가에 소속된 등록 유권자라면, 치밀한 대본으로 이뤄진 전화를 적어도 한 번쯤은 받아 봤을 것이다. 그들은 당신에게 투표를 하라고 독려한다(아마 짜증 날 정도로). 그 전화가 당신을 움직이게 할 만큼 충분히 강력했을지는 몰라도, 투표를 할지 말지에 대한 당신의 의사결정에는 사실 중요한 역할을 못 할 것이다.

2008년 중반,[220] 토드는 유권자의 약속 불이행과 관련해 배운 모든 지식을 기반으로 이러한 전화를 크게 개선할 수 있으리라 확신했고, 이를 좋은 기회로 봤다. 그는 투표 독려 전화가 더 많은 유권자를 투표소에 가도록 만들 새로운 방법을 시험하기 위한 완벽한 수단이라고 생각했다. 또한 토드는 신호 기반 계획이 향후 문제를 해결할 수 있다고 주장하는 피터 골비처의 연구를 긍정적으로 보았다. 심리학 연구실로부터 피터의 아이디어를 가져와서 이를 정치 세계에 적용할 수 있을지만 확인하면 되었다. 2008년 대선이 임박했을 때, 토드는 그 아이디어를 시험할 좋은 시점이라고 판단했다.

토드와 그의 협력자 데이비드 니커슨David Nickerson은 피터와 신중하게 면담한 뒤, 새로운 요소가 포함된 유권자 전화 대본[221]을 작성했다. 등록 유권자들이 선거일에 투표하도록 독려하는 대신, 유권자들이 어떻게 그리고 언제 투표소에 가면 되는지 구체적으로 묘사하게 하는 것이었다. 토드와 나는 이러한 접근방식을 "계획 상기planning prompt"라고 부른다.

토드와 데이비드는 주요 예비 선거를 앞둔 3일 동안 전문 콜센터의 직원들이 수만 명의 등록 유권자에게 전달할 대본을 설계했다. 우선, 콜센터 직원은 등록 유권자에게 투표를 할 계획인지 묻는다. 그들이 그렇다고 답할 경우, 이어서 세 가지 질문을 던진다. (1) "몇 시에 투표소에 갈 예정이세요?" (2) "어디서 출발할 계획이시죠?" (3) "출발하기 전까지 무엇을 하고 있을 예정이세요?" 이 질문은 유권자가 자신이 투표하러 갈 시간임을 떠올릴 수 있는 신호(시간, 장소, 활동)를 신중하게 생각하게끔 만들도록 선택된 것이었다.

토드와 데이비드는 2008년 계획 상기 실험에서, 4만 명에 가까운 등록 유권자를 대상으로 표준적인 투표 독려 전화 대본(단지 투표할 생각인지 묻고 그렇게 하도록 권고하는)과 투표 계획의 수립을 촉구하는 세 가지 추가 질문이 들어 있는 대본을 무작위로 들려줬다.

유권자 투표율을 분석하면서, 토드는 당연히 엄청난 효과를 기대했다. 전 세계 민주주의 국가에서 정치적 참여를 실질적으로 높일 수 있는 그러한 형태의 효과를 말이다. 그의 기대는 현실로 드러났다. 전화를 받은 등록 유권자들 가운데, 계획 상기 대본을 들은 유권자 그룹의 투표율이 9% 더 높았다. 그는 자신이 중요한 변화의 열쇠를 쥐게 되었다는 사실을 깨달았다.

하지만 토드의 데이터 속에는 더욱 흥미로운 것이 있었다. 그는 이러한 계획 상기가 일부 사람에게는 한층 더 중요한 역할을 했다는 사실을 발견했다.

두 가지 유형의 등록 유권자에 대해 생각해 보자. 일부는 등록 유권자인 가족이나 친구와 함께 사는 '복수 유권자 가구'이다. 다른 유형은 혼자 살거나, 너무 어리거나 투표 등록을 하지 않거나 혹은 미국 시민이 아니라서 투표할 법적 권리가 없는 룸메이트와 함께 사는 '단일 유권자 가구'에 해당한다.

　토드는 자신의 연구에 참여한 유권자가 복수 유권자 가구에 해당하는지, 단일 유권자 가구에 해당하는지를 쉽게 알 수 있었는데, 두 그룹 사이에는 뚜렷한 차이가 있었다. 투표 계획을 세우도록 독려하는 방식이 복수 유권자 가구보다 단일 유권자 가구에 해당하는 사람에게서 '2배' 더 효과적이었던 것이다. 유선상으로 언제 투표할 것인지, 어디서 출발할 것인지, 투표 전에 무슨 일을 하고 있을 것인지 같은 투표 계획을 물었을 때, 단일 유권자 가구에 해당하는 사람들이 다른 유형보다 이에 대한 인식이 훨씬 부족했다.

　그 이유를 밝히는 데 많은 조사가 필요한 것도 아니었다. 투표 계획을 세우도록 독려하는 전화를 받기 전에, 이미 서로 다른 유형의 유권자 가구에서 근본적으로 다른 무언가가 '유기적으로' 일어났다. 복수 유권자 가구에 해당하는 이들은 자연스럽게 그들의 가족이나 친구, 룸메이트와 대화하면서 그들의 투표 계획을 조율했다. 예를 들어, 나의 경우 보통은 남편과 함께 선거일에 집에서 투표소로 가는데, 보통 그 전에 몇 시에 갈지 이야기하면서 그날의 일정에 따라서 출근 전에 갈지, 퇴근 후에 갈지를 정한다. 그러나 단일 유권자 가구에 해당하는 이들에겐 이러한 대화를 나눌 기회가 당연히 더 적다. 실제로 토드는 단일 유권자 가구에 해당하는 이들 중 훨씬 많은 경우가 전화를 받기 전에 투표 계획을 구체적으로 생각해 본 적이 없음을 확인했다. 그러니 단일 유권자 가구에 해당하는 이가 독려 전화에 훨씬 더 큰 영향을 받은 것도 당연했다. 투표를 하러 가야 한다는 사실을 상기시켜 줄 신호를 생각해 내지 못했기에 그 방법이 더욱 유용했던 것이다.

이 모든 것을 종합한 토드는 흥분했다. 유권자에 관한 이러한 새로운 통찰력을 활용함으로써 더 많은 사람이 정치적 절차에 참여하겠다는 그들의 의도를 따르게끔 만들 수 있다는 사실을 알게 되었으니 말이다.[222] 그는 또한 자신의 발견이 다른 맥락에서 훨씬 더 폭넓은 형태의 약속 불이행 문제를 해결하는 데 도움을 줄 수 있다는 걸 정확히 예상했다.

백신 접종률 높이기

내슈빌 여행에서 돌아와 토드에게서 세부 사항에 대해 들었을 때, 나는 토드의 성공 사례를 배우고픈 열정과 동시에, 그의 발견이 과연 보편적일지에 대한 의문이 생겼다. 또 토드의 접근방식을 활용하면 프라샨트 스리바스타바와 이바이브가 독감 백신 접종률을 높이는 데 도움이 되지 않을까 기대했다. 하지만 몇 가지 차이를 확인해 보니 그렇게 쉽게 성공이 이전되지는 않을 것 같았다. 가장 먼저, 투표와 백신 접종 사이에는 중요한 공통점(두 가지 모두, 사람들이 해야 한다고 생각하면서 종종 하지 않는 것들이다)이 있기는 하지만, 부작용과 고통에 대한 두려움부터 실제 자기에게 돌아오는 이익의 정도(독감 예방은 질병으로부터 자신을 보호하지만, 투표의 효과는 구체적이지 않다)에 이르기까지 중요한 차이점도 존재했다.

무엇보다 더욱 중요한 것이 있었다. 토드는 등록 유권자에게 직접 전화를 걸 수 있었지만, 이바이브는 우편을 통해서만 고객들과 소통할 수 있었다. 우편을 통해 사람들이 계획을 세우게끔 독려하는 것도 전화로 하는 것과 마찬가지로 효과가 있을까? 가능해 보이긴 했지만, 그 효과를 장담할 수는 없었다. 누군가가 전화로 나의 계획에 대해 여러 가지 질문을 퍼붓는다면, 당장 계획을 내놓아야 할 것 같은 강한 사회적 압박에 직면하게 된다. 질문에 대답하지 않는 건 무례하게 보일 수 있기 때문이다. 반면 우편으로 비슷한 질문을 받고 따로 답변을 보낼 필요 없이 개인적으로만 계획을 세워도 된다면, 굳이 급박하게 계획을 세우지 않을 것이다.

그 밖에도 토드의 계획 상기가 실제로 망각에 맞서 싸웠는지, 아니면 약속 불이행의 다른 이유를 해결했는지는 분명하지 않다. 어쩌면 유권자가 자신의 투표 계획을 다른 사람에게 말하도록 했다는 점에서 토드 팀의 전화에 대한 답변은 마치 약속을 한 것처럼 느껴졌을 것이다. 즉, 약속을 지키기 위한 느슨한 이행 장치를 만든 셈이다. 앞 장에서 살펴봤듯이, 인간은 심리적 차원에서 말과 행동이 다른 상황을 대단히 불편하게 여긴다(인지부조화). 그러한 점 때문에 약속은 우리의 행동 변화에 도움을 줄 수 있다. 다만 독감 백신 독려 우편 사례에서 똑같은 접근방식을 선택할 수는 없다. 우편 수령자가 다른 이에게 약속하도록 요구할 수 없기 때문이다.

그럼에도 불구하고, 이러한 아이디어를 활용하여 백신 접종의 약속 불이행 문제를 해결하려는 것은 시도할 만한 가치가 있어 보였다. 그래서 나는 경제학자 팀[223]과 협력해서[224] 이바이브가 보내는 표준적인 알림 편지에 새로운 요소를 추가하게끔 설득했다. 그것은 편지 수령자들이 직장 내 무료 진료소에서 백신을 맞을 계획을 세웠을 때, 그 날짜와 시간을 적어 보게 한 것이었다.[225]

이러한 편지가 사람들로 하여금 백신 접종 예약을 하게 만든 것은 아니라는 점을 언급할 필요가 있겠다. 내가 이 연구를 소개하면, 청중들은 종종 여기에서 혼란을 느낀다. 그 편지에는 회신 주소가 없고, 편지 수령자가 자신의 접종 계획을 이바이브나 그들의 직장에 전할 수 있는 방법도 없다. 다만 우리는 구체적인 계획을 생각해 보게끔 격려함으로써 사람들이 잊어버리는 문제를 극복하고 백신을 맞는 데 도움을 주고 싶었을 뿐이다.

프라샨트 역시 그렇게 생각했다. 이바이브에 추가적인 비용을 부담시키지 않으면서 기업의 알림 방식에 대한 단순한 변화만으로도 상황을 조금이라도 바꿀 수 있다면, 이는 정말로 대단한 일일 것이다.

바로 그러한 이유로, 수십 개의 사무소를 운영하는 미국 중서부 지역 대기업을 대상으로 우편 독려 방식을 시험해 그것이 실제로 백신 접종률에서 상당한 변화를 가져왔음을 목격했을 때, 우리 모두는 정말 기뻤다. 놀랍게도 단지 사람들에게 자신의 계획을 개인적으로 적어 보게끔 격려하는 것만으로도 백신 접종률이 13%나 올랐다. 이바이브의 어느 누구도 편지 수령자들의 계획을 듣거나 보지 못했는데도 말이다.[225] 이 실험을 통해 더 많은 사람이 그들이 원하던 면역을 얻기 위해 세운 계획을 실행에 옮겼고, 이를 통해 심각한 질병의 위험성이 줄어들었다.

흥미로운 것은, 계획 상기가 특정 상황에서 더욱 효과적일 수 있다는 사실이었다. 하루 동안만 진료소를 여는 사무소(그날 진료소에 가는 것을 기억하는 것이 성공과 실패를 결정하는)는 많은 도움을 받았던 반면, 여러 날에 걸쳐 진료소를 여는 사무소는 큰 도움을 받지 못했다.

이바이브와 함께 진행한 후속 연구에서, 우리 연구팀은 접종 이행을 강화했던 것과 같은 유형의 계획 상기[226]가 또한 대장내시경 검사를 미루고 있는 환자들에게 도움을 주어 사람들의 생명을 구하는 검사를 받는 비율을 15%나 끌어올렸음을 확인했다. 여기서 계획 상기의 효과는 대장내시경 검사를 받는 것을 기억해 내는 데 가장 어려움을 겪으리라 예상한 집단, 즉 노인과 부모, 보험 보장이 충분치 않은 사람들 그리고 이전 알림을 무시했던 사람들 사이에서 가장 뚜렷하게 나타났다.

계획 상기에 대한 이러한 모든 연구를 바탕으로 결론을 내리자면, 전화로든 단지 개인적으로든 사람들이 계획을 세우게 독려하는 방법은 약속 불이행에 맞서 싸우는 데 매우 효과적이며, 그럼에도 제대로 평가받지 못한 접근방식임이 확실하다. 덕분에 나는 원하는 특정한 활동 장소와 시점에 대해 더욱 곰곰이 생각하는 방식을, 사적으로나 업무적으로 계속 활용하게 되었다. 가령 나는 백신을 맞고, 공과금을 납부하고, 운동하고, 학생들을 관리하는 데 이러한 전략을 활용한다. 또 다른 사람을 돕는 데도 이를 활용한다. 친구 제이슨[227]이 옛 은사에게 감사 편지를 쓰고 싶지만 계속 미루고 있다고 내게 이야기했을 때도, 나는 그에게 언제 쓸 것인지, 어떤 방식으로 쓸 것인지(이메일, 아니면 우편?) 그리고 그 계획을 달력에 기입했는지 등을 물었다. 다음으로 나는 그 시기에 맞춰 그에게 알림을 보냈다. 제이슨은 바로 그 주에 옛 은사에게 감사 편지를 보냈다. 또한 내게도 보냈다.

한입 크기로 나누기

2019년 6월 런던에서, 나는 동료 앤절라 더크워스와 함께 흥미진진하면서도 고된 36시간을 보냈다. 우리는 여러 곳에서 협력 연구를 주제로 연설했다. 사람들의 관심을 자극하고, 행동 변화에 대한 연구를 추진하는 과학 연구소에 관한 이야기를 널리 퍼뜨리고 싶어서였다. 그런데 한 프레젠테이션에서, 런던 기반의 사모펀드 및 벤처캐피털 기업에서 경영 파트너로 일하는 로이드 토머스Lloyd Thomas가 손을 번

찍 들었다. 그는 자신을 행동과학의 열렬한 팬으로 소개했다.[228] 관련된 모든 책을 읽고 모든 팟캐스트를 들었다는 로이드는 한 가지 궁금한 게 있다고 했다. 지금까지 그가 듣고 배운 수많은 행동 전략 중에서, 사람들이 목표를 달성하도록 돕는 데 가장 중요한 것은 무엇인가 하는 것이었다.

앤절라는 망설임 없이, 그것은 신호 기반의 계획이라고 대답했다. 그녀는 신호 기반의 계획을 세우는 것이 성공을 향한 가장 효과적인 준비라고 설명했다. 신호 기반의 계획이야말로 이 주제와 관련해서 행동과학이 제시해야 할 최고의 전략이라고 말이다.

로이드가 그 대답을 듣고 어떤 생각을 했는지는 모르겠지만, 사실 나는 흠칫했다. 솔직히 말해서, 나 역시 신호 기반 계획을 세우는 것이 매우 중요하다고 생각하긴 했지만, 그것이 내가 연구해 온 것 중 가장 중요한 전략이라고는 생각하지 않았다. 만약 그러한 질문을 나에게 했다면, 목표 추구를 재미있게 만드는 것이나 이행 장치를 활용하는 것이라고 대답했을 터였다.

그래서 나는 앤절라에게 로이드의 질문에 대한 답변을 보다 자세하게 설명해 달라고 했다. 설명을 듣고 난 후 나는 그녀의 주장이 일리가 있다는 사실을 인정할 수밖에 없었다. 앤절라는 신호 기반의 계획 수립은 잊어버리는 실수를 줄이고, 그 순간에 자신이 해야 할 일에 대한 생각을 간략하게 정리해 줄 뿐만 아니라, 거대한 목표를 한입 크기로 작게 나눠 준다고 지적했다. 거대한 목표를 작은 단위로 나누는 작업은 야심 찬 프로젝트를 추진하는 과정에서 정말로 중요하다(앞서 설명했던 것처럼). NASA의 연구팀이 거대한 목표를 일련의 작은 목표로 구분하고 세부 목표를 어떻게 성취할 것인지에 대한 구체적인 계획을 세우지 않았다면, 1960년대 말에 미국이 달에 가게 될 것이라 주장했던 1962년 존 F. 케네디 대통령의 선언이 얼마나 터무니없어 보였을지 상상해 보라. 마찬가지로, '내년에 승진하기'처럼 성취하고자 하는 거대한 목표가 있을 때, 계획 수립은 우리로 하여금 큰 목표를 작은 세부 목표로 구분하는 중요한 작업을 하게 만든다. 어떻게 승진할 것인지에 관한 세부 계획 수립을 통해, 우리는 주간 회의에서 상사와 더 활발하게 의사소통하고, 자신이 이룬 성과에 대해 인정해 줄 것을 요구하고, 화요일과 목요일 저녁에는 따로 시간을 투자해서 온라인 학위를 따야 할 필요가 있다는 사실도 깨닫게 된다. 목표 달성을 위해서 무엇이 필요한지를 파악하는 것은 매우 중요하다. 이러한 유형의 계획 수립도 없이 목표를 달성하는 것은 정말 힘들다. 다음 선거에서 투표하기처럼 목표가 간단한 경우, 우리가 해야 할 일은 그 실행을 기억하게 만드는 것이다. 하지만 가령 외국어 배우기처럼 '복잡한' 목표의 경우, 계획 수립은 실행을 기억하게 할 뿐만 아니라, 그 목표를 더 작고 구체적인 요소로 구분하도록 만들어 준다.

물론 신호 기반의 계획을 수립하는 것은 스스로 할 수 있는 일이다(로이드처럼 개인적인 목표를 위해 노력할 때). 동시에 이바이브의 백신 접종 알림이나 토드의 투표 독려의 사례에서 확인했듯, 유능한 관리자나 기업, 정책입안자, 혹은 친구가 격려할 수 있는 일이기도 하다. 무엇보다 이처럼 계획을 세우게끔 '다른' 사람이 독려하는 방식의 특히 긍정적인 측면은 그들이 억지로 그렇게 하게끔 강요하지 않는다는 사실에 있다.

애초에 특정 활동에 아무런 관심이 없었던 사람이라면,[229] 신호 기반의 계획을 수립하도록 한다고 해서 그 행동을 하게 만들지는 못한다. 당신이 내게 눈썹 피어싱을 받거나 번지 점프를 하게 만드는 신호 기반의 계획을 세우라고 온종일 이야기할 수는 있다. 하지만 그러한 노력은 아무 쓸모가 없을 것이다. 내가 애초에 그런 일에 관심이 없기 때문이다. 계획은 마음을 바꾸지 못한다. 그저 우리가 이미 원하던 일을 하도록 상기시켜 줄 뿐이다. 이러한 점에서, 계획 수립은 다른 사람이 그들의 목표를 달성하도록 도움을 줄 수 있는 멋진고도 강압적이지 않은 방식이다.

런던 여행이 끝나갈 무렵, 나는 앤절라와 함께 그 사안에 관해 잠시 논의했다. 앤절라는 신호 기반의 계획 수립이 목표 달성을 독려하는 행동과학 전략의 목록 중 맨 위를 차지해야 한다고 나를 설득했다.

그렇긴 하지만, 한 가지 주의해야 할 점이 있다.

연구에 따르면, 신호 기반 계획 수립은 과잉[230]으로 치달을 수 있다. 너무 많은 계획 수립이 자칫 우리를 압도할 수 있다. 경쟁하는 목표를 위해 다양한 신호 기반 계획을 수립할 경우(더 많이 운동하고, 외국어를 배우고, 승진하고, 주방을 리모델링하는), 우리는 성공에 필요한 모든 일을 하는 것이 정말 어려운 과제라는 사실에 직면하게 된다. 이는 열정을 시들게 만들고, 단 하나의 목표조차 성취하기 어렵게 만들 수 있다.

승진이라는 단일 목표를 달성하기 위해 고려해야 할 모든 단계에 대해 한번 생각해 보라. 그다음 다른 목표를 위한 계획을 수립하면서 해야 할 일이 3배, 혹은 4배로 늘어나는 상황을 생각해 보자. 사기도 저하되고 머리도 어지러워진다. 따라서 주어진 시간에 어떤 목표에 집중할 것인지를 까다롭게 선택하고, 한 번에 한두 가지 목표만 성취해 내는 신중한 계획 수립이 정말 중요하다. 이번 달에는 하나의 우선순위(가령 일주일에 4번 운동하기)를 선택하고, 이를 위한 계획을 수립한다. 그리고 다음 달에는 목록의 그다음 목표에 집중한다.

신호 기반의 목표 수립과 관련해 또 하나 까다로운 측면이 있다. 기억해야 할 내용이 너무 복잡해서 단일 계획으로는 충분하지 않다는 점이다. 이런 경우, 공식적인 체크리스트가 놀라운 기능을 할 수 있다는 연구 결과가 있다. 아툴 가완디Atul Gawande가 자신의 책 《체크! 체크리스트The Checklist Manifesto》[231]에서 설명했듯, 외과 의사의 경우 필수적인 단계에 대한 기억이 아니라 절차에 대한 간단한 안전 체크리스트만 잘 활용해도, 더 많은 목숨을 살리고, 복잡성을 줄이며, 환자 사망률을 35~45% 낮출 수 있다.[232] 체크리스트가 안전 관련 문제에만 도움이 되는 건 아니다. 최근 실험에 따르면, 자동차 정비공에게 체크리스트를 활용하게 하자 생산성과 매출이 크게 개선되었다.[233]

스스로 하기

좋은 소식은 신호 기반 계획 수립의 방식이 점점 많은 인기를 얻고 있다는 점이다. 토드의 연구로부터 신호 기반의 계획이 투표율을 높인다는 증거가 널리 알려지면서, 계획 상기는 전 세계적으로 주요한 투표 독려 방법으로 자리 잡았다. 토드는 대부분의 사람은 누군가가 문을 두드리면 조금 싫어 하지만, 선거 운동원이 자신의 집을 찾을 때는 기뻐한다고 내게 말해 주었다.[234] 그는 조금은 수줍게 털어놨다. "그들이 작성한 대본을 보면 열정적인 느낌이 들고, 정말로 행복합니다." 선거 운동원들의 계획 수립 질문에 적극적으로 대답한 뒤, 토드는 언제나 그들의 대본을 사진 찍게 해달라고 요청한다. 이는 연구의 일환이다.

마찬가지로 2009년에 첫 번째 연구를 함께 추진한 이후, 이바이브는 계획 상기를 의사소통 전략의 주요한 방법으로 선택했다.[235] 내가 처음 프라샨트를 만났을 무렵, 이바이브는 소수의 주요 고객을 거느린 직원이 10명에 불과한 스타트업이었지만, 이제 300명의 직원들과 함께 계획을 수립하고, 건강과 관련해서 더 나은 의사결정을 하는 방법에 대해 약 500만 명의 미국인에게 정기적으로 메시지를 발송하고 있다. 그뿐만 아니라, 이바이브가 그들의 실험 결과를 발표한 이후로 다른 많은 조직 역시 그들과 똑같은 전략을 활용해서 놀라운 결과를 만들어 내기 시작했다. 대출 상환을 위한 은행 계획 상기에서부터 수질 보존과 백신 접종을 위한 정부 계획 상기에 이르기까지, 실행의 시점과 장소를 신중하게 생각하게 만드는 넛지 전략은 이제 다양한 영역에서 찾아볼 수 있다.

사실 우리는 좋은 의도를 가진 많은 것을 계속해서 잊어버린다. 투표하고 백신을 맞는 것은 빙산의 일각일 뿐이다. 적절한 알림을 설정하고 생생한 신호로 계획을 수립하는 것은 실행하지 않으려는 우리자신의 성향에 맞서 싸울 수 있도록 돕는 소중한 도구다. 특히 신호기반의 계획 수립의 대단한 점은, 이바이브 같은 선의의 조직이나 정보에 밝은 관리자, 혹은 조언을 주는 친구가 따로 필요하지 않다는 사실이다. 실행하지 못할까 봐 우려되는 목표가 있다면, 이제 우리는 신호 기반 계획을 스스로 세울 수 있다.

어떻게, 언제, 어디서 할지를 고려해야 한다는 사실을 기억하자. 어떻게 할 것인가? 언제 할 것인가? 어디서 할 것인가? 그리고 신호를 전략적으로 선택하자. 가능한 한 평범하지 않은 신호를 선택하자. 가령, 나는 밤에 잠자리에 들면서 다음날 꼭 기억해야 할 중요한 과제가 있을 경우 아침에 마주하게 될 특별한 것을 떠올린다(예를 들면, 아들이 만들어서 거실에 둔 레고 구조물). 이는 내가 실행 계획을 세울 때 사용하는 신호가 된다. 그리고 행동해야 할 '바로' 그 순간에 등장할 알림을 설정할 수 있다면, 그렇게 하자. 마지막으로 신호 기반의 계획이 복잡해지기 시작한다면, 체크리스트를 만들자.

167

- 우리는 종종 의도한 대로 행동하지 않는다. 약속을 어기게 되는 이유는 다양하다. 게으름과 집중력 분산, 혹은 잊어버림 등. 그중 잊어버림, 즉 망각은 우리가 가장 쉽게 극복할 수 있는 장애물이다.

- 무언가를 해야 하는 순간에 그 일을 하도록 자극하는 적절한 알림은 우리가 잊어버림의 문제에 효과적으로 대처하게 만든다. 단, 알림의 시점이 적절하지 않은 경우 효과가 훨씬 미미하다.

- 신호 기반 계획을 세우는 것은 망각에 대처할 수 있는 또 하나의 방법이다. 이러한 계획은 행동 계획과 신호를 연결하며, '( )일 때, ( )를 할 것이다' 같은 형태를 취한다. 구체적인 시간이나 장소부터 맞닥뜨리게 될 사물에 이르기까지 기억을 촉발하는 모든 것이 신호가 될 수 있다. 신호 기반 계획의 한 가지 사례는 이런 것이다. '월급이 인상될 때마다 퇴직연금 월 납입금을 늘릴 것이다.'

- 신호가 구체적일수록 기억을 더욱 효과적으로 자극한다.

- 사람들에게 신호 기반 계획을 세우도록 독려하는 방법은 특히 그들이 계획을 세우지 않았을 때와 망각이 성공과 실패를 가르는 중요한 요소일 때(선거일에 투표하는 경우처럼), 특

히 유용하다.

- 계획 수립에는 또 다른 장점이 있다. 거대한 목표를 한입 크기의 작은 덩어리로 구분하게 만들고, 특정한 순간 해야 할 일에 대한 부담을 덜어 주며, 계획을 자신과의 약속처럼 만들어 목표에 대한 의지를 높인다.

- 신호 기반 목표를 한꺼번에 너무 많이 세우면, 압도감으로 의지가 위축된다. 따라서 주어진 시간에 어떤 목표에 집중 할 것인지를 까다롭게 선택하자.

- 계획이 너무 복잡해서 쉽게 기억할 수 없을 때는 체크리스 트를 활용하자.

Chapter 5

게으름

'대체 무슨 일이 있었던 거지?'²³⁶ 스티브 하니웰Steve Honeywell은 궁금
했다. 펜실베이니아 대학의 대규모 의료 시스템에서 분석가로 일하
고 있던 그는 2014년 가을 어느 날, 자신이 방금 만들어 낸 그래프를
도무지 이해할 수 없었다. 그 데이터에 따르면, 의료 시스템과 환자들
에게 연간 약 1,500만 달러의 비용을 부과해 왔던 만성적인 문제가
하룻밤 새에 말끔히 사라진 것이다. 그건 정상이 아니었다.

　스티브는 상황을 파악해 보기로 했다. 그는 상사에게 이렇게 물었
다. "병원에서 지난달에 무슨 변화가 있었나요? 새로운 모범 사례라
도 나온 건가요? 누구한테 물어보면 될까요?"

　스티브의 당황스러운 발견에 관한 이야기를 처음으로 들은 건,²³⁷
내가 MBA 수업에 유능한 의사이자 와튼 스쿨 동문인 미테시 파텔
Mitesh Patel을 강사로 초빙하고자 그의 사무실을 방문했을 때였다. 미
테시는 펜실베이니아 대학 의료 시스템에서 한 그룹을 이끌었는데,
소문에 따르면 행동과학을 기반으로 대단한 성과를 올리고 있었다.
강의실에서 그가 첫 번째 슬라이드에 대한 설명을 마쳤을 때, 나는 그
소문이 진짜임을 확신할 수 있었다.

수업을 시작하면서, 미테시는 스티브 하니웰의 기적 같은 발견과 그것이 중요한 이유가 무엇인지 설명했다. 2014년에 이르기까지 펜실베이니아 대학 의료 시스템은 의사들의 처방 관행 때문에 최대 보험사로부터 벌금을 물고 있었다. 의료 시스템을 이끌고 있는 사람들에게는 유감스럽게도, 직원들은 값이 저렴하면서도 화학적으로 동일한 복제약이 아닌, 리피토Lipitor나 비아그라Viagra처럼 브랜드의 약품을 습관적으로 처방했다.

대수롭지 않은 문제처럼 보일 수 있지만, 이로 인해 환자들은 매년 수백만 달러를 추가적으로 지출해야 했다. 마찬가지로 높은 가격을 지급하던 보험사들도 펜 메디슨Penn Medicine(펜실베이니아 의과대학) 측에 벌금을 부과하고 항의했다. 이 문제는 해결이 쉬워 보였기에 더욱 의아했다. 의사들은 종종 브랜드 약 처방을 중단하라는 요청을 받았고 바꾸겠다고 약속했지만, 대다수가 따르지 않았다.

그러던 중 스티브 하니웰이 발견한 믿기 힘든 변화가 찾아온 것이다. 그의 데이터에 따르면, 하룻밤 새 펜 메디슨은 복제약 처방과 관련해 그 지역 최악의 의료 시스템에서 최고의 시스템으로 거듭났다. 스티브가 놀라운 분석을 발견하기 한 달 전만 해도, 펜 메디슨의 처방에서 복제약이 차지하는 비중은 75%에 불과했다.[238] 하지만 이제 펜 메디슨 의사들의 복제약 처방 비중은 98%에 이르고 있었다. 보험사들의 상여금과 칭찬이 이어졌다.

미테시는 나의 MBA 수업에서, 2014년 그날 스티브를 깜짝 놀라게 만든 혁신적인 변화 뒤에 숨겨진 비밀을 공유했다. 의사들의 행동을 바꾼 것은 새로운 시작이나 적절한 알림이 아니었다. 대신 작고 비용도 들지 않는 시스템 변화가 그 기적적인 개선을 뒷받침했다.

최소 저항의 길

펜 메디슨에서 얻은 교훈을 설명하기 전, 이 책에서 아직 언급하지 않은 변화의 장벽에 대해 생각해 보자. 그 장벽이란, 바로 게으름이다.

일반적으로 우리 사회는 게으름을 열심히 노력해서 극복해야 할 악덕으로 생각한다. 〈붉은 암탉〉[239]에서부터 이솝 우화 〈개미와 베짱이〉[240]에 이르기까지 전 세계 문화 속 수많은 이야기가 게으름은 파멸로 끝나고 부지런함은 번영으로 이어진다는 교훈을 전한다.[241]

물론 그 이야기 속에는 진실이 들어 있다. "최소 저항의 길"을 선택하려는, 즉 수동적으로 흐름을 따라가려 하는 인간의 성향에는 불리한 측면이 있다. 이는 행동 변화가 그토록 힘든 주요한 이유다. 저녁에 소파에 앉아 넷플릭스를 시청하는 대신 온라인 강의를 듣기로 결심할 때, 혹은 배달 음식을 주문하는 대신 신선한 재료로 요리하기로 결심할 때, 게으름과 익숙한 행동 패턴에 따르는 편안함이 우리에게 불리한 방향으로 작용한다.

175

그러나 게으름이 언제나 악덕인 것만은 아니다. 나는 인간의 내재적 게으름을 하나의 문제로 바라보는 대신, 오히려 많은 장점을 지닌 특성으로 본다. 게으름이 행동 변화를 가로막는 것은 분명하지만, 동시에 우리가 많은 시간과 에너지를 낭비하지 못하게 막기도 하니까. 1978년 노벨 경제학상을 받은 허버트 사이먼Herbert Simon이 자신의 영향력 있는 책 《경영 행동Administrative Behavior》에서 지적했듯이,[242] 최소 저항의 길을 선택하는 것은 세계 최고의 컴퓨터 프로그램이 문제를 해결할 때 값비싼 연산 능력의 사용을 피하기 위해 취하는 일이기도 하다. 마운틴뷰에 자리 잡은 구글의 호화로운 캠퍼스를 재정적으로 뒷받침하는 세계 최고의 검색 알고리즘은, 빠르고 효율적으로 작동한다. 그것은 모든 가능한 선택지를 탐험하는 대신 지름길을 택하기 때문이다. 인간 역시 효율성을 위해서 똑같은 기술을 터득하는 방향으로 진화했다. 예를 들어, 우리는 변기를 수리해야 할 때 옐프 Yelp(미국의 대표적인 지역 기반 소셜네트워크 검색 서비스-옮긴이)에서 평가가 좋은 첫 번째 배관공에게 전화를 걸 정도로 게으르기 때문에 조금 더 나을 수도 있는 대안을 끊임없이 검색하느라 시간을 낭비하지 않는다. 또 새로 산 컴퓨터의 초기 설정을 그대로 사용할 정도로 게으르기 때문에, 화면보호기나 글자 크기에 관한 설정으로 고민하지 않는다. 또 자신의 아침 습관을 재고하지 않을 만큼 충분히 게으르기 때문에, 샤워를 먼저 할 것인지, 양치를 먼저 할 것인지, 아침으로 뭘 먹을 것인지, 어떤 길로 출근할 것인지에 관해 고민하지 않는다.

게으름은 얼마든지 자산이 될 수 있다. 게으름이 단지 효율성에만 기여하는 것은 아니다. 우리가 게으름을 적절하게 활용할 때, 이는 변화를 가속하는 데 실질적인 도움을 줄 수 있다. 이를 펜 메디슨의 사례에서 확인할 수 있다.

설정하고 잊어버리기

펜 메디슨의 기적적인 성공은 최소 저항의 길을 선택하려고 하는 인간의 성향 덕분에 가능했다. 펜 메디슨의 의사들은 약국에 처방전을 보낼 때 한 소프트웨어를 사용해야 했는데, 해당 소프트웨어의 IT 컨설턴트가 정기적인 시스템 업데이트 기간에[243] 사용자 인터페이스에 작은 변화를 줬다. 시스템에 새로운 체크박스를 추가한 것이다. 의사가 체크박스에 군이 체크하지 않으면, 그들이 약국에 처방하는 모든 약이 복제약으로 전송되게 되어 있었다. 의사들 역시 대부분의 사람들처럼 조금은 게으른 성향이 있기 때문에, 대다수는 여기에 체크하지 않았다. 체크를 한 경우는 전체에서 단 2%에 불과했다. 그 결과, 펜 메디슨의 복제약 처방률이 98%까지 치솟은 것이다.

행동과학자들은 펜 메디슨에서 일어난 일에 대해서 IT 컨설턴트가 처방 시스템 '디폴트default', 혹은 적극적으로 다른 것을 선택하지 않으면 시스템이 제시하는 결과(새로 산 컴퓨터의 일반적인 초기 설정처럼)를 따르게끔 바꾼 것이라고 설명했다. 디폴트를 효과적으로 설정하면, 사람들은 손가락 하나 움직이지 않고서도 최고의 의사결정을 내릴 수 있게 된다. 이는 효율성을 사랑하는 운영 시스템 덕분에 모두가 누리는 기회를 의미한다.

미테시와 그의 동료들은 펜 메디슨에서 수년에 걸쳐 의사가 적극적으로 다른 걸 선택하지 않을 경우 자동적으로 복제약을 처방하게 하는 인터페이스를 만들고자 로비를 벌였다. 그러나 최종 승인이 나지 않았다. 결국 펜 메디슨의 소프트웨어 시스템을 어떤 방식으로든 업데이트해야 했을 때, 효과적인 디폴트의 중요성을 이해한 IT 개발자가 독자적으로 변화의 작업에 착수했고 성공을 거뒀다! 이로 인해 수백만 달러가 절약되었다. 이는 대단히 놀라운 성공이었고, 덕분에 미테시는 행동과학에 기반을 둔 보다 정교한 시스템 개선을 추진할 수 있는, 펜 메디슨 '넛지유닛Nudge Unit'[244] 조직을 새롭게 꾸리도록 허가받았다.

넛지는 행동과학계에서 종종 언급되는 용어다.[245] 행동 변화를 넛지하기 위한 다양한 방식이 있기는 하지만, 이 용어는 효과적인 디폴드를 설정하는 것과 동의어로 자주 사용된다. 인간의 게으름을 활용하는 이러한 유형의 넛지가 대단히 가치 있는 것으로 입증되었기 때문이다. 예를 들어, 이제는 널리 알려진 2001년 연구[246]는 직원들이 퇴직연금 프로그램에 자동적으로 가입하게 하는 방식(옵트인이 아니라 옵트아웃이 필요한)이 퇴직연금 저축액을 크게 증가시켰다는 사실을 보여 줬다.[247] 수십 건에 달하는 추가적인 연구가 디폴트를 효과적으로 설정함으로써 엄청난 성공을 만들어 낼 수 있다는 사실을 설득력 있게 입증하고 있다. 디폴트의 놀라운 위력을 제대로 이해한 이들은 대개 손가락 하나 움직이지 않을 때 최고의 결과를 가져오는 방식으로 시스템을 설계했는데, 이를 통해 마약성 진통제의 과잉 처방을 줄이고,[248] 아동의 탄산음료 소비를 제한하고,[249] 독감 백신 접종률을 높이고,[250] 택시 기사를 위한 팁을 올렸다.[251] 그리고 이러한 변화는 단지 시작에 불과했다.[252]

안타까운 것이 있다면, "설정하고 잊어버리기set-it-and-forget-it" 시스템이 모든 행동 변화 문제를 해결하지 못한다는 것이다. 행동을 취해야 할 때, 특히 반복적으로 행동해야 할 때는 디폴트를 활용하기 힘들다. 우리로 하여금 규칙적으로 운동하게, 건강한 식단을 실천하게, 업무 중 소셜미디어를 하지 않게, 시험공부를 하게, 만드는 디폴트 시스템은 없다. 반복적인 의사결정에 직면할 때, 게으름의 문제는 더욱 해결하기 힘들다. 물론 효과적인 디폴트를 설정함으로써 이러한 정기적인 의사결정에 도움을 줄 수 있다. 가령, 냉장고에 건강식품만 넣어 두거나 브라우저 홈페이지를 페이스북 대신 〈뉴욕타임스〉로 설정해 놓는 식으로 말이다. 그러나 그 밖의 일에 대해서는 무엇을 할 수 있을까? 관성이 불리한 방향으로 작용하고 디폴트 스위치를 전환할 수 없을 때, 어떻게 변화를 만들어 낼 수 있을까?

습관의 기능

불타는 창고 안에서 사라진 팀 동료를 찾아 헤맬 때, 스티븐 케스팅 Stephen Kesting의 심장은 요동쳤다. 그가 소방관으로 일하며 만난 화재 중에서도, 이번 화재는 가장 규모가 큰 것이었다. 창고가 화염에 휩싸이기 전 그 안에는 수많은 화장지 상자와 화장지 롤, 종이 롤이 있었는데, 이제 그 모든 것이 불타오르고 있었다.

스티븐의 팀이 현장에 도착했을 때, 상황은 이미 통제 불가능했다. 하지만 그가 창고 안으로 들어가자마자 사태는 걷잡을 수 없이 심각해졌다. 나의 팟캐스트에 출연했을 때 그는 이렇게 말했다. "건물 안에 있는 모든 것이 도미노처럼 쓰러지고 있었어요."[253] 이 정도만으로도 충분히 무시무시했지만, 더욱 끔찍한 것은 한 동료의 행방이 확인되지 않고 있다는 사실이었다.

스티븐의 아드레날린이 치솟으면서 반사 신경이 작동하기 시작했다. 강렬한 공포나 흥분에 대한 행동 부작용이었다.[254] 그럴 때 인간은 자동 시스템에 더 많이 의존하고, 개별 의사결정에 대해서는 덜 깊이 생각하게 된다. 여기에는 분명한 이점이 있다. 일반적으로, 응급 상황에서는 계산기를 두드리거나 찬성과 반대를 저울질할 시간적 여유가 없다. 신속하게 움직여야 한다. 그러기 위해서는 뛰어난 반사 신경과 습관이 중요하다.

습관은 우리가 의식적으로 또 무의식적으로 반복하는 행동과 루틴으로, 아주 많이 반복되기 때문에 자동으로 이뤄진다. 습관은 본질적으로 우리 두뇌의 디폴트 설정이다. 즉, 의식적인 절차 없이 실행되는 반응이다. 신경과학 연구에 따르면,[255] 습관이 개발되면 추론에 사용되는 두뇌 영역(전두엽)에 덜 의존하게 되고, 행동과 운동 통제를 담당하는 부분(기저핵과 소뇌)에 더 많이 의존하게 된다.[256]

소방관과 응급 의료요원은 너무 많이 생각하지 않고 상황에 올바로 대처할 수 있어야 한다. 그러기 위해 응급 상황에 대비해 훈련하고, 근육 기억을 형성하고, 올바른 판단을 반응적 행동으로 전환하는 루틴을 개발하기 위해 많은 시간을 투자한다. 소방 학교 및 실무를 통해, 그들은 화재 경보가 울릴 때 무거운 장비를 착용하고 소방차에 오르는 데 필요한 시간과 생각을 줄이기 위해 훈련하고 또 훈련한다. 또한 탐색과 구조 기술을 익히고, 소방 호스를 잡아당기는 방법을 배우며, 산소마스크가 작동하지 않을 때 해야 할 일을 연습한다.

스티븐이 무시무시한 창고 화재 속에서 사라진 동료를 찾고 있을 때, 그는 훈련을 통해서 갈고 닦은 습관을 활용했다. 그는 훈련받았던 대로 이렇게 외쳤다. "저기요, 거기 아무도 없어요?" 이 부분은 쉬웠다. 스티븐은 이렇게 설명했다. "힘든 건 외치고 나서 입을 다물고 침묵의 순간을 유지하는 겁니다. … 그래야만 무언가를 듣고 볼 수 있으니까요." 이러한 상황에서 사람들은 본능적으로 계속해서 외치기만 한다. 그러나 이는 오히려 효과적인 수색을 가로막는다.

다행스럽게도, 스티븐과 그의 팀원들은 조용하고 부자연스러운 멈춤이 제2의 본능이 될 때까지 훈련했다. 그리고 바로 그 멈춤의 순간에 그들은 중요한 무언가를 발견했다. 잔해 사이로 장갑의 작은 부분이 삐져나와 있었다. 만약 그들이 계속해서 소리만 질러댔다면 잔해 속에 파묻혀 있던 동료 롭을 발견하지 못했을 것이다. 스티븐은 이렇게 설명했다. "그가 바닥에 쓰러지면서 손을 위쪽으로 뻗었던 것 같아요." 그들은 잔해를 파헤쳤고 건물이 붕괴되기 직전에 그를 안전하게 끌어낼 수 있었다.

스티븐과 그의 소방대원들은 영웅으로 칭송받았다. 그들은 실제로 그랬다. 하지만 스티븐은 그 구조를 영웅적인 판단이 아닌, 그와 그의 팀원들이 기본적인 반응을 연마하고 응급 상황에 현명하게 대처하기 위해 했던 훈련 덕으로 돌렸다.

실제 올바로 훈련된 습관은 화재 상황과 전쟁 시 그리고 병원을 비롯한 다양한 고위험 환경에서 수많은 목숨을 구했다. 또한 좋은 습관은 영웅적인 구조 활동 외에도 다양한 상황에서 대단히 중요한 기능을 담당한다. 좋은 결과를 만들어 내기 위해서는 자동조종장치도 필요하지만, 디폴트에 의존할 수 없을 때 차선책은 유용한 습관을 형성하는 것이다. 그러한 습관이 제2의 본능이 될 때까지 훈련함으로써 성공적인 비즈니스 운영부터 건강의 회복과 유지에 이르기까지 모든 과제에 도움을 줄 수 있다.

행동과학자들은 습관에 대해 말할 때 종종 그것을 지름길과 연결한다.[257] 만약 당신이 커피메이커로 커피를 만들어 마신다면, 그 커피메이커를 처음 사용했던 순간을 떠올려 보자. 그때 당신은 그 기계를 사용하기 위해 완전히 집중했을 것이다. 물은 어디에 붓는지, 커피 가루는 얼마나 넣어야 하는지 등을 알기까지 시간이 좀 걸렸을지도 모르겠다. 하지만 매일 아침 커피를 내리면서 반복하다 보니 이는 어느새 습관으로 자리 잡았고, 당신은 이제 아무 생각 없이 신속하게 커피를 내릴 수 있게 되었다.

지루하게 들릴 수도 있지만, 인간과 동물에 대한 연구 역시 습관이 반복적인 훈련에서 비롯된다는 사실을 보여 준다. 습관 형성은 종종 소방관들이 장비를 갖추거나 조용한 가운데 생명의 신호를 탐색하는 훈련보다 덜 의식적인 차원에서 이뤄지기는 하지만, 이는 언제나 특정 행동의 수많은 반복이 요구된다. 습관(손톱 물어뜯기, 스마트폰 확인하기, 커피 만들기와 같은) 형성을 위한 반복은 종종 우연적이고 무의식적으로 이뤄진다. 그러나 우리가 좋은 습관을 개발하고자 한다면, 혹은 나쁜 습관을 좋은 습관으로 바꾸고자 한다면, 소방관이 위압적인 상황에서 올바른 행동을 하기 위해 하는 훈련처럼 의식적으로, 또 반복적으로 훈련해야 한다.

심리학자 B. F. 스키너B. F. Skinner는 20세기 중반에 이뤄져 이제는 고전이 된 여러 실험을 통해 쥐나 비둘기에게 특정한 행동(레버를 누르는 것처럼)을 반복하게 하고 그때마다 계속해서 보상(맛있는 먹이 같은)을 지급하면, 습관적 반응이 형성된다는 사실을 보여 줬다. 동물들은 특정 행동을 실행하는 방법을 배웠고,[258] 심지어 보상이 중단되었을 때도 지속적으로 그러한 행동을 취했다. 인간의 습관 역시 쥐나 비둘기의 경우와 비슷하게 형성되는 것으로 드러났다. 하지만 쥐나 비둘기와 다른 점이 있다면, 우리는 좋은 습관을 갖도록 의식적으로 자신을 훈련시킬 수 있다는 것이다. 또한 다른 사람이 그러한 훈련을 하도록 도움을 줄 수도 있다. 원리는 간단하다. 지속적인 신호에 따라 행동을 반복하고 그때마다 보상(칭찬, 안도, 즐거움, 혹은 현금)을 받을 때, 우리의 반응은 자동화된다.

B. F. 스키너의 유명한 실험이 있은 지 반세기가 흘렀을 무렵, 경제학자들은 쥐와 비둘기에게 적용했던 똑같은 접근방식[259]을 활용해 대학생들이 운동을 더 많이 하게 도울 수 있음을 보여 줬다. 경제학자들은 헬스장 출석에 관한 연구를 위해 100명이 넘는 대학생을 모집한 뒤, 이들을 무작위로 몇몇 그룹으로 나눴다. 그들은 일부 학생에게는 설명회와 이후 2번의 모임에 참석하고 연구원이 그들의 헬스장 출석을 추적하도록 허용한 뒤 다음 달에 1번 이상 헬스장을 방문하면, 175달러를 받을 수 있다고 일러 주었다. 반면 다른 학생에게는 설명회와 이후 2번의 모임에 참석하고 연구원이 그들의 헬스장 출석을 추적하도록 허용한 뒤 다음 달에 8번 이상 체육관을 방문해야 똑같은 175달러를 받을 수 있다고 했다.

당연하게도, 돈을 받기 위해 8번 헬스장을 방문해야 했던 학생들이 다른 그룹의 학생보다 한 달 동안 더 많이 운동했다. 그러나 정말로 흥미로운 사실은 지급이 중단된 이후에 벌어진 일이었다. 한 달 뒤 비교적 자주 운동해야 했던 학생들(8번 운동해야 175달러를 받을 수 있었던)이 1번 이상만 방문해도 돈을 받았던 학생들보다 계속해서 더 자주 헬스장을 찾았던 것이다. 더는 돈이 지급되지 않았음에도 말이다. 실제로 8번 운동한 그룹의 학생들은 이후 7주일에 걸쳐 다른 그룹의 학생들보다 약 2배 더 자주 운동했다.

이러한 발견은 찰스 두히그Charles Duhigg의 《습관의 힘The Power of Habit》[260]이나 제임스 클리어James Clear의 《아주 작은 습관의 힘Atomic Habits》[261] 같은 베스트셀러를 통해 널리 알려진, 단순하면서도 전반적으로 정확한 습관 형성 모형을 뒷받침한다(여기서 내가 '전반적'이라고 표현했다는 점에 주의하자. 이 장 후반부에서 나조차 깜짝 놀랐던 변형에 대해 설명할 것이다). 특정한 행동을 지속적인 환경에서 계속 반복(혹은 훈련)할 때, 또 실행에 따라 다양한 형태의 긍정적인 피드백이 주어질 때, 그 행동은 본능이 되는 경향이 있다. 아침에 커피를 내리는 사례에서, 지속적인 환경은 아침 시간의 주방이 되고, 보상은 신선한 커피, 습관은 커피 한잔을 내리기 위해 필요한 일련의 동작이 된다. 혹은 두히그에 의해 널리 알려진 사례의 경우, 치약 산업은 양치질을 보상과 연결 지음으로써 양치질이라는 행동을 교묘하게 습관화했다. 여기에서 보상은 매일 아침 사람들이 화장실 세면대 앞에 섰을 때 기대하게 되는 신선한 민트향이다.

좋은 습관의 장점은 설정하고 잊어버리기 사례에서 디폴트처럼 우리의 내재적인 게으름을 활용할 수 있다는 데 있다.[262] 일단 훈련이 되면, 습관은 우리가 특정 활동에 대해 아무런 생각을 하지 않아도 자동적으로 그것을 실행에 옮기도록 만든다. 실제로 심리학자 브라이언 갈라Brian Galla와 앤절라 더크워스는 아동과 성인을 대상으로 한 흥미로운 여섯 가지 실험을 통해 긍정적인 습관이 우리가 종종 "자기통제력"이라고 잘못 이름을 붙인 능력에 대한 열쇠라는 사실을 보여주었다.[263] 우리 주변의 엄청난 의지력을 가진 것처럼 보이는 사람들(매일 아침 5km를 걷고, 업무에 집중하고, 열심히 공부하고, 항상 올바른 선택을 내리는 것처럼 보이는 사람들)이 유혹에 저항하는 초자연적인 능력을 부여받은 건 아니다. 대신 그들의 좋은 습관이 그들로 하여금 애초에 유혹에 직면하지 않게 만들어 준다. 덕분에 그들은 잘못된 선택을 하는 걸 '생각'조차 하지 않는다. 그들은 매일 헬스장에 간다. 하지만 그것은 습관이 들어서지, 그들이 헬스장에 가는 장단점을 신중히 판단해서가 아니다. 그들은 아침 대용으로 스무디를 선택한다. 그것은 그들이 놀라운 의지력을 발휘해 기름진 소시지 비스킷은 생각조차 하지 않기로 선택해서가 아니라, 아침 습관이기 때문이다. 그리고 그들은 매일 밤 잠자리에 들기 전 치간 칫솔을 사용한다. 그것은 그들이 미래의 치주염 예방을 위해 오늘의 시간을 투자해서 치간 칫솔을 사용해야겠다고 신중하게 판단해서가 아니라, 자동조종장치가 그렇게 하라고 그들에게 말하기 때문이다.

이상적인 세상에서 우리는 자동조종장치를 기반으로 훌륭한 의사결정을 내릴 수 있다. 일단 좋은 습관이 우리의 삶에 성공적으로 안착하면, 현명한 의사결정은 무의식적인 차원에서 이뤄진다. 그다음으로 최소 저항의 길을 선택하려는 성향은 우리의 길을 가로막는 것이 아니라, 목표를 달성하도록 돕는다. 당신은 아마, 피아니스트나 소방관이 그들의 기술을 훈련하는 것처럼 치간 칫솔을 사용하거나 건강한 음식을 먹게끔 훈련할 수 있다고는 생각해 보지 못했을 것이다. 하지만 얼마든지 그럴 수 있다!

안타깝게도 새로운 습관을 받아들이는 일은 생각만큼 쉽지 않다. 의사결정을 올바로 내리는 데 더는 의지력이 필요 없을 때까지 바람직한 행동을 반복하는 것에 스스로 보상하는 것도 때로는 효과적인 전략이 된다. 하지만 나는 지극히 예측 가능한 세상에서만 이러한 시스템이 완벽하게 작동한다는 사실을 어렵사리 배웠다. 그리고 그러한 세상은 우리 대부분이 살아가는 세상이 아니다. 안타깝지만.

탄력적인 습관

구글 본사에 방문해 새로운 시작에 관한 연구에 영감을 얻은 지 얼마 지나지 않았을 무렵, 나는 그 기술 대기업에서 일하는 친구에게 전화를 걸었다. 이를 통해 구글이, 직원들이 행복을 위해 더 나은 습관을 형성하는 데 도움을 주고 싶어 하며, 특히 더 많은 직원이 직장 내 헬스장을 이용하길 원한다는 사실도 알게 되었다. 그래서 나는 나의 오래된 협력자인 하버드 비즈니스 스쿨의 존 버시어스 교수가 도움을 줄 수 있다고 확신하던 경제적인 전략을 꺼내 들었다.

존과 나는 대학원 시절에 처음 만났다. 행동경제학과 넛지라는 떠오르는 분야를 처음으로 접하게 된 수업에서였다. 우리는 금방 친구가 되었고, 이후 공저자로 활동했다. 이제 존은 세계적으로 유명한 경제학자로서 디폴트를 기반으로 직원들이 퇴직연금 프로그램에 참여하게 만드는 방법에 대해 연구하는 중이다. 또한 나처럼 그도 최소 저항의 길을 선택하고자 하는 인간의 성향을 이용함으로써 효과적인 디폴트를 기반으로 단지 설정하고 잊어버리기를 할 수 없는 중요한 일상적인 의사결정(기술 활용, 다이어트, 운동, 수면, 일상적인 지출 등에 관한 선택 등)을 개선하는 방법을 알아내고자 했다.

우리 둘은 그 대답이 습관과 관련이 있다고 확신했다. 구글이 직원이 행복을 위해 더 나은 습관을 형성하는 데 도움을 주고 싶어 한다는 사실을 알고 있었기에(연구 결과에 따르면, 건강한 직원이 더 행복하고 생산성도 더 높았다),[264] 우리는 구글이야말로 지속적인 습관을 보다 효과적으로 시작하는 방법에 관해 우리가 개발한 아이디어를 시험할 수 있는 완벽한 무대라고 생각했다.

우리의 아이디어는 습관의 일관성과 관련된 것이었다.

보다 규칙적으로 운동하고자 하는 두 사람(레이철과 페르난도라고 하자)이 있다고 상상해 보라. 두 사람은 지속적인 운동 습관을 형성하기 위해 개인 트레이너와 함께 주 3회 운동하는 한 달짜리 프로그램을 시작했다. 레이철과 페르난도는 목표를 향해 똑같은 방법을 선택했기에, 그들이 성공할 가능성도 동등해 보인다.

그런데 레이철의 트레이너는 페르난도의 트레이너와 다른 철학을 갖고 있다. 그는 엄격한 루틴의 실천이야말로 운동을 습관으로 바꾸는 최고의 방법이라고 믿는다. 그는 레이철에게 좋아하는 운동 시간을 선택하게 하고, 그 시간에 맞춰 일주일에 3번 만나야 한다고 말한다. 그리고 '규칙적인 레이철'에게 한 달이 지나면 지속적인 습관을 형성하게 될 것이라는 확신을 준다.

레이철처럼 페르난도 역시 자신의 이상적인 하루 운동 시간을 잘 알고 있으며, 개인 트레이너와 함께 운동 계획을 세운다. 그러나 페르난도의 트레이너는 유연성이 중요하다고 믿으며, 매주 3번 운동을 하기만 한다면 운동하는 시점은 중요하지 않다고 생각한다. 그 트레이너는 '유연한 페르난도'에게 헬스장에 방문하는 시점을 다양하게 바꿔 보는 것이 상황에 적응하는 데는 물론 바쁜 와중에 운동 일정을 적절하게 잡는 데도 도움이 된다고 말한다. 그리고 페르난도에게 한 달에 걸쳐 가능할 때마다 일주일에 3번 운동을 하면 지속적인 습관을 형성할 수 있을 것이라는 확신을 준다.

존과 나는 미국 유명 대학의 심리학 교수 수십 명에게 어떤 가상 트레이너의 철학이 더 훌륭한지 물었다. 그들은 분명한 의견 일치를 보였다. 대다수는 엄격한 루틴을 기반으로 헬스장에 방문하는 것이 보다 지속적인 운동 습관으로 이어지리라 예상했다. 존과 나 역시 그렇게 생각했다.

그랬기에 이 예상이 틀렸다는 걸 알았을 때 깜짝 놀랐다.

우리의 예상에는 근거가 있었다. 많은 연구 결과가 지속적인 루틴이 장기적인 습관 형성에 중요하다고 말한다. 이러한 연구에는 앞서 소개한 쥐와 비둘기를 대상으로 했던 B. F. 스키너의 실험도 포함된다. 연구에 따르면, 사람들이 규칙적인 루틴을 갖고 있을 때 꾸준하게 약을 복용할 가능성이 훨씬 더 컸고,[265] 규칙적으로 헬스장에 가는 사람들 대다수가 하루 중 정해진 시간에 운동했다.[266]

또한 습관적 행동에 대한 루틴의 중요성을 분명하게 보여 주는, 팝콘 먹기에 관한 대단히 흥미로운 연구도 있다.[267] 습관 전문가 웬디 우드Wendy Wood는 영화관에 가는 사람들을 모아서 일련의 단편영화를 보고 평가하게 했다. 이들은 웬디가 영화에 대한 취향을 연구하는 것으로 알고 있었기에 영화관에서 팝콘 상자를 무료로 나눠줬을 때, 이를 그들의 시간과 의견을 공유해 준 것에 대한 감사의 표시 정도로 여겼다.

그러나 사실 이 연구는 팝콘에 관한 것이었다. 피실험자들에게 나눠 준 팝콘 상자의 일부에는 버터향이 나는 신선한 팝콘이 들어 있었다. 그러나 일부 피실험자의 팝콘 상자에는 바삭함과 버터향이 모두 사라진 지 오래된 팝콘이 들어 있었다. 당연하게도 사람들은 신선한 팝콘과 오래된 팝콘을 쉽게 구분했고, 오래된 팝콘은 역겨워했다. 평상시 영화관에서 영화를 볼 때 팝콘을 먹지 않던 사람들은 지극히 이성적으로 행동했다. 그들 중 맛없는 팝콘을 받은 이는 이를 먹지 않고 내버려 두었고, 운 좋게 신선한 팝콘을 받은 이는 기쁜 마음으로 이를 먹어 치웠다.

여기서 흥미로운 점은, 평상시 영화관에서 영화를 볼 때 '항상' 팝콘을 먹었던 피실험자들의 경우, 해당 실험에서 그들이 받은 팝콘이 신선한 것이든 아니든 간에 상관없이 동일한 양의 팝콘을 먹었다는 사실이다. 그들은 이성적인 판단이 아니라 본능과 습관에 따라 행동했다. 팝콘의 신선함과는 무관하게 그들은 똑같은 양을 먹었다. 그 이유는 그들이 자동조종장치에 따라 행동했기 때문이다. 그들에게 영화관은 팝콘을 먹을 시간임을 알려 주는 신호였다. 그래서 그들은 아무 생각 없이 팝콘을 먹은 것이다.

습관을 자극하는 신호와 무의식적인 행동 사이의 이 같은 연결 고리를 분명하게 확인하기 위해, 웬디 연구팀은 똑같은 실험을 다른 환경에서 다시 실행했다. 이번에는 영화관이 아니라 연구실 안에서 피실험자들에게 뮤직비디오를 시청하게 했다. 결과가 어땠을까? 달랐다. 영화관에서 항상 팝콘을 먹던 사람들도 이번 실험에서는 팝콘을 먹지 않는 사람들과 똑같이 행동했다. 일반적이고 반복적인 방식으로 팝콘을 마주하지 않았기에, 그들의 자동조종장치는 일주일 동안 비닐봉지 안에 들어 있던 눅눅한 팝콘을 먹게 만들지 못했다.

웬디는 내게 이러한 결과에 전혀 놀라지 않았다고 했다.[268] 그녀는 이미 연구를 통해 같은 환경에서(즉, 영화관에서) 일관적으로 행동을 반복하고 이에 대한 보상(즉, 맛있는 팝콘)을 받는 것은 결과적으로 우리가 더는 보상이 없어도 잘 훈련된 방식으로 비슷한 신호에 반응하게 만든다는 사실을 알고 있었다(그래서 일부 사람들은 영화관에서 맛없는 팝콘을 먹은 것이다). 웬디는 이렇게 설명했다. "그러한 신호는 다른 사람이나 물리적 환경, 혹은 하루 중 특정 시간이나 특정 행동이 될 수도 있습니다. 이런 모든 신호는 마음속에서 반응과 연결됩니다."

쥐를 대상으로 한 흥미로운 연구도 이러한 습관 모형과 관련해서 일관되는 증거를 보여 준다. 헤로인에 중독된 쥐는 익숙한 환경에서 그 약을 과잉 주입받을 때, 그리고 익숙하지 않은 환경에서 과잉 주입받을 때 서로 다르게 반응한다.[269] 익숙하지 않은 환경 속에서 헤로인을 과잉 주입받은 쥐의 치사율은 2배나 더 높았다. 그 이유는 뭘까? 일반적인 신호로 둘러싸여 있을 때, 쥐의 몸은 그 약물에 보다 습관적으로 반응한다(이미 만들어진 약물에 대한 내성이 그들을 보호한다). 반면 낯선 환경에서 쥐들의 몸은 약물에 제대로 반응하지 못해 치명적인 요인으로 작용할 수 있다. 이러한 연구 결과는 다소 소름 끼치기는 하지만, 익숙한 환경이 어떻게 포유류가 익숙한 자극에 반응하는 방식에 영향을 미치는지를 생생하게 보여 준다. 익숙한 환경 속에 있을 때 우리는 약물에 대해 보다 습관적으로 반응하고, 팝콘을 먹고, 약을 복용하고, 혹은 운동을 한다. 익숙함이 습관을 키운다.[270]

　이로써 존과 나는, 사람들이 소셜미디어 활용이나 수면, 운동, 약 복용, 학습 과제, 소방 활동, 양육과 관련해서 좋은 습관을 형성하기까지는 일관되고 안정적이며 익숙한 습관을 개발하게 만드는 것이 중요하다고 말할 수 있는 충분한 근거를 갖추게 되었다. 그럼, 레이철과 페르난도의 사례로 돌아가 보자. 우리는 매번 같은 시간에 헬스장에 방문하도록 요구했던 규칙적인 레이철의 트레이너가 탄력성을 무엇보다 중요하게 생각했던 유연한 페르난도의 트레이너보다 지속적인 운동 습관을 구축하는 데 더 많은 도움을 주리라고 믿을 만한 충분한 근거를 마련한 셈이다.

　구글은 직원이 지속적인 운동 습관을 개발하는 데 도움을 주는 아이디어에 많은 관심을 보였다. 그래서 구글의 사내 헬스장에서 우리의 이론을 시험해 볼 수 있게 허락했다.[271] 우리는 미국 전역의 구글 오피스에서 일하는 2,500명 이상의 직원을 대상으로 삼았다.[272] 한 달에 걸쳐 운동에 대한 보상을 조금씩 수정하면서 피실험자들이 얼마나 자주 헬스장에 방문하는지 확인했다. 또 그 이후로도 한 달간의 개입이 얼마나 지속적인 영향을 미치는지 알아보기 위해 약 40주 동안 세밀하게 확인했다. 운동 습관의 규칙성에 보상을 주는 것이 '지속적인' 변화의 핵심인지를 확인하고자 개발한 테스트였다.

　실험은 다음처럼 진행되었다. 우리는 일부 직원에게 하루 중 똑같은 시간에 운동할 때 돈을 지급했다. 또 다른 일부 직원에게는 언제든 운동할 때 조금 더 적은 금액을 지급했다.[273] 우리는 연구 설계를 기반으로 규칙적인 레이철처럼 행동하도록 무작위로 할당된 사람들(하루 중 똑같은 시간에 지속적으로 운동한 사람들)과 유연한 페르난도처럼 운동하게 한 사람들(레이철과 일주일에 똑같은 횟수만큼 운동하지만 그 시간은 탄력적이었던 사람들)을 비교했다.

데이터가 나왔을 때, 우리는 엄격하고 규칙적인 습관의 힘을 뒷받침하는 증거를 보게 되리라 확신했다. 그러나 우리의 예상이 빗나간 것을 알고는 놀라지 않을 수 없었다.

우리의 논리적 실수를 설명하기에 앞서, 잠시 해명하고자 한다. 우리의 예상이 '완전히' 어긋난 것은 아니었다. 하루 중 똑같은 시간에 운동할 때 보상받은 직원들은 실제로 계획된 시간에 운동하는 '더 지속적인' 습관을 형성했다. 운동 습관 형성을 위한 한 달 프로그램이 끝났을 때, 규칙적으로 운동할 때 보상받았던 직원들은 하고 싶을 때 운동해서 보상받았던 직원들보다 조금 더 자주 규칙적인 시간에 헬스장에 들렀다.

그러나 아주 놀라운 사실은 따로 있었다. 정해진 시간에 헬스장에 방문하게 했던 구글러(규칙적인 레이철)들은 오직 정확한 시간에 운동하는 습관이 형성되었다는 것이다. 의도치 않게 우리가 그들을 융통성 없는 로봇으로, 즉 규칙적인 레이철을 "엄격한 레이철"로 바꾸고 만 것이다. 규칙적인 시간에 헬스장에 갈 수 없게 되면, 엄격한 레이철들은 실험 기간은 물론 실험이 끝난 이후에도 헬스장에 가지 않았다. 반면 보다 유연한 일정으로 운동할 때 보상을 받았던 구글러들은 실험 기간과 실험이 끝난 이후에도 그들이 가장 편하다고 말한 시간뿐 아니라, '다른' 시간에도 더 많이 운동했다. 그들은 원래 계획이 어긋날 때에도 헬스장에 가는 방법을 아주 분명하게 배웠고, 이것이 전반적으로 '더욱 지속적인' 운동 습관 형성에 기여했다.

이러한 결과는 처음엔 나뿐만 아니라, 많은 학자와 내가 이를 주제로 프레젠테이션을 했던 여러 기업 청중을 놀라게 했다(나는 세미나에서 사람들에게 결과를 예측해 보라고 했고, 대부분이 틀렸음을 알렸다). 하지만 나는 이것이 내가 지금껏 수행해 온 연구 중에서 대단히 중요한 성과였다고 생각한다.

물론 안정적인 루틴 개발이야말로 습관 형성의 열쇠다. 그러나 '가장 지속적인' 습관을 형성하고자 한다면, 힘든 상황에 적응하는 법을 배워야 한다. 그래서 삶이 우리에게 커브를 던질 때에도 유연하게 받아칠 수 있어야 한다. 지나친 엄격함은 좋은 습관의 적이다.

당신이 지금 일상에서 명상 습관을 들이기 위해 노력한다고 하자. 명상을 위한 구체적인 시간과 장소를 정하는 것이 이상적이다. 가령 점심을 먹은 후 사무실에서 명상을 하기로 정한다. 지난 장에서 논의했던 것처럼, 계획 수립은 실행을 상기시키는 데 도움을 준다. 그리고 습관에 관한 연구는 똑같은 시간에 똑같은 장소에서 반복적으로 명상하고, 이에 대해 스스로 보상함으로써 명상을 보다 자동적인 활동으로 만들 수 있다는 사실을 보여 준다. 하지만 때로 점심 후에 사무실에서 명상을 하기 힘들 수도 있다. 외부에서 고객과 점심 미팅을 해야 할 수도 있고, 혹은 점심시간을 이용해서 병원에 가야 할 수도 있다. 다만 내가 존과 함께 수행했던 연구 결과는 어떤 상황에 처하든 유연한 방식으로 명상하는 방법을 발견하고, 이에 대해 자신에게 보상을 한다면 명상 습관이 더욱 확고하게 자리 잡는다는 사실을 보여 줬다. 일상적인 습관 속에서 유연성을 강화할 때, 자동조종장치의 힘은 더욱 강력해진다. 그렇게 되면 이상적인 환경이 아니더라도 어떻게든 명상을 할 수 있게 된다. 보다 지속적인 강력한 습관을 구축할 수 있다는 말이다.

존과 함께한 연구 결과에 대해 더 깊이 생각할수록, 좋은 습관을 개발하는 데 유연성이 중요하다는 사실을 내가 오래전부터 무의식적으로 알고 있었다는 걸 깨달았다. 테니스 선수였던 십 대 시절에, 나는 그러한 암묵적인 통찰을 일상적인 훈련에 적용했다. 테니스 코트에서 포핸드와 백핸드가 제2의 본성이 될 때까지 훈련하는 동안, 항상 똑같은 방식으로 스트로크를 연습한 건 아니었다. 물론 이상적인 상황(공이 내게 똑바로 날아오고, 내가 준비할 시간이 있을 때)에서 수많은 공을 때렸다. 그러나 동시에 다양한 상황에서, 즉 베이스라인 뒤에서, 뜬 공을 처리하기 위해 네트에서 뒤로 달려가면서, 짧은 공을 처리하기 위해 앞으로 달려가면서, 스트로크를 하기 위해 노력했다. 이처럼 다양한 상황에서 스트로크 훈련을 한 덕에, 나는 시합 중에 어떤 상황에서라도 편안하게 공을 때릴 수 있게 되었다. 그와 똑같은 교훈이 모든 습관에도 통한다. 이상적인 환경에서만 훈련한다면, 보다 유연하게

단련된 습관만큼 유용하거나 강력하지 못할 수 있다.

나는 좋은 습관을 정교하게 구축한다면, 내적인 게으름을 활용함으로써 행동에 긍정적인 변화를 줄 수 있다고 확신한다. 그러나 자동조종장치를 기반으로 좋은 행동을 하기 위해서는 오직 한 가지 구체적인 방식으로만 훈련해서는 안 된다. 확실한 것은 어떤 환경에 있더라도 최고의 의사결정을 내릴 수 있도록 훈련할 때 가장 탄력적이고 강력한 습관을 형성할 수 있다는 점이다.

매일매일

우리 모두는 벤저민 프랭클린을 미국 건국의 아버지이자 철학자, 과학자, 저술가, 화가 그리고 연을 통해 번개가 전기임을 확인했던 인물로 알고 있다. 특히 내가 연구하고 있는 펜실베이니아 대학을 설립했다는 점에서, 한편으로 아주 박식한 행동과학자였다는 점에서, 나는 그를 존경한다("서두르면 일을 망친다" 혹은 "훌륭한 행동이 훌륭한 말보다 낫다" 같은 말에 누가 이의를 제기하겠는가).

그러나 프랭클린은 십 대 후반 런던에서 몇 년을 방탕하게 보냈다.[274] 그는 술집에 드나들며 유흥에 탐닉했다. 그런 생활을 청산한 것은 자신의 고향인 필라델피아로 돌아가는 여행에서였다. 당시 그가 탄 배가 반대 방향의 해류를 만나면서 몇 주의 여정이 두 달 넘게 길어졌고, 알려진 바에 따르면 그 기간 프랭클린은 자신의 인생을 바꾼 계획을 수립했다.

젊은 프랭클린이 새로운 시작을 결심하는 데 사색을 위한 여유 시간이 도움을 준 것은 분명하다. 그는 생산적이고 충만한 삶으로 이어지게 될 일련의 덕목을 개발하기 위해 치밀한 계획을 세웠다. 올바른 행동을 습관으로 전환하기 위해, 프랭클린은 열세 가지 덕목(절제, 침묵, 정돈, 단호함, 절약, 근면, 성실, 정의, 온건, 청결, 차분함, 순결, 겸손)의 실천에서 성공과 실패를 추적하기 위한 도표 시스템을 만들었다. 그는 실패할 때는 검은 표시를 했고, 성공할 때는 아무 표시도 하지 않았다. 역사가 말해 주듯, 프랭클린은 결국 성공했다. 조심스럽긴 하지만, 아마도 그 과정에서 그가 만든 도표도 어느 정도 성공에 기여했을 것이다.

약 300년의 세월이 흘러, 코미디언 제리 사인펠드Jerry Seinfeld[275]도 그와 비슷한 결심을 했다. 대부분의 평범한 농담 중에서 가장 좋은 하나를 만들어 내려면 많은 시도가 필요했다. 그래서 사인펠드는 매일 새로운 농담을 만들기로 결심했다. 그리고 프랭클린이 그랬던 것처럼 발전 상황을 도표로 그렸다. 사인펠드의 신조는 이런 것이었다. "좋은 흐름을 깨지 말자."

벤 프랭클린과 제리 사인펠드는 여러 가지 이유로 흥미로운 연구 사례다. 첫째, 두 사람 모두 습관의 힘을 이해했고, 새로운 습관을 창조하기 위해서는 행동을 계속 반복해야 한다는 사실을 알았다. 둘째,

두 사람은 자신의 노력을 치밀하게 '추적'했다. 꾸준한 운동과 농담 만들기, 혹은 자신이 정한 덕목을 추적하는 것이 행동 변화의 가능성을 키운다는 건 연구로도 증명됐다.[276] 특정 행동이 제2의 본성이 될 때까지 그 행동을 실천하는 것을 기억하게끔 돕기 때문이다. 성공했을 땐 축하하고, 실패했을 땐 자신에게 책임을 지우는 것 역시 좋은 방법이다. 성공과 실패에 직면할 때, 우리는 자연스럽게 성공에 대해서는 자부심을, 실패에 대해서는 수치심을 느끼게 된다.

또한 벤저민 프랭클린과 제리 사인펠드는 루틴의 과정에서 잊어버리는 실수를 크게 걱정했다. 최근 연구 결과, 어떤 행동을 습관으로 만들고자 할 때 짧은 잊어버림 이상의 모든 실수(말하자면, 헬스장을 1번이 아니라 여러 번 가지 않는 것)가 대단히 치명적일 수 있다는 사실이 드러났다.[277] 좋은 흐름을 깨지 말자는 사인펠드의 신조는 영리한 전략이다. 이는 '28일 피임 프로그램' 뒤에 숨은 논리도 설명해 준다. 과학적으로 따지면, 피임약 복용은 28일 월경 주기 중 첫 21일에만 필요하다. 그러나 대부분의 피임 프로그램 안에는 21개의 호르몬 알약과 함께 7개의 설탕 알약이 포함되어 있다. 이는 피임 프로그램을 따르는 사람들이 실제로 약이 필요 없는 일주일 동안에도 피임약을 복용하는 습관에서 벗어나지 않도록 하기 위해서다. 더 나은 피임은 단 1번만 복용하는 방식이 되겠지만(대상포진 백신처럼, 그러나 되돌릴 수 있는), 차선책은 매일 복용하는 것이다.[278]

이번 장에서 당신이 꼭 기억하길 바라는 중요한 교훈은 바로 이것이다. 인간의 내재적 게으름에서 비롯되는 모든 문제에 대한 이상적인 해결책은 단일 복용 해결책, 즉 디폴트. 당신이 설정하고 잊어버리기를 할 수 있다면 모든 변화를 대단히 쉽게 이뤄 낼 수 있다.[279]

안타까운 것은, 우리가 일회성 해결책에만 의존할 수 없다는 것이다. 게으름이 불리하게 작용하고 디폴트를 통해 지속적인 변화를 만들어 낼 수 없을 때(우리를 괴롭히는 것을 치료하기 위한 일회성 백신이 없을 때), 차선책은 습관을 개발하는 것이다. 습관을 개발한다는 말은 반복이나 훈련을 기반으로 각각의 성공에 스스로 보상해 줌으로써 익숙한 신호에 지속적인 반응을 이끌어 낸다는 의미다.

새롭게 알려진 흥미로운 연구 결과도 있다. 규칙적으로 시작하기를 원하는 것(팔굽혀펴기나 과일 먹기 같은)을 이미 습관적으로 하고 있는 것(모닝커피를 마시거나 출근하기 같은)과 연결함으로써 새로운 습관을 오래된 습관 위에 얹을 수 있다는 사실이다. 소규모로 진행되긴 했으나 큰 가능성을 보여 주는 최근의 한 연구에서, 치간 칫솔을 사용하는 습관을 시작하려는 사람들은 양치 이전이 아니라 양치 '이후에' 치간 칫솔을 사용하게 할 때, 더욱 성공적인 것으로 드러났다.[280] 신호의 위력을 고려하면, 칫솔을 칫솔꽂이에 도로 집어넣는 행동이 치간 칫솔을 사용하도록 자극하는 신호로 작용했다는 사실을 이해할 수 있다. 새로운 습관이 오래된 습관 위에 올라탄 것이다.

나는 이 전략을 몸소 체험했다. 출산 이후 너무 정신이 없어서 헬스장에 갈 여유조차 없을 때, 나는 새로운 운동 습관을 개발해야겠다고 생각했다. 그래서 이미 잘 구축되어 있던 아침 샤워 루틴 위에 7분짜리 운동을 얹었다. 덕분에 나는 거의 하루도 빼먹지 않고 운동을 할 수 있었다.

습관으로 전환하고 싶은 새로운 행동을 이미 삶에 존재하는 다른 습관과 연결함으로써, 우리는 습관 형성에 중요한 초기 단계에서 한결 쉽게 그것을 실행할 수 있다. 성과를 추적하고 성공할 때 자신에게 보상해 주면, 흐름을 그대로 유지하는 한편 루틴에 탄력성을 더함으로써 과정에서 만나는 모든 장애물을 극복하는 데도 도움이 된다.

이러한 통찰력을 얻었다면, 우리는 게으름을 거꾸로 뒤집을 수 있다. 변화를 추구할 때 발목을 잡아끄는 최소 저항의 길은 오히려 우리의 자산이 될 수 있다.

요약

- 게으름, 혹은 최소 저항의 길을 따르려는 인간의 성향은 변화를 가로막는 장애물이 될 수 있다.

- 디폴트는 우리가 다른 선택지를 적극적으로 고르지 않을 때 얻게 되는 결과를 뜻한다(가령 새로 산 컴퓨터의 기본 설정). 디폴트를 현명하게 선택하면(가령 브라우저 홈페이지를 페이스북 대신 업무용 이메일 페이지로 설정하는 것처럼), 우리는 게으름을 변화(가령 소셜미디어에 쏟는 시간을 줄이는 일처럼)를 촉진하는 자산으로 전환할 수 있다.

- 습관은 행동에서 디폴트 설정과 같다. 습관은 좋은 행동이 자동조종장치에 따라 일어나게 만든다. 익숙한 환경에서 특정 행동을 더 많이 반복하고 더 많이 보상(칭찬이나 안심, 즐거움, 혹은 현금)받을 때, 우리의 반응은 이러한 환경에서 더욱 습관적으로 자동화된다.

- 지나친 엄격함은 좋은 습관의 적이다. 루틴 속에서 탄력성을 허용함으로써 우리는 자동조종장치를 유연하게 만들 수 있다. 그럴 때, 우리는 이상적이지 않은 환경에서도 지속적으로 반응하게 되며, 전체적으로 보다 '지속적'이고 강력한 습관을 형성하게 된다.

- 자신의 행동을 추적함으로써 습관 형성을 강화할 수 있다.

이는 실행을 잊어버리지 않게 만들고, 성공에 대해 축하하고 실패에 대해 자신에게 책임을 갖게 만든다.

- 좋은 흐름을 깨지 말자. 습관을 행동으로 만들고자 할 때 짧은 잊어버림 이상의 모든 실수는 새로운 습관의 형성을 방해하거나 기존 습관을 망가뜨린다.

- 새로운 습관을 기존 습관 위에 얹음으로써 습관을 형성할 수 있다. 규칙적으로 시작하려는 행동을 이미 습관적으로 하고 있는 행동과 연결하자.

Chapter 6

자신감 부족

2007년 박사과정을 밟고 있던 어느 날, 나는 지도교수님이던 맥스 베이저먼Max Bazerman의 사무실을 찾았다. 처진 어깨와 낙담한 표정이 당시 내가 얼마나 절망적인지를 그대로 드러내 보였을 것이다. 나는 맥스 교수님의 지도 아래 지난 2년 동안 공들여 논문을 작성했다. 그러나 학술지로부터 승인을 받지 못했고, 그럼에도 모든 학자가 가장 두려워하는 '거절'이라는 도장이 찍힌 상태로 교수님께 논문을 내밀어야 했다. 거기에는 이 분야의 전문가 3명의 언급이 담겨 있었는데, 그들은 내 연구의 많은 결함을 지적했다. 나는 한숨을 내쉬며 교수님께 말했다. "발표는 어렵게 되었습니다."[281]

교수님의 조언을 기다리며 나는 사무실을 둘러봤다. 책장을 가득 메운 오래된 학술지에는 별다른 게 없었지만, 사무실 벽 한쪽에 걸린 바닥부터 천장에 이르는 높이의 거대한 포스터가 눈에 띄었다. 그것은 교수님의 제자가 50번째 그의 생일을 기념하여 선물한 일종의 학술 '가계도'였다. 맨 위에는 맥스 교수님의 이름이 장식되어 있었고, 그 아래로 뻗은 12개의 가지엔 그가 가르쳤던 세계적인 학자들의 이름이, 그 아래로는 그들의 제자 그리고 다시 제자의 제자로 가지를 치고 있었다. 그 학술 가계도에 오른 인물들은 이제 하버드, 컬럼비아, NYU, 스탠퍼드, 듀크, 코넬, UCLA, 버클리, 노스웨스턴 등 권위 있는 대학의 중진 교수로 활동하고 있다(특이하게도 남성이 지배하는 이 분야에서 그의 제자들 대부분은 여성이다).[282] 나 역시 언젠가는 교수님의 가계도에 성공적인 제자로 이름을 올릴 수 있기를 바랐지만, 이번의 실패로 인해 과연 그럴 수 있을까 하는 의문이 들었다.

나는 최악의 상황을 예상했다. 교수님은 내게 그 논문을 포기하고 새롭게 시작하라고 말씀하실 것 같았다. 하지만 맥스 교수님은 의자에 등을 기대며 차분하고 온화한 미소를 지어 보였다. 언제나 그렇듯 그는 편안하고 객관적인 어투로 내 연구는 충분히 훌륭하며, 그렇기에 당연히 발표를 해야 한다고 말씀하셨다. 그러면서 한 번 더 도전할 것을 강조하셨다. "48시간 동안 최선을 다해 지적받은 부분을 수정한 뒤 다른 학술지에 보내 보게. 최악의 선택은 낙담해서 아무것도 하지 않는 거야."

다소 놀라웠지만 한편으로 다행이라는 생각이 들어, 나는 그러겠노라고 답했다. 교수님은 밝은 미소로 화답하셨다. "좋아!"

그로부터 2년이 흘러 내가 조교수로 와튼 스쿨에 들어왔을 때(그 논문을 성공적으로 발표하고 난 뒤), 당시의 고무적인 경험은 먼 기억의 일부로만 남아 있었다. 나는 학생들에게 조언을 주는 것을 무엇보다 중요하게 생각했다. 내 지도를 받으며 공부하는 대학원생들 모두가 잠재력을 실현할 수 있게 돕고 싶었다. 그러나 머지않아, 장애물과 맞닥뜨리게 되었다. 첫해 초반, 내가 지도하는 많은 박사과정 학생들이 불행해하며, 충분한 성공을 거두지 못하고 있다는 걸 알게 되었다. 화려한 추천장과 인상적인 성적, 하늘을 찌를 듯한 포부를 지닌 채 박사과정에 들어온 재능 있는 학생들조차 자신의 연구에 대한 비판에 직면하면 좌절했다. 그리고 그중 많은 이가 다시 일어서지 못했다. 몇 년이 흐른 뒤, 나는 이러한 패턴이 학계에 만연하다는 사실을 깨달았다. 얼마 전 발표된 한 설문조사는 앞서가는 사회과학 박사과정 프로그램에 있는 학생들의 평균적인 정신건강 상태가 미국 교도소 수감자들의 상태와 비슷하다는 사실을 보여 줬다![283]

나는 맥스 교수님께 연락해 그에게 어떤 비법이 있는지 물었다. 내가 그의 교수법을 받아들일 수 있다면 더 많은 와튼 스쿨 학생들이 학계의 스타가 되도록 도움을 줄 수 있으리라 확신했다. 나는 그에게 보낸 2012년 이메일[284]에 이렇게 썼다. "제 내면에 있는 컴퓨터 과학자는 교수님께서 그동안 많은 도움을 얻었던(혹은 효과가 없는 것으로 드러났던) 어떤 알고리즘이나 '경험 법칙'이 있을 거라고 말합니다."

교수님의 대답은 항상 그렇듯 겸손하면서도 다소 실망스러웠다. 칭송에 대해서는 감사하지만 확실한 비법 같은 건 없다는 말씀이었다. 물론 박사과정 학생들이 더 많은 것을 성취하도록 도움을 줄 수 있는 몇 가지 팁을 제시해 주시긴 했지만, 그의 메시지 핵심은 단지 훌륭한 학생들이 자신을 찾아왔다는 것이었다. 그리고 교수님은 이렇게 말씀하셨다. "나는 아주 똑똑한 학생에서부터 정말로 대단한 학생에 이르기까지 훌륭한 인재들과 함께 연구했다네."[285] 교수님 생각에는, 자신을 그토록 유능하게 보이도록 만든 것은 그의 뛰어난 조언이 아니라 다만 뛰어난 재능을 지닌 학생들이었던 것이다.

나는 교수님으로부터 내가 배울 수 있는 전략이 없다는 사실을 믿을 수 없었다. 그래서 그가 말해 준 팁들을 종합하고 거기에 내가 관찰한 것들을 보충해서 최고의 실천 목록을 작성했다. 보통 교수님은 며칠이 아니라 몇 시간 만에 답장을 해 주셨다. 그리고 초안도 빨리 읽어 주셨고, 그것을 고치고 개선하는 방법에 대한 소중한 조언도 제시해 주셨다. 나 역시 그럴 수 있었다. 다음으로 교수님은 주간 모임을 열어서 학생들이 그들의 연구에 관한 피드백을 서로 공유할 수 있게 하셨다. 또한 저녁에는 다른 교수들을 초대해서 학생들에게 그 분야의 리더를 소개시켜 주셨다. 교수님은 박사과정 세미나에도 참여하고, 중요한 연구를 공유하면서 왜 그것이 중요한지를 자세하게 설명해 주셨다. 이러한 것들 모두 내가 할 수 있는 일이었다. 그렇게 보면, 더 많은 박사과정 학생들이 지속적으로 동기를 부여받고 목표를 달성할 수 있도록 도움을 주는 일이 그리 힘든 것은 아닐 것이었다.

그러나 다른 지도교수들과 많은 시간을 보내면서 나는 그들 역시 그러한 노력을 하고 있다는 사실을 발견했다. 내가 작성했던 성공을 위한 실천 목록은 왜 맥스 교수님의 학생들이 그토록 놀라운 성공을 거뒀는지, 또 어떻게 그를 최고의 스승으로 만들어 주었는지에 대해서는 설명하지 못했다.

게다가 단지 훌륭한 학생들이 교수님을 선택했을 뿐이라는 설명도 그대로 받아들일 수 없었다. 나는 교수님이 자신의 30년 경력에서 받아들이기를 거절한 학생은 단 2명에 불과하다는 사실을 알고 있었다. 그리고 교수님을 선택했던 야심 찬 학생 모두가, 많은 이가 실패하는 분야에서 탁월한 가르침 없이도 성공할 만큼의 재능과 확신, 용기를 이미 갖추고 있었다고 보기에도 힘들었다. 맥스 교수님에게는 틀림없이 무언가가 있었다.

조언을 원하는가?

당신은 지금 친척 모임에 와 있다. 이모나 사촌들과 이야기를 나누고 있는데, 당신의 세 살짜리 아이가 다른 아이의 장난감을 빼앗고 그를 때렸다. 얼른 달려가 아이들을 떼어 놓고 나자 사촌 베티가 다가와 당신에게 이렇게 말한다. "이런 문제는 좀 더 잘 다뤄야 해." 그러고는 아이를 훈육하는 방법에 관해 계속해서 조언한다. 그럴 때 어떤 느낌이 들겠는가? 아마도 사촌의 조언이 그리 달갑지만은 않을 것이다. 기분이 상하거나 짜증이 나거나, 혹은 둘 다일 수도 있다. 가르침을 받는 걸 좋아하는 사람은 없으니까.

아이러니한 사실은, 우리 모두에게 이처럼 원치 않는 조언을 받는 일에 대한 언짢은 기억이 있음에도, 우리 모두가 어떤 상황에서 사촌 베티처럼 행동한다는 것이다. 누군가가 목표 달성에 어려움을 겪고 있는 모습을 볼 때 조언을 주고 싶은 건 인지상정이다. 상대가 요구하든 아니든, 우리는 그들이 원하는 것은 그러한 조언이리라 짐작한다.

몇 년 전, 나는 이러한 문제에 대한 해답을 찾았다고 생각하는 대학원생을 만났다. 전직 피아니스트이자 아이비리그 대학에 다녔던 로렌 에스크라이스-윈클러Lauren Eskreis-Winkler는 언제나 높은 성취를 이뤄왔는데, 주변의 재능 있는 많은 동료가 목표 달성에 어려움을 겪고 있다는 사실을 알고 당혹스러웠다. 그래서 심리학 박사과정[286] 시절, 최고 성과자와 나머지를 구분하는 기준을 알아내고자 데이터를 수집하기 시작했다. 그녀는 더 많은 돈을 저축하고, 살을 빼고, 감정을 다스리고, 구직을 위해 애쓰고 있는 미국인을 대상으로 설문조사를 실시했다.[287] 또한 애플랙Aflac(말하는 오리가 등장하는 독특한 광고로 유명한 보험회사)의 영업사원은 물론, 필라델피아와 뉴저지 그리고 마케도니아 지역의 고등학생들까지 면담했다. 그녀는 이들 모두에게 직장, 가정 그리고 학교에서 더 많은 성과를 거두게끔 동기를 부여하는 것이 무엇인지 물었다.

로렌은 그렇게 구한 데이터를 면밀하게 분석하는 과정에서 놀라운 사실을 발견했다. 사람들은 모두 성공을 위한 좋은 아이디어를 갖고 있었다. 실적이 저조한 영업사원이든 성적이 좋지 않은 학생과 실업자든, 심지어 돈을 헤프게 써버려 저축이 어려운 사람이든, 그들 모두 자신이 처한 상황을 개선할 수 있는 현명한 전략을 제시했다. 가령 학생들은 평범한 방법(공부할 때는 휴대전화 끄기)부터 창조적인 방법(사탕을 과제 맨 밑에 놓아두고 끝냈을 때 먹기)에 이르기까지 다양한 아이디어를 제시했다. 돈 문제로 어려움을 겪고 있는 이들은 '신용카드는 사용하지 않기'를, 실업자들은 '이력서를 계속 업데이트해서 항상 들고 다니기'를 제안했다. 모두가 자신의 문제를 해결하기 위해서 무엇을 해야 할지를 잘 알고 있었다. 다만 실천하지 않을 뿐이었다.

로렌은 그들이 실천하지 않는 것이 지식의 부족 때문이 아니라, 자기 의심(전설적인 스탠퍼드 심리학자 앨버트 반두라Albert Bandura가 "자기효능감 결핍lack of self-efficacy"이라고 언급했던)[288] 때문임을 알게 되었다. 자기효능감이란 자신의 행동과 동기, 사회적 환경을 스스로 통제할 수 있다고 생각하는 개인적인 믿음을 의미한다.[289] 앞에서 나는 지나친 확신의 영향력과 그것이 어떻게 목표 달성을 방해하는지에 대해 이야기했다. 그러나 이번에는 그 반대다. 목표를 성취하려는 사람들은 때로 확신이 부족해서 어려움을 겪는다. 실제로 자기효능감이 결핍되었을 때, 우리는 아예 목표를 세우지도 못한다.

당신은 아마도 삶에서 그러한 경험, 즉 당면과제가 너무나 벅차 보여서 자신의 능력을 완전히 발휘하지 못했던 때를 떠올릴 수 있을 것이다. 어쩌면 장거리 달리기는 하지만 42.195km는 달릴 자신이 없어서 마라톤에는 한 번도 도전해 보지 않았을지 모른다. 어쩌면 당신의 동료는 회의 중 자신의 발언을 다른 사람이 중요하게 받아들이지 않을까 봐 입을 다물고 있는지도 모른다.

연구 결과는 우리에게 분명한 사실을 말해 준다. 자신에게 변화의 힘이 있다고 믿지 않으면, 충분히 좋은 성과를 얻지 못한다는 것이다.[290] 한 연구에 따르면, 다이어트를 할 때 자신의 식습관이나 운동 습관을 바꿀 수 있으리라 확신한 사람이 그렇지 않은 사람보다 다이어트에 성공할 확률이 높았다.[291] 마찬가지로 또 다른 연구는 과학 및 공학 학부생들 중에서 자기효능감이 더 높은 학생들이 더 높은 학점을 받고, 전공을 중도에 포기하는 비율도 낮다는 걸 보여 줬다.[292]

물론 어떤 목표는 대부분의 사람이 현실적으로 도달할 수 없는 것이다. 가령 토니 모리슨이나 마리 퀴리, 빌 게이츠 같은 인물이 되겠다는 목표가 그렇다. 그러나 많은 이가 외국어 배우기나 다이어트처럼 훨씬 더 현실적인 목표를 추구한다. 따라서 좌절의 순간에도 계속해서 앞으로 나아가도록 자신감을 불어넣어 주는 것인 무엇인지, 어떻게 다른 사람에게 확신을 심어 줄 수 있는지를 이해하는 것은 변화를 희망하고 또 다른 사람이 변화하도록 도움을 주고자 하는 모든 이에게 대단히 중요한 것이다.

로렌은 이러한 이해를 통해 창조적인 아이디어를 떠올렸다. 우리는 다른 사람의 변화를 가로막는 장애물이 대개 '무지'라고 생각하기에, 이 문제를 해결하기 위한 조언을 하려 든다. 하지만 원인이 무지가 아니라, 확신의 결핍이라면? 또 요청받지 않은 우리의 조언이 오히려 상황을 더 악화시킬 뿐이라면?

로렌은 심리학자로서 사람들이 다른 사람의 행동으로부터 암묵적인 메시지를 재빨리 추론한다는 사실을 알고 있었다.[293] 그러한 메시지가 전혀 의도한 것이 아니라고 해도 말이다. 그녀는 우리가 조언을 주는 과정에서 상대가 혼자서는 성공하지 못하리라 생각한다는 걸 무심결에 전달할 수 있다는 사실을 깨달았다. 이는 상대가 너무 무력하기에 자신이 건네는 간단한 조언이 그들의 문제를 해결하고자 노력하면서 배우게 될 모든 것보다 더 가치가 있을 것이라는 의미로 전달될 수도 있다. 로렌은 이렇게 물음을 던졌다. 우리가 대본을 거꾸로 뒤집는다면?

조언을 주는 것이 오히려 상대방의 확신을 무너뜨릴 수 있다면, 반대로 상대방에게 조언을 달라고 요청하는 것이 더 좋은 접근방식이 될 수 있다. 우리는 상대방에게 그들의 지혜를 공유해 달라고 요구함으로써, 그들이 똑똑하고 타인을 도울 능력을 가지고 있고, 훌륭한 롤모델이며, 성공적인 유형의 인물이라는 사실을 다시 전달하게 된다. 이를 통해 우리가 그들을 신뢰하고 있음을 보여 줄 수도 있다. 이론적으로, 다른 사람에게 몇 마디의 조언을 써보도록 요청함으로써 그들에게 목표를 성취하기 위한 자신감을 심어 주는 것도 가능하다.

로렌은 달성하지 못한 목표로 씨름 중인 미국인을 대상으로, 지속적인 설문조사를 실시했다. 어떤 이는 저축액을 늘리고자 애쓰고 있었고, 어떤 이는 감정을 통제하고, 살을 빼고, 새로운 일자리를 찾기 위해 노력 중이었다. 여기서 그녀는 두 가지 사실을 반복해서 발견했다. 첫째, 직접 물은 결과 대부분의 사람은 조언을 주는 것보다 받는 것이 더 많은 동기를 부여하리라 예상했다.[294] 왜 우리 모두가 그토록 자주 원치 않는 조언의 대상이 되는지 알 수 있는 대목이다. 그러나 통제 실험을 기반으로 이러한 생각의 타당성을 검토했을 때, 로렌은 그것이 틀렸다는 걸 확인했다. 그녀의 예상대로, 목표를 추구하는 사람에게 조언을 요청했을 때 그들은 똑같은 수준의 조언을 들었을 때보다 더 많은 동기를 부여받았다고 느꼈다.

물론 동기부여가 곧바로 행동 변화로 이어지는 것은 아니다. 로렌의 아이디어가 사람들이 목표를 달성하는 데 실질적인 도움을 주지 못할 수도 있다. 그러나 실험을 보다 대규모로 진행해 볼 가치는 충분히 있어 보였다. 그래서 2018년 겨울, 나는 로렌과 앤절라 더크워스, 데나 그로밋Dena Gromet과 함께 팀을 이루어서 학생들이 학업 목표를 달성하는 데 도움을 주기 위한 대규모 실험에 착수했다.[295]

새로운 학기가 시작된 지 얼마쯤 지난 실험 당일, 플로리다 지역 고등학교 7곳의 약 2,000명의 학생이 교사와 함께 컴퓨터실로 들어갔다. 우리는 일부 학생에게 간단한 디지털 설문지에 답변하게 했다. 그러나 다른 일부에게는 보다 특별한 과제를 제시했다. 일반적으로 학생들은 학교에서 항상 교사의 조언을 듣는다. "수업에 집중해라." "시험 보기 전에 문제를 더 많이 풀어라." "숙제를 제때 제출해라." 그러나 이번에는 달랐다. 학생들이 조언하게 한 것이다.

이 운 좋은 학생 그룹은 10분간의 온라인 설문조사를 통해, 그들보다 더 어린 동료에게 조언해 달라는 요청을 받았다. 우리는 그들에게 이런 질문을 던졌다. "미루는 습관을 피하려면 무엇이 도움이 될까요?" "어디에 가야 공부에 집중할 수 있을까요?" "학교생활을 더 잘하고 싶어 하는 학생에게 조언을 해 준다면?"

이 설문조사를 마치고 난 뒤, 우리는 그들이 나머지 학기를 자신의 방식대로 보내도록 내버려 뒀다. 그러고 나서 학기 말에 학생들의 수학 성적뿐 아니라(앤절라의 말에 따르면, 아이들은 수학 숙제를 브로콜리를 먹는 것보다 더 싫어한다), 그들이 자신에게 중요하다고 말했던 과목의 성적을 확인했다. 놀랍게도 우리의 전략은 효과가 있는 것으로 드러났다. 단 몇 분간 조언을 했던 학생들이 다른 학생들보다 이들 과목에서 더 좋은 성적을 거둔 것이다.

물론 다른 학생들에게 몇 가지 학업 관련 조언을 준 행동이 C 학점을 받은 학생을 최우수 학생으로 바꾼 것은 아니다. 하지만 그 경험이 모든 측면에서 학생들의 성적을 높인 것은 확실했다. 우수한 학생, 성적이 저조한 학생, 무료급식 대상인 학생, 부유한 가정의 학생들 모두 동료에게 조언을 한 뒤 성적에서 소폭의 향상을 보였다.

게다가 우리는 학생들이 조언을 주는 경험에서 기쁨을 얻었다는 이야기도 들었다. 연구에 참여했던 고등학교 학생들은 교사로부터 한 번도 자신의 지혜를 공유해 달라는 요청을 받은 적이 없었는데, 이번에 그럴 수 있는 기회가 생겨 기뻤다고 했다. 학생들은 기대에 차서 이렇게 물었다. "조만간 다시 한번 할 수 있을까요?"

로렌은 타인에게 주는 조언의 힘에 관한 자신의 연구에 대해 더 깊이 생각할수록, 그것이 더욱 이치에 닿는다는 사실을 깨달았다. 사람들에게 조언을 주도록 요청하는 것은 그들에게 더 많은 것을 기대하고 있다는 의미를 전달하면서, 그들의 확신을 강화시키는 방법이었다. 또한 로렌은 사람들과 면담하면서, 그들 모두가 자신이 겪고 있는 문제를 해결하는 방법에 관한 유용한 조언을 깊이 생각할 여유가 없는 상황에서도 즉흥적으로 이를 만들어 낼 수 있다는 사실을 확인했다. 성과가 낮은 영업사원이나 평범한 학생을 비롯한 다양한 목표 추구자로부터 그녀가 얼마나 많은 조언을 얻었을지 상상해 보라.

이는 어떻게 우리가 다른 사람에게 조언을 줌으로써 스스로 도움을 얻을 수 있는지를 잘 설명해 준다. 또한 인간은 개인적인 경험을 바탕으로 조언을 만들어 내는 경향이 있다. 가령 다이어트에 관한 조언을 요청받았을 때, 채식주의자라면 채식 기반의 방법을 제시할 것이다. 그리고 체형 관리에 관한 질문을 받았을 때, 정신없이 바쁜 경영자라면 효율적인 운동 프로그램을 추천할 것이다. 간단하게 말해서, 다른 사람으로부터 조언을 요청받을 때 우리는 자신이 생각하기에 유용한 방법을 그들에게 권한다. 그리고 다른 사람에게 그러한 조언을 제시한 후에 스스로 실천하지 않으면 자신이 위선자처럼 여겨진다. 심리학에는 "말하는 것을 믿는 효과saying-is-believing effect"[296]라는 개념이 있다. 인지부조화로 인해 다른 사람에게 무언가를 말하고 나면, 그것을 더욱 강력하게 믿으려는 인간의 경향성을 말한다.

2019년, 전설적인 드러머²⁹⁷ 마이크 맨지니Mike Mangini가 나의 팟캐스트에 출연했을 때, 그 역시 조언을 주는 것이 받는 것보다 성공에 더 중요하다고 말했다. 마이크는 스타가 되기 위해 자신에게 필요했던 확신을 어떻게 얻을 수 있었는지 이야기해 주었다. 이제는 전 세계적으로 유명한 헤비메탈 밴드 드림씨어터의 드러머로 활동하게 되었지만, 그는 정상으로 나아가기 위해 직선이 아닌 길을 택했다. 1980년대에 그는 소프트웨어 엔지니어로 일하면서 저녁과 주말 시간을 이용해 끊임없이 드럼 연습을 했다. 그러면서 언젠가는 자신의 목표를 이룰 수 있으리란 작은 소망을 품고 음악 세계에서 중요한 경력을 쌓을 기회를 꿈꿨다.

그러던 어느 날 변화가 일어났다. 함께 연습실을 사용하던 다른 드러머들이 자신을 찾아와 레슨을 해달라는 뜻밖의 요청을 했을 때, 마이크는 새로운 확신을 발견했다. 그렇게 많은 사람이 자신에게 특별한 재능이 있다고 생각한다면, 그것은 사실일 가능성이 컸다. 마이크는 직장을 그만두고 모든 시간을 온전히 드럼에 바쳤다. 오늘날 그는 음악계에서 가장 유명한 드러머 중 하나가 되었다. 그는 '다른 사람들'에게서 받은 조언 요청이 자신의 성공에 크게 기여했다고 말했다.

여기서 이런 의문이 들 것이다. 자신에게 조언을 요청하는 사람이 하나도 없다면? 성공이 자신이 통제할 수 없는 무언가, 즉 다른 사람의 요청에 달려 있다면, 우리는 어떻게 로렌의 통찰력을 기반으로 성공을 향해 나아갈 수 있을까?

좋은 소식은, 타인에게 주는 조언의 힘을 활용할 수 있는 방법이 얼마든지 있다는 것이다. 그중 하나는, 조언 모임을 꾸리는 것이다. 여기서 구성원들은 정기적으로 서로에게 도움을 요청한다. 나는 이 방법이 실질적으로 효과가 있다는 사실을 안다. 그것은 내가 로렌의 연구를 접하기 오래전에 이미 직접 체험했기 때문이다.

2015년으로 돌아가서, 나는 카네기멜론 대학의 경제학자 린다 뱁콕Linda Babcock에게서 여성들이 종종 휴가 파티 계획 세우기나 회의록 작성, 혹은 끝없이 이어지는 위원회 업무 보조와 같은 하찮은 업무에 직면하게 된다는 사실을 배웠다(이러한 현상은 산업 및 문화 전반에 걸쳐 나타나고 있다).[298] 이 같은 운명에서 벗어나기 위해 린다는 4명의 여성 동료와 함께 조언 클럽을 만들었고, 이를 통해 보다 자주 "노"라고 말할 수 있도록 서로 조언했다. 나는 이 같은 아이디어에 강한 인상을 받아서 동료 교수들(모두프 아키놀라Modupe Akinola와 돌리 추그Dolly Chugh)에게 그와 비슷한 클럽을 함께 만들어 보자고 제안했다. 우리는 강의나 연구 과제 이외에 시간을 잡아먹는 일을 의뢰받을 때마다 현명한 결정을 내릴 수 있도록 서로 돕기로 약속했다. 그때부터 우리는 우리 중 한 사람이 강연이나 블로그 기사, 혹은 인터뷰 요청을 받을 때마다, '노 클럽'과 연락을 취해서 그것이 시간을 들일 만큼 가치가 있는지 함께 논의하고, 그렇지 않을 때 정중하면서도 단호하게 거절하는 방법에 대해 서로 조언을 구하고 있다.

노 클럽 멤버들로부터 얻는 조언은 대단히 소중하다. 하지만 나는 내가 제시한 조언으로부터도 많은 도움을 받는다. 동료들이 언제 거절 의사를 밝혀야 할지 결정하도록 돕는 일은 나 스스로 거절 의사를 밝혀야 할 시점을 판단할 수 있다는 자신감을 높여 줬고, 덕분에 시간이 흐를수록 그 클럽에 덜 의존하게 되었다. 또한 나는 말하는 것을 믿는 효과로부터도 상당한 도움을 얻었다. 한번은 전문 분야가 아닌 주제에 대한 강의를 요청받고 고민하던 다른 동료에게 그런 일로 소중한 시간을 낭비하지 말라고 조언했는데, 그 후로 나는 그와 비슷한 요청을 받아들인 나 자신이 우스꽝스럽게 느껴졌다.

당신 역시 자신과 비슷한 목표를 추구하는 친구들과 함께 조언 클럽을 꾸려 보는 방안을 생각해 보라. 서로 요청받은 조언을 주고받을 때, 서로의 자신감을 강화하고 문제 해결에 도움이 되는 아이디어를 발견할 수 있을 것이다. 또 다른 간단한 방법은 도전과제에 직면했을 때, 그 문제를 다른 동료의 문제로 생각해 보는 것이다. 스스로 물어보자 '친구나 동료가 이 문제로 어려움을 겪고 있다면, 나는 어떤 조언을 줄 것인가?' 이를 통해 더 높은 자신감과 지혜를 가지고 문제에 접근할 수 있다.

관리자의 입장에서, 성과가 저조한 직원에게 조언하는 역할을 맡기는 것은 직관에 반하는 것처럼 보일 수 있다. 그러나 이러한 방법을 통해 그들의 성과를 충분히 강화할 수 있다. AA Alcoholics Anonymous (알코올 중독자 모임)처럼, 지속적인 변화를 이룩하는 데 도움을 주기 위해 설계된 효과적인 프로그램이 내부 구성원들에게 서로 조언을 나누도록 격려하는 것은 결코 우연이 아니다. AA에 누군가가 가입할 경우, 기존 회원 중 한 사람이 그 사람의 '후원자'가 된다. 후원자가 단지 신규 회원이 술을 마시지 않도록 돕는 역할만 하는 건 아니다. 타인에게 조언을 주는 것에 관한 로렌의 연구 결과에 따르면, 후원자의 역할이 자기 확신을 강화시켜 스스로 술을 마시지 않는 데도 도움을 준다.[299] 뿐만 아니라, 조언을 제시하고 다른 누군가에게 책임 있는 존재가 되기 위해서 술을 멀리하는 최고의 방법에 관해 신중하게 생각하게 만듦으로써 금주에 대한 자신의 약속을 강화시킨다. 기업과 학교에서 실시하는 멘토링 프로그램 역시 그 설계 의도와는 상관없이 이러한 두 가지 목적에 기여한다.[300]

맥스 베이저먼 교수님의 박사과정 학생일 때의 경험을 돌이켜볼 때, 이제 나는 그가 의식적으로는 아니더라도 적어도 암묵적으로 타인에게 조언을 주는 위력을 이해하고 계셨다는 걸 깨닫게 되었다. 물론 조언을 달라는 요청에, 맥스 교수님은 학생에게 분명하고도 직접적인 조언을 주셨다. 그러나 함부로 조언하시지는 않았으며, 특히 요구받지 않았을 때는 좀처럼 하시지 않았다(학생들이 모르고 있는 기회에 대해 알려 줘야 하는 경우가 아니라면). 맥스 교수님은 학생들이 서로 조언을 공유하는 기회를 더 많이 누리게 하셨다. 게다가 경험 많은 학생이 신입생과 함께 연구하도록 의도적으로 팀을 구성하셨다. 이제 당신도 이해하듯이, 이러한 접근방식은 신입생은 물론 경험 많은 학생에게도 도움을 준다.

나는 로렌에게서 멘토링이 양방향 도로라는 사실을 깨닫게 되면, 긍정적인 변화를 촉진하는 새로운 방법을 얻게 된다는 사실을 배웠다. 그러나 그것만이 내가 배운 전부는 아니다. 로렌은 변화를 추구하는 사람과 상호작용할 때 우리가 '암묵적으로' 전달하게 되는 메시지를 신중히 고려하는 것이 얼마나 중요한지를 이해할 수 있게 해 줬다. 그녀는 이러한 통찰력을 바탕으로 왜 원치 않는 조언이 종종 비판처럼 받아들여지는지를 이해했다. 또한 다른 연구를 통해서 이러한 통찰력이 더 많은 이야기를 들려준다는 사실도 증명했다.

높은 기대

2004년 중반의 어느 날, 보스턴과 콜로라도 지역의 호텔에서 근무하는 84명의 호텔 청소부들은 여느 때처럼 출근했다. 청소부들은 매일 각자 12개가 넘는 객실을 청소하고, 침대 시트를 벗겨내서 새로운 시트로 갈고, 진공청소기로 바닥을 청소하고, 욕실 배수구와 욕조, 타일, 변기를 닦고, 마지막으로 수건과 비누, 샴푸를 교체한다. 그런데 그날은 업무 흐름에 약간의 변화가 있었다. 이들 청소부는 일과를 마치고 난 뒤에 체중과 키, 혈압을 재고 설문조사에 응했다. 그들은 심리학자 알리아 크럼Alia Crum과 그의 스승인 엘런 랭거Ellen Langer가 이

_77_는 연구에 참여하고 있었다.

이번 연구에 자발적으로 참여한 청소부들[301]은 그것이 자신의 건강 및 행복과 관련된 것이라는 건 알았지만, 이들 연구원이 실험 중인 가설이 정확하게 무엇인지는 몰랐다. 알리아와 엘런이 단지 청소부들의 건강 상태를 알고자 한 것은 아니었다. 그들은 기대가 현실을 만드는 방식을 확인하고자 했다.

연구원들은 청소부들 중 절반에게 중요한 정보를 알려 줬다. 그것은 그들의 업무가 건강 전문가들이 권고하는 하루 운동량을 실행하는 데 도움을 준다는 사실이었다. 하지만 다른 절반에게는 그러한 정보를 건네지 않았다.

그리고 4주 후 청소부들의 건강 상태를 확인했을 때, 연구원들은 중요한 변화를 확인할 수 있었다. 연구에 참여한 청소부 중 누구도 일상적인 습관을 바꾸지 않았음에도(퇴근 후 더 많이 운동하거나 더 많은 객실을 추가로 청소하지 않았음에도), 자신의 업무가 건강에 도움이 된다는 정보를 들은 청소부들의 체중은 평균 0.9kg 줄었고, 혈압이 낮아졌으며, 그들은 보통 때보다 더 많이 활동한 기분이 든다고 보고했다. 반면 업무에 따른 건강상 이득에 관해 아무런 이야기를 듣지 못한 청소부들에게는 이러한 변화를 전혀 확인할 수 없었다.

연구에 참여한 누구도 기존 습관을 전혀 바꾸지 않는데, 어떻게 한 그룹에서는 건강상 개선이 나타나고, 다른 그룹에서는 전혀 나타나지 않은 걸까? 이 질문에 대한 대답은 미묘하지만 간단하다. 중요한 무언가가 바뀐 것이다. 업무가 건강에 도움이 된다는 사실을 알게 된 청소부들은 업무를 '바라보는' 방식을 바꿨다. 그리고 이는 다시 그들의 업무에 대한 느낌과 접근하는 방식을 바꿨다. 갑작스럽게 그들은 침대 시트를 교체하는 작업을 허드렛일이 아닌 하나의 운동으로 인식하기 시작했다. 진공청소기를 돌리는 일은 물론, 창문을 닦는 일도 그들에게는 운동이 되었다. 업무가 자신을 건강하게 만들어 준다는 깨달음은 그들의 업무 경험을 완전히 바꿨다. 또한 열량을 소모하는 모든 기회를 보다 적극적이고 유쾌하게 받아들이게 했다.

이번 연구의 핵심적인 발견은 단순하면서도 중요했다. 그것은 기대가 결과를 만들어 낸다는 것이다.

이러한 발견은 심리학자들이 지난 50년 동안 얻었던 한 가지 중요한 깨달음을 잘 요약해서 보여 준다. 그것은 특정 대상을 바라보는 관점이 그것에 대한 느낌에 영향을 미친다는 사실이다. 이제 우리는 아무 효용 없는 설탕 알약이 약이라고 믿음으로써 실제로 많은 증상을 완화시킬 수 있다는 걸,[302] 속이 메스꺼운 것이 불안 때문이 아니라 흥분 때문이라고 생각함으로써 대중 앞에서 연설을 더 잘할 수 있다는 걸[303] 그리고 자신이 시험을 잘 보리라 사람들이 기대하고 있다고 믿는 것이 실제로 더 좋은 성적으로 이어지게 만든다는 걸 잘 알고 있다.[304]

어떻게 이러한 일이 가능한지 궁금해하는 사람들을 위해, 알리아 크럼과 같은 과학자들이 다양한 대답을 내놓고 있다. 과학자들은 무슨 일이 벌어질지에 대한 우리의 기대가 실제로 일어나는 일에 네 가지 핵심적인 방식[305]으로 영향을 미친다는 사실을 보여 줬다.

첫째, 믿음은 감정을 바꾼다. 긍정적인 기대는 종종 긍정적인 느낌으로 이어지고,[306] 이는 다시 스트레스를 덜어 주거나 혈압을 낮추는 것과 같은 다양한 생리적 이득으로 이어진다. 그리고 이는 다음으로 벌어지게 될 상황에서 중대한 차이를 만들어 낸다.

둘째, 믿음은 관심의 방향을 바꾼다. 앞서 소개한 청소부들의 사례를 보자. 그들이 업무를 운동과 비슷하다고 생각하기 시작했다면, 아마도 육체적인 피로를 긍정적으로 해석했을 것이며, 이는 그들이 계속해서 일을 하게끔 도왔을 것이다.

셋째, 믿음이 동기를 바꿀 수 있다는 증거도 있다. 다시 한번 호텔 청소부 사례에 주목해 보자. 일단 그들이 업무를 건강 개선을 위한 기회로 인식하기 시작했을 때, 일하는 동안만큼은 충분한 운동을 하려는 동기가 더욱 높아졌을 것이다.

마지막으로 넷째, 믿음은 생리적으로도 영향을 미친다. 단지 감정을 통해서만이 아니라 신체에 직접적으로 영향을 미친다. 실제로, 알리아 연구팀이 두 피실험자 그룹에게 밀크셰이크를 나눠 주면서 한 그룹에게는 그것이 고지방, 고칼로리의 '맛있는' 음료라고 소개하고, 다른 집단에는 저지방, 저칼로리의 '몸에 좋은' 음료라고 소개했을 때, 놀라운 일이 벌어졌다. 고칼로리의 음료를 마시고 있다고 생각한 피실험자 그룹의 신체에서 공복감을 자극하는 내장 펩타이드가 더

적게 생성된 것이다.[307] 그들의 믿음이 똑같은 음료에 대한 신체적 반응을 바꾼 것이다.[308]

이처럼 우리의 믿음은 감정과 관심, 동기 그리고 신체를 바꿈으로써 우리의 경험에 강력한 영향을 미친다.

이러한 믿음의 위력을 잘 보여 주는, 내가 좋아하는 한 가지 사례가 있다. 버클리 대학 박사과정 학생이었던 조지 댄치그George Dantzig에 관한 이야기다.[309] 때는 1939년, 통계학 수업 시간에 지각한 조지는 칠판에 적힌 두 가지 수학 문제가 숙제인 줄 알고 저녁에 풀기 위해 그것을 노트에 받아 적어 두었다. 그 문제가 일반적인 숙제보다 어렵다고 생각하긴 했지만, 며칠 후 조지는 수업 시간에 숙제를 마치는 데 시간이 오래 걸려 죄송하다고 사과하면서 교수님께 해답을 제출했다. 얼마 후 교수는 상기된 표정으로 조지를 찾았다. 드러난 바에 따르면, 조지가 푼 것은 통계학 이론에서 해결할 수 없다고 알려진 문제였다. 그러나 조지는 그것을 이미 답이 나온 까다로운 숙제 정도로 생각했기에 어떻게든 문제를 푼 것이었다.

조지는 자신이 푸는 문제가 답이 있을 거라 믿었기에 문제를 풀었다. 알리아와 엘런의 연구에서 호텔 청소부들은 업무를 운동이라 믿었기에 일을 운동으로 대했고, 건강과 관련해서 긍정적인 변화를 보였다. 이처럼 할 수 있다는 믿음은 행동 변화에서 대단히 중요하다.

물론 이러한 믿음이 난데없이 생겨나는 것은 아니다. 우리가 주변 사람들로부터 얻는 피드백과 인정이 자신의 능력에 대한 믿음을 형성하는 과정에서 중요한 역할을 한다.

나는 이 같은 사실이 맥스 베이저면 교수님의 교수법의 또 다른 중요한 요소를 설명해 준다고 생각한다. 그 요소는 내가 좋은 스승이 되는 방법에 관한 조언을 구했을 때 맥스 교수님이 언급하셨지만, 내가 즉각 알아채지 못했던 것이었다.

맥스 교수님은 내게, 학생들이 성공하도록 도움을 준 특별한 비법 같은 건 없다고 말씀하셨다. 특별한 것은 그의 '학생들'이라고 하셨다. 내가 교수님에게 그의 교수법을 묻는 이메일을 보냈을 때, 교수님은 "아주 똑똑한 학생에서부터 정말로 대단한 학생에 이르기까지" 그의 제자들은 훌륭한 인재들이었다고 대답하셨다. 자신이 지도하는 모든 학생이 저마다 놀라운 재능을 갖고 있다는 그의 확고한 믿음이야말로 성공의 핵심이었다는 사실을 나는 깨달았다.

맥스 교수님의 제자들은 모든 치열한 과정에서 어쩔 수 없이 만나게 되는 난관에 봉착했을 때, 박사과정을 밟는 대부분의 사람을 괴롭혔던 자기 의심 때문에 괴로워하지 않았다. 그것은 그들에 대한 맥스 교수님의 믿음이 그만큼 확고했기 때문이었다. 내 부모님의 변함없는 사랑을 제외하고, 이십 대 시절 나를 가장 강하게 붙잡아 준 것은 내가 반드시 성공할 것이라는 교수님의 확고한 믿음이었다. 맥스 교수님은 모든 제자에게 그들이 반드시 성공할 것으로 확신한다는 그의 믿음을 전했다. 그리고 우리는 해냈다!

이후로 나는 이와 비슷한 믿음이 많은 유능한 리더들에게 있다는 걸 알았다. 그들은 자신의 팀원들이 성장하고 성공할 것이라는 확신과 전염성이 강한 믿음을 갖고 있었다. 수십 년에 걸쳐 GE에서 놀라운 수익을 기록했던 전설의 CEO[310]인 잭 웰치Jack Welch는 어떤가? 그는 직원들의 리더십 기술을 개발하기 위해 헌신했고, 그들의 발전 능력에 대한 확고한 믿음을 가졌던 것으로 유명하다. 유명 스포츠 감독들 역시 마찬가지다. 2014년 슈퍼볼[311]에서 시애틀 시호크스를 우승으로 이끈 피트 캐럴Pete Carroll은 선수들이 열심히 노력하고 점점 더 발전하고 있다는 믿음을 확고히 보여 주어 널리 존경받았다.

다만, 모든 사람이 목표 달성에 필요한 능력이 자신에게 있다는 확신을 전해 주는 사람을 곁에 둘 수 있는 건 아니다. 그야말로 그건 행운이다. 또한 믿음직한 치어리더를 항상 곁에 둘 수도 없다. 그럴 때는 어떻게 해야 하는가? 성공을 향한 여정에서 필연적으로 마주하게 되는 자기 의심의 문제를 어떻게 극복할 수 있을까?

실패에서 회복하기

목표를 추구하는 과정에서 우리는 쉽게 좌절을 경험한다. 소위 "자포자기 효과what-the-hell effect"[312]에 대한 연구는 사소한 실패(하루 다이어트 계획을 살짝 달성하지 못한 것처럼)도 이후의 행동에서 중대한 부정적인 결과(애플파이를 통째로 먹어 치우는 것처럼)를 초래할 수 있다는 사실을 보여 준다. 아침에 유혹에 넘어간 뒤(가령 아침 회의 시간에 나온 도넛을 집어 들었던 것처럼), '이런, 이미 실수를 저질렀군. 모든 계획이 수포로 돌아갔어'라고 생각한 경험이 있다면, 이 이야기가 익숙하게 들릴 것이다. 사소한 실패는 우리의 믿음을 무너뜨릴 수 있고, 자신은 절대 성공할 수 없다고 생각하게 만들기도 한다. 안타깝게도 더 야심 찬 목표를 추구할수록, 작은 실수가 궁극적으로 치명적인 실패로 이어질 위험성은 더 크다.

하지만 나의 와튼 스쿨 동료인 머리사 샤리프Marissa Sharif는 기존의 계획이 틀어졌을 때에도 현명한 접근방식을 활용함으로써 자포자기 효과를 피하고 자신감을 그대로 유지한다.

머리사는 10년이 넘는 세월 동안 매일 조깅하는 야심 찬 목표를 추구하고 있다. 이를 통해 그녀는 건강을 유지하고, 또한 정신없이 바쁜 일상에 따른 스트레스를 효과적으로 처리한다. 다만 머리사 역시 오랫동안 자포자기 효과를 경계해 왔으며, 1번 조깅을 빼먹는 것이 수차례 잇달아 빼먹는 것으로 이어져, 결국에는 조깅을 완전히 중단하게 될까 봐 걱정했다. 이러한 결말을 어떻게든 피하기 위해, 머리사는 기발한 아이디어를 떠올렸다. 그것은 매주 2번의 예외를 자신에게 허락하는 것이었다.[313] 그 이유는 하루도 빼놓지 않고 조깅하는 것은 불가능하다는 사실을 알았기 때문이다.[314] 때로는 야식을 먹기도 하고, 콘퍼런스 참석을 위해 외부에 나가기도 하며, 혹은 달릴 만한 충분한 에너지가 남아 있지 않을 수도 있다. 운동을 할 수 없을 때, 머리사는 2개의 멀리건mulligan(골프에서 첫 번째 티샷이 잘못되어도 벌타 없이 다시 한번 치게 허락하는 것-옮긴이) 중 하나를 사용하는데, 이러한 유연성이 그녀가 포기하지 않고 목표를 계속해서 추구하게 만들어 준다 (유연한 페르난도의 사례처럼).

상황이 급박하지 않을 때조차 자신에게 예외를 적용하는 유혹을 느끼지 않을까 예상할 수도 있지만, 사실은 정반대다. 머리사는 대부분 1번의 예외조차 사용하지 않는다. 그녀는 내게 어떤 중요한 일이 다가오고 있을 때 그 주의 초반에는 항상 운동 일정을 고수한다고 말했다. 그리고 대부분 그렇듯, 특별히 중요한 일이 없을 때는 일주일에 7일을 달린다고 했다.

머리사는 사소한 실패에 직면할 때마다 자라나는 자기 의심의 싹을 잘라 버리기 위한 자신의 개인적인 접근방식을 활용하면, 다른 사람들도 보다 효과적으로 목표를 달성할 수 있을 것 같았다. 어쨌든 우리가 재도전의 기회를 자신에게 허락한다면, 목표 달성의 과정에서 필연적으로 만나게 되는 실패에 직면해도 자신감이 허물어지는 위기를 극복할 수 있다.

이러한 전략의 깊이와 범위를 시험하기 위해, 머리사는 협력자와 함께 한 가지 실험을 고안했다. 수백 명의 피실험자들을 모집해 웹사이트에 들어가 서른다섯 가지의 짜증 나는 과제(캡차CAPTCHA, '자신이 인간임을 증명'하기 위해 온라인에서 사용하는 테스트 풀기)를 일주일 동안 수행하고, 완료하면 1달러를 지급하는 것이었다.[315] 연구원들은 무작위로 피실험자를 세 그룹으로 나눴다. 그중 첫 번째 그룹에는 매일 과제를 수행하는 어려운 목표를 제시했다. 그리고 두 번째 그룹에는 7일 중 5일 동안 과제를 수행하는 보다 쉬운 목표를 부여했다. 마지막으로 세 번째 '멀리건' 그룹에는 매일 과제를 수행해야 하지만 특별한 상황일 경우 2번의 예외를 허용한다고 일러뒀다. 그리고 모든 그룹에 목표를 달성하면 5달러의 보너스를 지급하겠다고 했다.

그 결과, 특별한 상황에 따른 예외 허용이 대단히 중요한 역할을 한 것으로 드러났다. 목표 달성률을 비교하자 쉬운 목표(객관적으로 동일한) 그룹은 26%, 일주일 7일 목표 그룹은 21%인 데 비해 멀리건 그룹은 53%라는 놀라운 기록을 세운 것이다.

이러한 결과는 특별한 상황에 대해 명시적으로 예외를 허용하는 것이 얼마나 중요한지를 잘 보여 준다. 모든 다이어트 프로그램이 '치팅 데이'를 허용함으로써 사소한 실패로 인한 자신감 붕괴를 방지하도록 설계되었다는 것은 그리 놀라운 일이 아니다.[316]

이러한 아이디어는 지난 장에서 소개했던 탄력적인 습관의 개념과 비슷해 보인다. 우리는 특별한 예외를 허용함으로써 지나친 엄격함이 변화를 향한 도전을 가로막지 못하도록 예방할 수 있다. 이는 우리에게 필연적이고 때때로 일어나는 실패에서 회복할 수 있는 기회를 제공한다.

변화의 과정에서 피할 수 없는 좌절에 대비하기 위한 또 하나의 방법이 있다. 그것은 실패가 무엇을 의미하는지를 처음부터 적절하게 이해하는 것이다. 실패를 해석하는 방식이 미래의 성공과 많은 관련이 있는 것으로 드러나고 있다.[317] 스탠퍼드 대학 캐럴 드웩Carol Dweck은 이러한 사실을 입증함으로써 전설적인 인물의 반열에 올랐다. 그녀는 학생 및 성인을 대상으로 한 수십 건의 연구를 통해서 "성장 마인드셋growth mind-set"(지능을 포함하는 개인의 능력은 고정되어 있지 않으며, 노력을 통해 개인의 잠재력에 영향을 미칠 수 있다는 믿음)의 여부로 성공을 예측할 수 있다는 걸 보여 주었다.[318] 능력은 고정되어 있으며 이는 타고나는 것이라고 믿는 사람들은 패배주의에 빠지기 쉬우며, 실패와 성공으로부터 배우기 위해 충분한 노력을 기울이지 않는다. 그러나 자신이 발전하는 과정에 있다고 생각하는 사람들은 실패에 직면할 때 더 많은 노력을 기울인다. 그들은 도전과제를 모색하고, 실패로부터 배우며, 이를 통해 일반적으로 훨씬 더 많은 것을 성취한다.

다행스럽게도 우리는 타고난 마인드셋대로 살아가야 하는 건 아니다. 머리사의 사례처럼, 우리는 실패에 직면했을 때 자신에게 유연성을 허용하는 현명한 기술을 활용할 수 있으며, 또한 실패를 해석하는 방식을 바꿔 볼 수도 있다.

캐럴 드웩의 제자이자 텍사스 대학 심리학자인 데이비드 이거David Yeager는 협력자와 함께 고등학교 및 대학 신입생을 대상으로 한 가지 실험을 했다. 실패는 배움을 위한 경험이라는 것과 어느 분야에서나 노력을 통해서 지능을 끌어올릴 수 있다는 사실을 가르치는 실험이

233

었다. 이거는 수천 명의 고등학교 신입생들에게 성장 마인드셋을 받아들이는 방법을 주제로 하는 특강에서 긍정적인 메시지를 전달했다.[319] 특강을 듣기 전에 저조한 성적을 기록했던 학생들은 이후로 평균 성적에서 큰 향상을 보였다. 뿐만 아니라, 무작위로 성장 마인드셋 특강을 듣도록 할당되었던 학생들의 경우, 그들의 기존 성적과는 무관하게 고급 수학 과목 수강을 더 많이 신청한 것으로 드러났다. 그렇지 않았다면 자신감을 얻지 못했을 이들 학생은 복잡한 대수와 기하, 삼각함수, 미적분학 문제에 도전했으며, 실패를 받아들이는 마음가짐에 대한 새로운 이해 덕분에 스스로 자신에게 다양한 기회의 문을 열어 주었다.

다행이라면, 학생들만 실패를 긍정적인 관점으로 재해석하는 법을 배울 수 있는 건 아니라는 것이다. 성장 마인드셋의 개발[320]은 학생들이 더 나은 가상의 비즈니스 의사결정을 내리도록 돕는 것에서부터 이스라엘과 팔레스타인 사람들이 서로를 이해하고 그들이 겪고 있는 갈등을 보다 생산적으로 해결할 수 있는 가능성을 받아들이도록 하는 것에 이르기까지[321] 다양한 맥락에서 대단히 가치 있는 것으로 드러났다.

스탠퍼드 대학의 심리학자 클로드 스틸Claude Steele은 1980년대에 시작했던 관련 연구를 통해서 자기 긍정self-affirmation을 갖는 것(성취감이나 자부심을 느끼게 하는 개인적인 경험에 주목하는 것)[322]이 위협에 대처하는 과정에서 유연성을 높여 준다는 사실을 입증했다. 뿐만 아니라

자기 긍정 훈련은 비난받는 집단의 의사결정 수준까지 향상[323]시킬 수 있다.[324]

야심 찬 목표를 추구할 때, 좌절은 필연적으로 따라온다. 그리고 우리가 좌절할 때 포기하고 싶은 유혹이 일어나게 마련이다. 바로 그렇기 때문에, 실수를 용인하고, 실수가 긍정적인 성과 흐름을 망치지 않도록 주의해야 한다. 때때로 발생하는 실패로부터 회복할 수 있도록 준비하고 과거의 성공에 주목함으로써, 우리는 자기 의심을 극복하고, 유연성을 강화하며, 앞으로의 변화를 더욱 쉽게 이끌어 나갈 수 있다. 성공을 향한 여정에서 첫 번째 장애물을 만나기 전이라고 해도 말이다.

그래도, 자신감

행동과학 전문가들은 어쩌면 내가 자신감 형성과 관련해서 하나의 장을 따로 할애한 것을 이상하게 생각할지도 모른다. 어쨌든 지나친 자신감을 향한 성향(혹은 우리가 실제보다 더 유능하고, 지적이고, 정확하다고 믿는 성향)은 인간의 모든 편향 중에서 가장 분명하고 심각한 것 중 하나라고 종종 지적받는다. 나 역시 이 책에서 그러한 인간의 성향에 대해 불만을 토로한 바 있다! 행동경제학의 창시자로 언급되는 노벨상 수상자 대니얼 카너먼 또한 마법의 지팡이를 휘둘러 없앨 수 있는 한 가지 편향이 있다면 그것은 인간의 지나친 자신감이라고 주장한 것으로 유명하다.[325]

그러나 지나친 자신감이 문제가 되기는 하지만, 과학자들은 야심 찬 목표를 추구하는 과정에서 자신에 대한 믿음이야말로 '절대적으로' 중요한 요소라고 말한다. 진화적 관점으로 볼 때, 조금은 지나친 자신감이 일반적으로 더 나은 결과를 만들어 낸다. 똑같은 이력서를 들고 온 2명의 구직자와 면담할 때, 자신이 평균적인 수준이라고 말하는 후보자와 남들보다 더 잘한다고 말하는 후보자가 있다면, 당신은 누구를 선택하겠는가? 대답은 명백하다. 인간이라면 누구나 자신감 있는 사람을 선호한다. 그것이 언제나 가장 현명한 선택일 수는 없지만(지나치게 잘난 체하는 동료와 함께 일하고 싶은 사람은 없다), 나는 실패에 직면해도 다시 일어설 가능성이 더 크다는 점에서 자신감이 높은 사람을 선호하는 것이라고 생각한다.

'지나친' 자신감은 목표 달성에 도움을 줄 수도 피해를 줄 수도 있지만, '왜소한' 자신감은 오로지 성공을 가로막을 뿐이다. 주변 사람으로부터 얻는 피드백이 가능성에 대한 우리의 믿음을 형성하므로, 자신의 잠재력에 대한 믿음을 강화하고 성장을 뒷받침해 줄 사람들을 곁에 두도록 주의를 기울여야 한다. 그리고 다른 사람의 변화를 도와주고 싶다면, 마찬가지로 힘을 주고 용기를 북돋는 멘토십을 발휘할 필요가 있다.

로렌 에스크라이스-윈클러의 연구는 원치 않는 조언을 제시함으로써(상대에게 성공에 필요한 자질이 부족하다고 생각하고 있음을 전달함으로써) 사람들의 성공 가능성을 오히려 떨어뜨릴 수 있지만, 사람들에게 조언을 요청함으로써(상대와 상대의 능력에 대한 확신과 신뢰를 전달함으로써) 성공 가능성을 키울 수 있다는 사실을 보여 준다. 또한 로렌의 연구는 목표를 추구하는 과정에서 자신을 조언자의 위치에 놓아둠으로써 많은 도움을 얻을 수 있다는 사실도 알려 준다.

하지만 조언을 주거나 요청하지 않더라도 우리는 다른 방식으로 사람에 대한 평가를 전달할 수 있다. 가령 남성에게 계산 업무를 맡기거나 여성에게 회의록 작성을 부탁하는 것처럼(남자가 수학을 더 잘한다 혹은 여자가 더 꼼꼼하다 같은 생각을 전달하면서) 부정적인 선입견에 따라 행동할 때마다, 우리는 누가 성공에 필요한 자질을 갖고 있는지에 관한 메시지를 암묵적으로 전하는 것이다.

또한 상대를 칭찬하는 방식 역시 그들의 자신감을 강화하거나 떨어뜨리는 결과를 가져온다는 걸 보여 준 연구도 있다.[326] 상대의 '타고난' 재능을 칭찬하면 그는 고정 마인드셋을 개발하게 될 것이며, 그래서 나중에 실패했을 때 이를 자신의 정체성으로 받아들이며 패배를 인정하게 된다. 반면 상대가 기울인 '노력'을 칭찬하면 그는 노력이 성과를 만들어 낸다고 생각하게 될 것이다. 따라서 다음번에 당신의 부하 직원이 세일즈 프레젠테이션을 제대로 해냈다면, "멋진 발표였어요"라고 칭찬하기보다 "놀랍게도 발표 실력이 계속해서 늘고 있군요"라고 칭찬하자.

이처럼 사소한 신호가 중대한 차이를 만들어 낼 수 있으므로, 변화를 추구할 때는 자신감이야말로 핵심 요인이라는 사실을 명심해야 한다. 목표를 추구하는 과정에서 실패를 한 번도 경험하지 않고서 혁신을 일궈 낼 수는 없다. 여기서 중요한 것은 실패에 대응하는 방식이다. 자신의 주변에 지지자들을 두고, 자신을 조언자의 입장에 놓고, 작은 실수를 관대하게 넘기며, 실패가 성장에 도움을 준다고 이해한다면, 우리는 자기 의심을 극복할 수 있다. 이런 말도 있다. "할 수 있다고 믿는다면 절반은 성공한 셈이다."

요약

- 자기 의심은 목표를 향한 발전을 가로막는 것은 물론, 애초에 목표를 세우지 못하게 방해한다.

- 원치 않는 조언은 상대의 자신감을 위축시킬 수 있다. 반면 상대에게 조언을 요구함으로써 그들의 자신감을 강화하고, 그들이 목표 달성을 위한 전략을 생각해 내도록 격려할 수 있다. 또한 타인에게 조언을 주는 행동은 우리 자신을 움직이게 만든다. 다른 사람에게 했던 조언대로 실천하지 않을 때, 자신이 위선자처럼 느껴지기 때문이다.

- 비슷한 목표를 추구하는 친구나 동료와 함께 조언 클럽을 만드는 방법을 고려해 보라. 혹은 누군가의 스승이 되는 것을 생각해 보자. 다른 사람에게 (그들이 요청한) 조언을 제시함으로써 스스로 자신감을 강화하고, 자신의 삶에서 발전에 필요한 쓸모 있는 아이디어를 발견할 수 있다.

- 기대가 성과를 결정한다. 그러므로 사람들에게 그들의 가능성에 대한 당신의 믿음을 전하고, 그와 같은 긍정적인 신호를 전해 줄 스승들로 당신의 주변을 채우라.

- 야심 찬 목표를 세우라(가령 매일 운동하기). 그리고 동시에 자신에게 제한된 예외를 허용하라(가령 일주일에 2번), 이러한 전략을 통해 우리는 가끔 일어나는 필연적인 실패에 직면

239

해도 자신감을 유지하면서 좋은 흐름을 이어 나갈 수 있다.

- 성장 마인드셋을 바탕으로 실패로부터 얼마든지 회복할 수 있다는 사실을 받아들이자. 우리는 또한 다른 사람이 성장 마인드셋을 받아들이는 데 도움을 줄 수도 있다.

- 성취감이나 자부심을 느끼게 하는 개인적인 경험에 주목하라. 이러한 유형의 자기 긍정이 유연성을 강화하고 자기 의심을 이겨 낼 수 있도록 돕는다.

Chapter 7

동조

1991년 여름, 스콧 캐럴Scott Carrell은 콜로라도에 넓게 자리 잡은 미 공군사관학교에 입학했다.³²⁷ 여느 대학 신입생처럼 긴장한 상태였지만, 고등학교 시절 뛰어난 성적을 거두었던 그였기에 이곳에서도 우수한 학생이 되고 싶었다. 다만 세계적인 수준의 엄격한 군사학교에서도 우등생이 될 수 있을지는 확신할 수 없었다.

사실 스콧의 상황은 다른 1학년 생도들('둘리스doolies'라고 불리는)보다는 유리했다. 힘든 순간에 자신을 도와줄 일란성 쌍둥이 형제와 함께 입학했기 때문이었다. 그는 두 형제가 운동하면서 서로를 격려하고, 함께 친구를 사귀고, 학교의 악명 높게 까다로운 수업을 함께 준비해 나가는 모습을 상상했다. 하지만 캠퍼스에 도착한 지 얼마 후, 스콧과 그의 형제 리치는 1학년 동안 함께 생활하고, 먹고, 운동하고, 공부할 30명의 학생으로 구성된 서로 다른 중대에 배치되었다.

미 공군사관학교는 신입 생도가 수업이나 운동 이외의 목적으로 다른 중대에 방문하거나 자신의 중대를 떠나는 것을 금지했다. 결국 학기 내내 스콧은 리치를 거의 보지 못했고, 자신이 배치된 중대라는 사회적 울타리 속에 갇혀 있는 듯한 느낌을 받았다. 스콧은 내게 이렇게 말했다. "리치와 이야기를 나누려면 일요일에 교회에서 만나거나 함께 축구 훈련을 해야만 했죠."

두 형제가 이야기를 나눌 수 있게 되었을 때(사전에 약속하고 도서관에서 만났을 때), 스콧은 충격을 받았다. 고등학교 시절에는 자신보다 성적이 낮았던 리치가 이제는 자신보다 더 좋은 성적을 거둔 것이다. 그는 이렇게 말했다. "학교에서 리치에게 물리학 전공을 권했다더군요. 이런 생각이 들었어요. '어떻게 그런 일이? 내가 더 똑똑했는데!'"

이후 스콧 역시 좋은 성적을 거두어 경제학 박사과정에 들어갔고, 세월이 흐른 뒤 학업 성취를 높이는 요인을 연구하는 경제학자가 되었다. 어느 날 자신의 쌍둥이 형제가 1학년 때 뛰어난 성적을 거두었던 일을 떠올린 그는 당시 주변 사람들이 그에게 미친 영향력에 관해 깊이 생각하게 되었다. 본격적으로 스콧은 동료 집단이 의사결정에 미치는 영향력을 주제로 하는 경제학 및 심리학 자료들을 파고들기 시작했다. 특히 중대의 강력한 결속력을 고려하면, 그들로부터 자신의 연구에 대한 해답을 찾을 수 있을 것 같았다.

사회 표준을 따르는 이유

매년 2월이 되면, 내가 수업하는 와튼 스쿨 MBA 강의실은 열정적인 이십 대들의 환호로 폭발한다. 성인 남자와 여자들이 자리에서 벌떡 일어나 마치 마르디 그라Mardi Gras (사순절을 앞둔 축제일-옮긴이)에서처럼 박수를 치고 소리를 지른다. 그럴 때마다 혹시 문제가 생긴 줄 알고 캠퍼스 보안 요원이 찾아오진 않을까 우려되는 것도 사실이다.

그러나 잘못된 것은 없다. 학생들은 전날 밤 내가 보낸 이메일에서 부탁받은 대로 행동하고 있는 것뿐이니까. 나는 매년 내 수업에 등록한 학생 중에서 단 3명만 제외한 나머지 학생들에게 이메일을 보낸다. 그 메일에는 분명한 지시가 담겨 있다. 다음 날 강의를 시작할 때 슬라이드쇼를 통해 우리 학교의 학장 사진을 보여 줄 텐데, 사진이 나오면 열정적으로 박수를 치며 환호해 달라는 내용이다. 단, 수업에 참가한 모든 학생이 이메일을 받는 것은 아니므로, 그 내용을 누군가에게 전송하거나 함께 논의하지는 말아 달라는 당부도 잊지 않는다. 나의 목적은 이메일 목록에서 제외된 3명의 학생이 나머지 학생들이 학장의 사진을 보고 박수를 칠 때 어떻게 반응하는지를 지켜보는 것이다. 그들은 당황해할까? 그냥 분위기에 동조할까?

아마 당신도 무슨 일이 일어날지 예상할 수 있을 것이다. 매년 약간의 차이는 있지만, 나의 실험 대상들 대부분은 잠시 머뭇거리다가 동료들과 마찬가지로 열정적으로 박수를 치기 시작한다.

그때 나는 내 '특별한' 학생들이 앉아 있는 자리에 주목하다가, 강의실이 잠잠해지면 그들 중 한 학생의 자리로 이동한다. 그러고는 이렇게 묻는다. "왜 박수를 쳤는지 말해 줄 수 있어요?" 그러면 그 학생은 놀란 표정으로 잠시 머뭇거리다가(지목당하는 것은 언제나 긴장되는 일이다), 미리 준비한 박수갈채만큼이나 예측 가능한 대답을 내놓는다. 그들의 답변은 대개 이렇다. "다른 사람들이 박수를 치기에 그냥 따라서 쳤습니다." 그러면서 내가 이 해명에 수긍하고 다음 순서로 넘어가기를 바란다.

하지만 나는 그렇게 하지 않는다. 대신에 그들이 청바지 차림으로 파티에 갔는데 다른 사람들 모두 정장을 입고 있다면 어떤 느낌이 들 것 같은지 묻는다. 가장 일반적인 대답은 "무척 불편하다" "수치스럽다" 혹은 "당황스럽다"와 같은 것들이다. 이러한 대답은 내 이메일 목록에서 제외되었던 학생들이 친구들을 따라 박수를 친 이유가 무엇인지 잘 설명해 준다. 즉, 인간은 무리 속에서 혼자 도드라질 때 부적응자가 된 것처럼 느끼기 때문이다.

다음으로 나는 전체 학생들을 향해 두 번째 질문을 던진다. "지금 강당에 있는데 갑자기 사람들이 비상구로 몰려간다고 상상해 보세요. 이제 무엇을 해야 할까요?" 학생들의 대답은 만장일치다. 그들을 따라가야 한다! 그러나 이번의 집단행동을 이끈 논리는 앞서와 다르다. 아무도 적응에 대해서는 걱정하지 않았다. 대신, 자신이 놓친 중요한 정보를 다른 이들이 발견했으리라 생각했다. 때로, 다른 사람들의 판단은 가치 있는 정보를 담고 있다(이 경우, 정보는 위협에 관한 것이다. 박수 실험의 경우, 그 정보는 학생들이 놓친 학교 소식이다).

사회 표준social norms은 의식적이거나 무의식적인 차원에서 순응하게 하는 압력을 만들어 내기 때문에 우리는 사회적 불편함이나 제재를 경험하는 대신 기꺼이 '동조'를 택한다.[328] 또한 표준은 우리가 그렇게 하지 않았더라면 간과했을 '보상(위협을 피하는 것처럼)'을 얻는 방식에 관한 정보를 전달하기도 한다.

캘리포니아 대학 데이비스 캠퍼스의 경제학자 스콧 캐럴은 사회적 영향력에 관한 법칙을 다룬 연구를 접했을 때, 이를 통해 자신의 쌍둥이 형제가 공군사관학교 생도 시절 초반에 갑작스럽게 자신보다 뛰어난 성적을 얻은 이유를 찾을 수 있을지 궁금했다.

현재 미 공군사관학교의 초빙 강사이기도 한 스콧은 중대 배치가 신입 생도의 삶에 얼마나 중요한지 잘 알고 있다. 중대는 생도가 살아가는 세상이다. 또한 그러한 중요성에도 불구하고 중대 배치가 무작위 추첨으로 이뤄진다는 사실 또한 그는 잘 알고 있다. 이 말은 곧 공군사관학교가 의도치 않게 사회적 영향력에 대한 자연적인 실험의 장을 만들고 있다는 의미다. 스콧은 이를 통해 신입 생도 시절의 수수께끼를 풀 수 있을지 궁금해, '무작위 배정' 방식이 생도들에게 어떻게 영향을 미치는지 연구를 시작했다. 뛰어난 학생들과 어울리는 것이 그의 쌍둥이 형제의 성적을 높여 준 것일까?

사회적 영향의 위력에 관한 기존 연구 결과를 토대로, 스콧은 MBA 학생들의 박수 실험에서 작동한 방식처럼 동료들의 학업 성과가 신입생의 성적에 상당한 영향을 미쳤으리라 추측했다. 첫째, 자신이 속한 중대의 생도들 모두가 열심히 공부하고 좋은 성적을 얻을 때, 혼자서 게으름을 피우며 A 학점을 받지 않는다면, 스스로 부적응자가 된 것처럼 느낄 것이다. 둘째, 반대로 같은 중대에 배정된 동료 생도들이 빈둥거린다면 부정적인 결과로 이어질 것이다.

동료가 미치는 영향에 관한 자신의 예측을 확인하기 위해,[329] 스콧은 협력자 팀과 더불어 데이터를 면밀하게 들여다보고, 각각의 중대에 무작위로 배정된 약 3,500명의 신입 생도를 대상으로 3년 동안의 학교 성적을 분석했다. 그리고 이를 통해 신입 중대 전체의 평균 SAT 언어영역 점수에서 100점이 증가할 때마다, 생도의 첫해 평균 성적이 4.0 만점에 0.4점 증가했다는 사실을 발견했다.[330] 이는 A-와 B 혹은 B+를 받는 정도의 차이였다. 이 같은 우연한 행운이 누가 사관학교에서 인상적인 출발을 하는지 혹은 그러지 못하는지에 실질적인 영향을 미친 것 같았다. 이로써 스콧의 쌍둥이 형제가 거둔 초반의 성공이 설명 가능했다.

스콧의 발견은 우리가 야심 찬 목표를 추구할 때 우수한 집단에 속하는 것이 얼마나 중요한지 그리고 우수하지 않은 동료들 사이에 있는 것이 얼마나 피해가 될 수 있는지를 알려 준다. 함께 시간을 보내는 사람들이 무의식적인 차원에서 우리의 행동을 형성한다는 사실을 입증하는 연구 결과도 속속 나오고 있다. 예를 들어, 한 연구는 직원들이 퇴직연금 프로그램 설명회에 참석할 때, 파급효과spillover effect가 나타난다는 사실을 증명했다.[331] 연구 결과 설명회에 참석한 직원들의 저축률이 증가한 것은 물론, 설명회에 참석하지 않은 직원들의 퇴직연금 저축률도 증가했다. 당신의 어머니가 나쁜 친구를 멀리하고 좋은 친구를 사귀라고 하셨다면, 중요한 진리를 말씀하신 것이다. 성적[332]부터 경력,[333] 재정적 의사결정[334]에 이르기까지의 다양한 영역에서, 우리의 동료가 최소한 부분적으로라도 우리의 행동을 형성하는 건 사실이다.

2006년 여름, 스콧은 공군사관학교 측으로부터 한 통의 전화를 받았다. 강의나 조언을 제공하기 위해 매해 여름 예비군 자격으로 모교를 방문해 왔던 스콧은 학교로부터 종종 자문을 요청받았다. 하지만 이번 문제는 기존과 달랐다.

1학년 생도들이 학업에서 어려움을 겪고 있었다. 성적은 저조했고 자퇴율은 높았다. 그러나 왜 그런지 그리고 이를 위해 무엇을 해야 할지 아는 사람이 없었다. 과연 스콧이 도움을 줄 수 있었을까?

복사해서 붙여 넣기

미 공군사관학교가 예외적으로 강력한 결속의 환경을 제공하긴 하지만, 사실 일반 대학들도 학생들에게 강력한 사회적 각인의 기회를 제공하는 중요한 공간으로 작용한다. 내 친구 캐시 브라바우Kassie Brabaw도 시러큐스 대학 3학년 시절에 이를 몸소 체험했다.[335] 캐시는 생활비를 아끼기 위해 기숙사 RA_resident adviser(기숙사 내에서 학생들과 함께 생활하면서 관리 업무를 처리하는 사람—옮긴이)에 지원했다. RA로 선발될 경우, 기숙사에서 무료로 생활할 수 있는 대신 학업 문제나 룸메이트와의 갈등, 처음으로 집을 떠나 살아가는 어려움에 이르기까지 기숙사 생활에서 발생하는 다양한 문제와 관련해 학생들에게 도움을 줘야 했다. 캐시는 RA가 되기 위해서 새로 들어오는 학생들을 책임지게 될 12명의 다른 상급생들과 함께 일주일간 교육을 받았다.

우연하게도 캐시와 함께 RA가 될 5명의 동료는 채식주의자였다. 캐시는 고기가 없는 라이프 스타일에 오랫동안 흥미를 느껴왔다. 채식이 건강하고 바람직한 식습관처럼 보였기 때문이다. 하지만 자신이 채식주의자가 될 수 있을지는 확신할 수 없었다. 그녀의 가족은 매끼 고기를 먹었고 신선한 채소는 거의 사지 않았다. 채식주의가 단순히 좋아 보였을 뿐, 캐시도 채식주의자들이 실제로 무엇을 먹는지는 전혀 알지 못했다. 샐러드에 샐러드 그리고 더 많은 샐러드만 먹는 게 아닐까? 그렇게 상상하면 채식이 다소 지겨울 수도 있을 것 같았다.

그러나 채식주의 동료들과 보낸 일주일 동안, 캐시는 그들이 캠퍼스 식당에서 먹음직스러운 요리를 만드는 걸 보고 깜짝 놀랐다. 그들의 식단엔 상추를 비롯한 다양한 요리로 가득했다. 매일 아침 그들은 채소 오믈렛을 먹었고, 점심에는 검은콩 수프나 채소 리소토를 먹었다. 외식을 해야 할 때도 어렵지 않았다. RA 동료들과 함께 가면, 레스토랑에서도 아주 쉽게 주문할 수 있었다. 가령 이렇게만 물으면 되었다. "이 수프에 닭고기 육수가 들어가나요?"

교육이 끝났을 때, 캐시는 RA 동료 채식주의자의 방식을 쉽게 따라 할 수 있겠다는 생각이 들었다. 아침에는 채소로 만든 맛있는 오믈렛을, 점심에는 수프와 리소토를 먹는 식으로 말이다. 그녀는 일주일 동안 육류를 먹지 않기로 했다. 그 결심은 일주일에서 한 달 그리고 결국 4년간 이어졌다. 캐시는 이런 방식에 따로 이름을 붙이진 않았지만, 내가 새로운 기술을 익힐 때 사용하는 "복사해서 붙여 넣기copy and paste" 전략을 그대로 활용했다. 캐시는 자신이 추구하는 목표를 효과적으로 실천하는 동료들의 모습을 지켜봤고, 이를 정확하게 따라 했다.

나의 공동 연구자인 앤절라 더크워스와 나는 종종 그와 똑같은 접근방식을 활용했다. 가령 나는 사무실로 걸어가는 동안 통화 업무를 처리하는 앤절라의 전략을 복사해서 붙여 넣기 했고, 앤절라는 기존 양식을 바탕으로 이메일을 작성하는 내 습관을 그대로 복사했다.

하지만 우리 두 사람은 각자 학생들과 면담하며 그들에게 간단한 제안(이 수업에서 가장 좋은 성적을 올리고 있는 친구에게 공부법을 물어본 적이 있는가?)을 했을 때, 놀랍게도 자주 학생들의 멍한 눈빛을 마주해야 했다. 우리는 때로 복사하고 붙여 넣기 전략이 자연스럽게 이뤄진다는 걸 알고 있다. 나의 MBA 학생들이 박수 치는 친구들을 자연스럽게 따라 했던 것처럼. 캐시 역시 채식주의자들과 함께 생활하면서 그들의 접근방식을 그대로 따라 함으로써 자신의 식습관을 바꿀 수 있었다. 그러나 앤절라와 나는 의외로 많은 사람이 주변의 동료를 그대로 따라 할 수 있는 기회를 제대로 인식하지 못한다는 걸 알게 되었다. 채식주의자와 함께한 일주일이 캐시의 삶을 완전히 바꿔 놓기는 했지만, 이전에 그녀는 채식주의자를 '찾아보려는' 생각은 한 번도 하지 않았던 것이다.

이유가 무엇일까? 그건 아마도 1977년에 사회심리학자인 리 로스Lee Ross와 데이비드 그린David Greene, 파멜라 하우스Pamela House가 그들의 논문에서 처음 언급한 "허위 합의 효과false consensus effect"[336] 때문일 것이다. 논문에서 그들은 다른 사람들 역시 자신처럼 세상을 바라보고 반응하리라 잘못 가정하는 인간의 일반적인 성향에 대해 설명했다. 예를 들어, 아침 토크쇼에서 한창 떠들어대고 있는 해독 주스가 사실은 말도 안 되는 소리라고 생각한다면, 우리는 다른 사람들 역시 그렇게 생각할 것이라고 믿는다. 그리고 도시의 삶이 이상적이라고 생각한다면, 우리는 자신과 마찬가지로 시골에 사는 대다수의 사람이 도시로의 이주를 갈망할 거라고 믿는다. 또한 내가 맛있는 채식주의 식사를 만드는 법을 알지 못한다면, 다른 사람들(채식주의자까지도!) 역시 이와 관련된 정보가 없으리라 생각한다. 그러나 실제 세상은 우리의 상상보다 훨씬 더 다양한 삶을 품고 있으며, 현실 속에는 믿음과 행동, 지식에서 폭넓은 차이가 분명히 존재한다.

몇 년 전, 앤절라와 나는 (1) 사람들이 간과하는 지식을 풍부하게 가지고 있는 이들을 찾아보고, (2) 그들의 기술을 그대로 복사해서 붙여 넣기를 하도록 격려한다면, 더 많은 사람이 목표를 달성할 수 있으리라 생각했다. 다른 사람들이 알고 있는 것을 이미 자신이 알고 있다고 생각하는 인간의 성향 때문에 타인에게서 배울 수 있을 것들을 과소평가하고 있다면, 작은 자극을 활용함으로써 우리의 사회적 관계를 더욱 효과적으로 활용할 수 있을 것이었다.

와튼 스쿨 박사과정 학생인 케이티 메르Katie Mehr가 이끈 두 연구에서,[337] 연구자들은 피실험자들에게 다른 이들의 뛰어난 삶의 기술을 복사해서 붙여 넣을 수 있도록 독려했다. 그 결과 더 많이 운동하려는 성인이나 학점을 올리려는 대학생들이 각각 운동을 더 많이 하고 수업 준비를 더 잘할 수 있는 동기를 부여받았다는 사실이 확인됐다. 복사해서 붙여 넣기 전략을 통해 작은 성공을 거둔 것이다.

그다음, 우리는 보다 야심 차고 정교한 실험에 착수했다. 운동을 더 많이 하고 싶어 하는 1,000명 이상의 사람들을 모아 무작위로 세 그룹에 할당했다. 가장 먼저, 통제 그룹에는 단지 어떻게 운동량을 늘릴 것인지 계획을 세워 보도록 독려했다. 다음으로 첫 번째 실험 그룹에는 계획을 세우는 동시에 복사해서 붙여 넣기 전략을 활용하도록 독려했다. 그리고 두 번째 실험 그룹에는 계획을 세우고 다른 사람이 개발한 기술(가령, '운동 1시간당 소셜미디어 15분을 자신에게 허락하기')을 그냥 따라 하게 했다.

실험이 끝났을 때 우리는 이전에 발견했던 것처럼, 운동을 강화하는 기술을 따라 하도록 독려한 것이 단지 계획을 세우게 한 것보다 더 효과적으로 작동했다는 사실을 확인했다. 그 기술의 출처가 어디인지와는 상관없이 말이다. 그러나 흥미로운 것은, 다른 누군가로부터 방법을 배웠을 때보다, 스스로 복사해서 붙여 넣기 전략을 활용했을 때 효과가 더욱 분명했다는 점이다. 실험 데이터를 꼼꼼히 분석해 보자, 복사해서 붙여 넣기를 할 운동 기술을 찾는 과정에서 사람들이 자신의 생활방식에 가장 잘 맞는 방법을 발견했다는 걸 알 수 있었다. 게다가 그들은 한결 적극적으로 정보를 수집하기 위해 자신의 롤 모델과 더 오랜 시간을 함께 보냈고, 그 과정에서 좋은 습관을 더 많이 발견해 냈다. 결론적으로, 사람들은 그들의 동료가 활용한 성공적인 전략을 '그대로' 따라 함으로써 얻을 수 있는 효과에 대한 우리의 추측을 확인시켜 줬다. 당신이 건강하길 원한다면, 건강법을 소개하는 책이 분명히 도움 될 것이다. 하지만 건강한 동료와 함께 시간을 보내면서 아이디어를 찾는 것이 한결 나은 결과를 가져올 수 있다.

자신에 대한 확신을 가질 수 없을 때, 우리는 주변 사람들로부터 무엇이 가능한지를 확인함으로써 자신감을 강화할 수 있다. 실제로 우리는 타인의 조언보다 관찰을 통해 더 많은 영향을 받는다.[338] 캐시의 경우, 채식주의 동료들이 주방에서 요리하거나 레스토랑에서 주문하는 모습을 보면서 자신도 도전해 보기로 결심했다. 마찬가지로 열심히 공부하는 중대의 생도들을 따라잡아야 한다는 압박감을 느꼈던 생도들의 성적은 향상되었다. 그러한 분위기가 형성되었을 때, 적어도 일부 생도는 자신이 따라 할 수 있는 학습 방법을 인식했다. 나는 최근 연구를 통해 우리가 적극적으로 복사해서 붙여 넣기 전략을 실행할 때, 더 많은 도움을 얻을 수 있다는 사실을 확인했다. 하지만 인간이 동료들로부터 자연스럽게 전략을 이끌어 낼 수 있다면, 복사해서 붙여 넣으라는 넛지 같은 건 애초에 필요가 없을 것이다.

다행히 복사해서 붙여 넣기 전략을 실행하는 일은 그리 어렵지 않다. 목표를 달성하지 못했을 때, 높은 성취를 이룩한 동료들에게서 해답을 찾아보라. 숙면을 원한다면, 자신과 생활 습관이 비슷한데 잠을 충분히 자는 친구에게 도움을 얻을 수 있다. 대중교통으로 출퇴근하고 싶다면, 지하철 시간표만 뒤질 게 아니라 자동차를 포기한 이웃과 이야기를 나눠 보자. 자신이 원하는 것을 이미 성취한 사람을 발견하고 그들의 전략을 복사해서 붙여 넣는다면, 단지 사회적 영향력이 자신에게 스며들기를 기다리는 것보다 훨씬 더 빠르게 목표에 도달할 수 있을 것이다.

사회 표준의 영향력

이미 당신도 숙박한 호텔의 욕실에서, 물 절약을 위해 수건을 재사용해 달라는 문구를 본 적이 있을 것이다. 당신이 나와 비슷하다면, 처음 이 문구를 봤을 때 잠시 멈칫했을지도 모르겠다. 지저분한 호텔 욕실에 정체 모를 육식 곰팡이가 자라고 있으면 어쩌지(사실 그럴 리가 있겠는가. 그저 내 상상일 뿐이다)!

심리학자 노아 골드슈타인Noah Goldstein과 밥 치알디니Bob Cialdini, 블라다스 그리스케비치우스Vladas Griskevicius는 '수건 재사용'이라는 개념이 일부 숙박객에게 이상하게 들릴 수 있다고 생각했다. 그래서 한 호텔과 협력해서 더 많은 사람이 친환경적인 선택을 하게끔 설득할 방법을 고민했다.[339] 이를 통해 사회적 영향력을 행사할 수 있으리라 본 것이다. 많은 이가 수건 재사용의 개념을 이상한 아이디어로 여긴다면, 이를 일반적인 행동으로 보이게 만들면 도움이 되지 않을까? 그런데 문제가 하나 있었다. 호텔의 숙박객들은 수건 재사용과 관련해서 다른 숙박객들이 어떻게 행동하는지 관찰할 수 없다는 것이다(샤워는 지극히 개인적인 활동이다!). 이 문제를 해결하기 위해 연구원들은 단지 무엇이 일반적인 행동인지를 '설명'하고자 했다. 이론적으로 보면, 인간은 다른 이들의 행동을 직접 보지 못해도 그들의 행동에 관한 글을 읽을 때, 표준이 행동을 형성할 수 있어야 한다. 하지만 이 가설엔 검증이 필요했다.

그들은 호텔 욕실에 붙어 있던 안내문을 다음과 같은 문구로 새롭게 대체했다. "환경 보호를 위한 숙박객들의 노력에 동참하세요." 그러고는 숙박객 75%가 수건을 여러 번 사용한다는 설명을 추가로 달았다. 결과는 고무적이었다. 수정된 안내문이 수건 재사용의 비중을 18%나 높인 것이다. 그러나 더욱 인상적인 사실은 새로운 안내문을 다시 살짝 수정함으로써 그 영향력을 2배 가까이 높였다는 것이었다. 수정된 것은 수건을 재사용한 숙박객을 당신이 묵고 있는 '바로 그 방'에 묵은 사람들로 바꾼 것이다. 이로 인해 33%나 더 많은 사람이 수건 재사용을 선택했다. 개인적으로는, 이것이 이번 연구에서 가장 흥미로운 부분이었다. 이는 사람들이 자신과 비슷한 환경(피상적인 차원일지라도)에 처했던 사람의 행동을 더 많이 따라 하려고 한다는 사실을 알려 준다.

페이스북상에서 이뤄진 투표 실험이 인간의 이러한 성향을 더욱 뚜렷하게 보여 주었다.[340] 세계 최대 소셜네트워크 기업인 페이스북은 투표율을 높이기 위한 일환으로 무작위로 선택한 미국 사용자들에게 그들의 친구 중 많은 이가 이미 2010년 중간선거에서 투표를 했다며, 친구들의 사진을 많게는 6장까지 보여 주었다. 페이스북 친구의 투표 참여 알림은 많은 사용자로 하여금 투표장에 가게 만들었는데, 그중 '가까운' 친구가 언급되었을 때 그 효과는 4배나 더 높았다.

이러한 연구 결과를 보면, 자신이 누군가와 가깝고 그들이 처한 상황이 현재 자신의 상황과 더 비슷할수록, 인간은 그들의 행동에 더 많은 영향을 받는다는 사실을 알 수 있다. 비록 그 행동을 직접 관찰한 게 아니라, 단지 설명으로 들은 게 전부라고 해도 말이다. 또한 이들 연구는 사회적 표준 활용을 영향력의 도구로 설명한다. 무엇이 일반적인지 설명함으로써 우리는 대규모 집단의 행동을 보다 긍정적으로 바꾸는 데 실질적인 도움을 줄 수 있다.

하지만 이러한 전략에 따르는 심각한 윤리적 문제에 주목할 필요가 있다. 나치가 유태인 대학살의 과정에서 어떻게 일반적인 독일 국민들에게 동조를 강요할 수 있었을까? 이를 이해하고자 했던 과학자들은 사회적 표준의 영향력에 관한 수많은 연구를 추진했다.[341] 그리고 이러한 연구 결과는 사회적 압력이 우리로 하여금 심각하게 비도덕적인 일을 하도록 설득하는 데 활용될 수 있음을 보여 줬다.[342] 따라서 사회적 압력 속 잠재된 강압적 힘을 경계할 필요가 있다.

나는 MBA 학생들에게 사회 표준의 영향력을 설명할 때마다, 그들이 어린 시절에 많이 들었을 이야기를 상기시키곤 한다. "다른 사람들도 다 그렇게 해." 이제 우리 대부분은 어린 시절 이후로 이런 말이 나쁜 습관을 옹호하는 데 적절한 변명이 아니라는 사실을 알게 되었을 것이다. 그런데도 이 같은 사회적 압력은 여전히 해로운 영향력을 미칠 수 있다. 단, 좋은 소식이 있다면 이 같은 힘을 얼마든지 약화시킬 수 있다는 사실이다. 행동을 강요하는 사람과 직접 대면하지 않을 때, 이를 숙고할 기회가 있을 때, 우리가 의도하는 행동에 대해 회의적인 입장을 취하는 동료와 함께 논의할 수 있을 때, 사회적 압력의 강압적 활용은 그 힘을 잃는 경향이 있다.[343] 그러니 무언가 찜찜하고, 경솔하다 싶고, 혹은 비윤리적인 것 같은 행동을 실천하는 대열에 무작정 뛰어들기 전에, 잠시 숨을 고르고, 압력을 행사하는 사람과 직접적인 관계를 피하면서, 더 나은 의사결정을 위해 반대 입장에 서 있는 사람(이 경우, 선의를 가진)과 이야기를 나눠 보길 권한다.

　사회 표준이 비도덕적인 목적을 위해 사용될 수도 있지만, 그렇다고 해서 언제나 악에만 기여하는 건 아니다. 그러한 경우는 그리 흔치 않다. 사회 표준이 사람들을 돕기 위해 활용될 때, 비로소 인간의 행동을 보다 긍정적으로 바꾸는 과정에 중요한 역할을 할 수 있다. 스콧 캐럴이 학업에 어려움을 겪고 있는 공군사관학교 신입 생도들을 보며 도움을 줄 수 있으리라 생각한 것도, 바로 그러한 가능성을 염두에 두었기 때문이었다.

사회적 영향력의 역효과

공군사관학교 측으로부터 1학년 생도들의 성적 부진에 관한 연락을 받았을 때, 스콧은 중대 편성이 신입 생도의 성적에 미치는 영향을 보여 주는 자신의 연구를 되짚어 보았다. 전화를 끊은 뒤, 그는 책상에 앉아서 세부적인 계획을 세웠다.

　스콧은 기존처럼 생도들을 무작위로 중대에 배정하는 방식 대신, SAT 언어영역에서 하위 성적권의 생도와 상위 성적권의 생도를 같은 중대에 배정하는 방식을 제안했다.[344] 그는 성적이 우수한 학생이 동료들에게 영향을 미쳐 전체적으로 성적을 끌어올릴 것으로 예상했다. 게다가 이러한 방법에는 비용이 전혀 들지 않는다.

공군사관학교의 고위급 인사들도 이러한 기대를 바탕으로, 스콧 연구팀이 계획을 실행에 옮기고 또 실험적 접근방식을 기반으로 계획의 가치를 입증할 수 있도록 허락했다.[345] 이 계획이 성공으로 돌아간다면, 전 세계 다른 대학들 역시 이를 성공의 발판으로 삼을 수 있을 것이었다.

2007년과 2008년, 미 공군사관학교 행정부는 스콧 연구팀의 세부적인 지시에 따라 성적이 낮은 생도와 높은 생도를 같은 중대에 배정하면서 최고 성과자의 학습 습관이 파급 효과를 미칠 수 있기를 기대했다(중간 성적권의 생도들은 그들끼리 중대를 형성했다). 한편, 비교할 기준을 마련하기 위해서 나머지 중대는 기존 방식, 즉 무작위로 배정됐다. 시간이 흐른 뒤 해당 실험을 마무리하면서 스콧과 동료 연구원들은 두 그룹의 학업 성과를 비교했다.

스콧은 이번 실험에 대단히 자신이 있었기에 데이터가 나오기도 전에 자신이 예상한 결과를 소개하는 보고서의 서문을 작성하기 시작했다. 하루라도 빨리 이 성공 스토리를 전해 전 세계 수많은 학교가 이러한 혁신으로 도움을 얻을 수 있길 바랐다. 그래서 생도들의 성적 데이터를 처음 분석했을 때, 스콧은 무척이나 당황했다. 무언가 오류가 있는 게 틀림없었다. 그는 데이터 관리팀에 전화를 걸어서 이렇게 물었다. "실험 그룹과 통제 그룹의 자료가 바뀐 것 아닌가요?"

그러나 틀린 것은 스콧의 예측이었다. 직접 데이터를 검토한 뒤 스콧은 실망스러운 결과를 받아들여야 했다. 새로운 중대 편성 알고리즘은 신입 생도의 성적에 2년 연속으로 도움이 아닌, 악영향을 미쳤다. 신중하게 선발된 중대 신입 생도들의 평균 성적은 기존 방식에 따라 무작위로 할당된 생도들보다 더 낮았다. 이에 새로운 중대 편성 시스템이 다음 신입 생도가 들어오기 전에 폐지될 것이라는 소식을 들은 스콧은, 부리나케 전화를 걸면서 속으로 외쳤다. '오, 이런!'

사실 이번 실험을 마무리하는 것은 그의 첫 번째 임무일 뿐이었다. 스콧의 두 번째 임무는 그러한 전략이 역효과를 일으킨 '원인'을 알아내는 것이었다. 스콧은 이를 파악하고자 생도들을 대상으로 설문조사를 하고 더 많은 데이터를 분석했다. 문제의 원인을 충분히 확인하는 데는 오래 걸리지 않았다. 연구원들의 기대처럼 여러 성적권의 생도들이 서로 섞이면서 영향을 주고받는 대신, 성적이 높은 생도와 낮은 생도는 뚜렷하게 분리되었다. 극단에 있는 생도들 사이에서 사회적 다리 역할을 하는 중간 성적의 생도가 없어지자 중대는 양극화되었고, 학습에 어려움을 겪는 학생들은 더욱 힘들어졌다. 스콧의 제안이 모두가 기대했던 사회적 영향력 전략의 심각한 역효과를 의도치 않게 드러낸 것이었다.

당신이 언제나 동료와 급우, 혹은 이웃 사이에서 뒤처지는 상황을 상상해 보라. 당신은 언제나 그들보다 수입이 적고, 달리기도 늦고, 성적도 낮다. 슈퍼스타 동료들과 비교할 때 당신의 모습은 항상 초라하다. 끔찍한 이야기처럼 들리는가? 그럴 때, 당신은 아마도 무력감에 시달리면서 높은 성과자 근처에는 가고 싶지도 않을 것이다. 스콧의 발견을 예외적인 상황으로 치부하고 넘어갈 수도 있었지만, 나는 여러 증거를 통해 다른 이야기를 확인할 수 있었다.[346]

나는 경제학자 그룹과 함께 팀을 꾸려서 미국의 한 제조 대기업 직원들의 퇴직연금 저축률을 높이는 데 도움을 주었다. 그리고 이 과정에서 한 가지 교훈을 얻었다.[347] 다행스럽게도 근로자 대부분은 이미 높은 수준으로 저축을 하고 있었지만, 수천 명에 달하는 직원들은 여전히 걱정스러울 정도로 충분히 저축하지 않거나, 혹은 아예 저축하지 않았다. 저축에 적극적으로 반대하는 사람은 거의 없었다. 단지 기업의 퇴직연금 프로그램에 가입하지 않았을 뿐이었다. 우리 입장에서 보면, 이들이야말로 작은 사회적 압력을 통해 도움을 줄 수 있는 좋은 대상이었다. 만약 그들이 저축을 너무 힘든 일로 생각하고 있다면, 얼마나 많은 동료가 충분한 저축을 실천에 옮기고 있는지 알려 줌으로써 그러한 생각을 바로잡을 수 있지 않을까? 또한 메시지를 통해 그들에게 건강한 죄책감과 경쟁심을 심어 줄 수 있을 것 같았다.

그러나 스콧의 경우와 마찬가지로, 우리의 계획은 역효과를 일으켰다. 사실, 우리는 이중의 어려움을 겪었다. 첫째, 대부분의 동료가 충분한 저축을 하고 있다는 사실을 언급하자, 퇴직연금 프로그램의 가입률이 오히려 '떨어졌다.' 둘째, 한 직원 연령 그룹에서 저축자로 보고된 비중을 77%에서 92%로 실험적으로 높이자(비교를 위해 사용된 연령 구간의 폭을 무작위로 설정했다[348]) 가입자 수가 오히려 더 줄어드는 경향을 보였다. 이는 우리가 더욱 강력한 사회 표준을 전달할수록

262

상황이 더 나빠졌다는 뜻이다. 우리의 실험 결과가 스콧의 경우보다 설명하기 더 어려워 보이긴 했지만, 후속 연구를 통해 우리는 이런 결론에 도달했다. 적절한 퇴직 보금자리는 오랜 시간에 걸쳐 축적되는 것이며, 인내가 필요하다. 무슨 뜻인가? 우리가 단 몇 주 만에 앞서가는 존스 부부를 따라잡을 수는 없다는 말이다. 이미 잘 훈련된 저축자와의 비교는 자신이 뒤처질까 걱정하는 사람들에게 정확하게 '잘못된' 메시지가 될 수 있었다. 우리가 보낸 메시지는 아마도 사람들의 전망을 더욱 암울하게 만들었을 것이다. 다시 말해, 그들이 앞선 이들을 결코 따라잡지 못할 것이라고 느끼게 한 것이다!

이러한 결과를 보며, 우리는 앞에서 설명했던 자포자기 효과에 대해 생각하게 됐다.[349] 인간은 실패를 예감할 때, 아예 포기해 버리는 경향이 있다. 마찬가지로 우리는 최저 소득자 집단이 주변의 많은 동료가 퇴직을 위해 저축을 하고 있는지 알게 되었을 때 가장 뚜렷한 역효과를 보였다는 사실을 확인했다.

우리의 연구와 미 공군사관학교의 사회 공학적 시도의 실패는 중요한 교훈을 남겼다. 사회적 영향력이 선하게 작동하려면, 우수한 성취자와 도움이 필요한 사람 사이에 지나치게 뚜렷한 차이가 있어서는 안 된다. 당신이 수영을 더 잘하고 싶다면, 올림픽 금메달리스트 케이티 러데키 옆에서 훈련을 시작하면 안 된다. 그녀의 루틴을 복사해서 붙여 넣기를 할 수는 있겠지만, 타고난 재능의 한계가 그녀의 훈련 프로그램에 대한 관찰로부터 얻는 이익을 모두 상쇄해 버릴 테니까.

퇴직연금 저축에 대한 우리 팀의 연구 결과 역시 깨달음을 안겼다. 다른 사람의 성취가 쉽고 빠르게 따라잡을 수 있을 것 같을 때에만, 그들의 성취에 대한 설명이 효과적인 동기부여가 될 수 있다는 것이다. 어떤 목표는 간단한 변화만 요구한다. 하지만 대다수의 목표는 더욱 복잡하고 광범위한 노력을 요구한다. 친환경적인 생활 습관을 갖길 원한다면, 한 달 동안 에너지 사용 습관을 바꿈으로써 절약 챔피언이 될 수 있다. 한결 활동적인 삶을 원한다면, 하루에 걷는 걸음 수를 늘리는 것이 도움이 될 것이다. 하지만 퇴직연금 저축의 목표를 하룻밤 새에 달성할 수는 없다. 지속적인 노력이 요구되는 목표일 경우, 동료들보다 '한참' 뒤처졌다는 깨달음은 오히려 사기를 저하시킬 위험이 있다.

퇴직연금 저축액 늘리기와 같은 장기적이고 추상적인 목표보다, 투표 참여나 소셜미디어 사용 시간 줄이기 같은 구체적이고 즉각적으로 성취 가능한 목표에 집중할 때, 사회적 영향력 전략은 더욱 강력한 효능을 발휘할 수 있다. 다행스럽게도, 장기적인 목표를 단기적으로 성취 가능한 목표로 바라보게 만드는 방법이 있다. 3장에서 거대한 목표를 더 작은 하위 요소로 구분하는 전략의 중요성을 보여 주는 연구를 소개했다. 가령 저축을 한 달에 150달러 하는 대신 하루에 5달러 하도록 독려하거나, 자원봉사를 1년에 200시간 하는 대신 일주일에 4시간 하도록 독려하는 방법처럼 말이다. 거대한 목표를 분할하는 전략은 실천 가능해 보이는 것과 달성이 불가능해 보이는 것 사이의 격차를 메우고, 사회적 영향력 전술의 잠재적인 역효과를 예방하는 데도 도움이 된다. 사회 표준과 관련된 메시지는 한두 번이 아니라 몇 년에 걸쳐 반복적으로 전달함으로써 행동을 변화시킬 수 있다. 이처럼 우리는 작고 구체적인 변화를 격려함으로써 장기적으로 큰 차이를 만들어 낼 수 있다.

누군가가 당신을 지켜본다

앞서 소개한 박수 실험은 사회 표준의 가장 뚜렷한 특성 중 하나를 잘 보여 준다. 인간은 자신이 관찰의 대상이 되고 판단을 받고 있다는 사실을 인지할 때 자신의 행동을 바꾼다. 이것이 표준이 만들어 내는 압력이다. 이러한 압력이 유해해 보일 수 있지만(실제로 그럴 수 있다), 동시에 여기엔 긍정적인 행동 변화를 자극하는 잠재력도 있다.

누군가가 자신을 지켜보고 있다는 느낌이 행동에 어떤 영향을 미치는지 이해하고 싶은가? 그렇다면 미시건 주민 2만 명이 우편함에서 낯선 편지를 발견한 2006년 어느 날 벌어진 일을 생각해 보자.

얼핏 보기에는, 그 편지가 다가오는 예비 선거일에 투표하라는 선거 운동원들의 일반적인 요청 같았다. 그러나 자세히 들여다보니 편지 안에는 개인적인 정보가 담겨 있었다. 편지의 수령자가 투표했거나 투표하지 않았던 최근 선거의 목록과 함께 이웃들의 투표 여부에 관한 보고서도 포함되어 있었다. 그 편지는 개인적인 투표 이력을 보여 주는 것은 물론, 선거일 직후에 업데이트된 데이터를 공동체 전체에 공지하겠다는 약속도 했다. 메시지가 무엇을 의미하는가? 투표하거나 이웃에게 나쁜 시민으로서 비치거나 둘 중에 선택하라?

당신은 아마도 어떤 정치인이 이처럼 공격적인 우편물을 보낼 정도로 무모한지 의아할 것이다. 그러한 의심은 어찌 보면 당연하다. 하지만 이 편지는 선거에 출마한 후보자가 보낸 것이 아니었다. 대신 정치학자인 앨런 게버Alan Gerber와 도널드 그린Donald Green 그리고 크리스토퍼 라리메르Christopher Larimer가 투표율을 높이기 위한 경제적인 전략을 실험할 목적으로 보낸 것이었다.[350]

이들 연구원은 적법한 유권자에 대한 공식 데이터 목록에서 18만 개 이상의 주소를 수집했고, 사람들에게 보낼 다가오는 선거에 대한 알림을 서로 다른 네 가지 유형의 문구로 작성했다. 그들은 일부 유권자에게는 그 어떤 편지도 보내지 않았고, 다른 일부에게는 일반적인 투표 알림 편지를 보냈다. 이들 두 집단은 이번 연구에서 비교를 위한 기준이었다. 그리고 나머지 가구에게 선거일에 투표를 독려하는 다양한 사회적 압력을 담은 편지를 보냈다. 가장 극단적인 유형은 특정 지역에 거주하는 모든 주민의 과거 투표 참여 이력을 보여 주는 편지였다. 또 한쪽 유형에게 보낸 편지에는 같은 집에 거주하는 사람의 투표 참여 이력이 담겨 있었고, 마지막 유형에게 보낸 것에는 단지 과학자들이 연구를 수행하고 있으며, 우편 수령인이 투표를 하는지 확인할 예정이라는 내용만 언급되었다.

　나는 이 실험에 관한 이야기를 처음 접했을 때, 내 귀를 의심했다. 어쩐지 빅브라더 같은 느낌이 들었기 때문이다. 하지만 사람들로 하여금 공개적인 수치심에 직면하게 만드는 연구에 관한 도덕적 의구심 여부를 논의하기 전에, 이번 사회적 압력 캠페인이 어떻게 작동했는지부터 설명하겠다. 그 결과가 대단히 충격적이었기 때문이다.

　단순한 알림 메시지를 담은 유형의 편지는 투표율을 2%포인트 가까이 끌어올렸다(투표율이 낮거나 박빙의 상황에서는 대단히 중요한 수치다). 반면 과학자의 추적을 공지한 메시지를 담은 편지의 경우, 2.6%포인트 상승으로 이어졌다. 그러나 자신의 취한 행동을 내가 아는 누군가가 알게 되는 것에 책임을 져야 하는 상황이 되자, 실질적인 변화가 일어나기 시작했다. 함께 사는 구성원 모두가 자신의 투표 여부를 알 수 있게 하겠다는 편지를 받은 이들의 경우, 투표율이 4.9%포인트 증가했다. 그리고 자신의 투표 여부를 주변 모든 이웃에 공개하겠다는 메시지를 전했을 때, 상황은 가장 극단적으로 변했다. 투표율이 8.1%포인트 증가한 것이다. 내가 알기로, 어떤 유형의 우편 캠페인도 투표율 증가에서 이 정도의 성과를 얻은 적은 없다.

　이 같은 형태의 사회적 책임의 효과가 그리 낯설지는 않을 것이다. 특히 당신이 크리스마스를 앞두고 자녀에게 착한 행동에 대한 동기를 부여하기 위해 산타클로스의 전지전능함을 사용했다면(혹은 당신의 부모가 그 전략을 당신에게 사용했다면) 말이다. 영화배우 빙 크로스비

267

부터 프랭크 시나트라와 머라이어 캐리에 이르기까지 수많은 이가 우리에게 이렇게 경고한다. "그는 네가 착한 애인지 나쁜 애인지 알고 있으니, 부디 착하게 행동하렴!" 적어도 우리 집에서는 산타가 내려다보고 있고, 마음에 들지 않으면 그가 선물을 주지 않을 수도 있다는 위협이 놀라운 힘을 발휘한다. 내 아들은 12월이 되면 세상에서 가장 착한 아이가 된다. 다만 부모가 자녀에게 사용하는 이 같은 훈육의 기술은 권력 구조가 비대칭적인 상황일 때만 힘을 발휘한다. 이러한 사실이 이번 연구를 듣고 처음으로 내가 느꼈던 의구심으로 돌아가게 만들었다.

나의 우려는 정당한 것으로 드러났다. 대단히 효과적이기는 하지만, 그 실험은 심각한 부작용을 초래했고(한 기자는 누가 그런 우편물을 보냈는지 알아내기 위해 반송 주소의 우편 사서함에서 며칠을 잠복했다고 한다), 이것이 바로 당신이 이와 비슷한 편지를 받지 않은 이유가 될 것이다.

이러한 문제점에도 불구하고, 나는 이 연구가 대단히 흥미롭다고 생각한다. 그 이유는 사회적 책임을 부과함으로써 사람들의 행동을 극적으로 바꿀 수 있다는 사실을 뚜렷하게 보여 주기 때문이다. 우리는 이러한 방식으로 사회적 책임을 이행 장치로 바꿀 수 있다. 가령, 동료에게 자신이 이번 봄에 공인회계사 시험을 볼 계획이라고 말한 뒤 정말로 시험을 봤는지 동료가 알 수 있게 한다면, 부작용의 위험 없이 자신에게 책임을 부과하는 효과를 얻을 수 있다. 혹은 친구에게 헬스장에 함께 다니자고 요청하는 것도 방법이다. 그렇게 하면, 당신과 친구 모두 운동을 빼먹게 될 때 책임을 느끼게 된다. 또한 운동을 보다 즐겁게 할 수 있는 추가적인 혜택도 누릴 수 있다.[351]

물론, 다른 사람이 목표를 향해 나아가도록 자극하기 위한 접근방식으로서 책임을 활용하고자 한다면, 우리는 이러한 방식이 야기할 수 있는 분노에 주의해야 한다. 누군가를 다른 사람의 감시에 노출시키겠다는 협박은 직접적으로 적대감을 자극할 수 있다. 하지만 세부사항에 대해 조금만 관심을 기울인다면, 이러한 사회적 압력을 보다 안전하게 활용할 수 있다. 2013년에 캘리포니아에서 이뤄진 실험이 바로 여기에 해당한다.

그 실험의 목표는 주택 소유주들이 에너지 수요가 정점에 도달하는 시기(즉, 모두가 에어컨을 켜는 무더운 시기)에 서비스 제한을 받아들이는 녹색 에너지 프로그램에 가입하게 만드는 것이었다.[352] 이는 힘든 과제임이 분명했지만, 연구팀에겐 기발한 아이디어가 있었다. 이들은 주택 소유주의 녹색 에너지 프로그램 가입 여부에 관한 정보를 다른 이웃에게 공유하는 대신, 일부 지역에서 주택 소유주들이 스스로 그 이야기를 퍼뜨리고, 자신의 이름으로 서명해야 하는 공식적인 게시판을 만듦으로써 누가 가입을 했는지, 혹은 하지 않았는지 알 수 있게 했다. 또 다른 지역에서는, 게시판에서 익명의 ID 숫자로 서명하게 해서 이웃들이 얼마나 많은 사람이 이 프로그램에 자신보다 먼저 가입했는지는 알 수 있지만, 누가 가입했는지는 알 수 없게 했다.

그 결과, 뚜렷한 차이가 드러났다. 이름이 드러나는 공식 게시판을 만들자 녹색 에너지 프로그램의 인기가 3배로 치솟았다. 더욱 중요한 사실은 이번에는 어떠한 부작용도 없었다는 것이다. 가입은 선택이었고, 자신이 배제된다는 느낌도 들지 않았다. 게다가 공식적으로 서명하는 건 이를 자랑할 수 있는 기회처럼 보였다. 기반이 되는 원리는 동일했다. 모두 공식적인 책임에 관한 것. 그런데도 공개가 자랑할 기회처럼 느껴질 때, 사람들은 완전히 다르게 반응했다.[353]

우리들 중 대다수는 자신이 친구와 이웃, 동료에게 선하고 성실하면서도 성공적인 사람으로 비치길 원한다.[354] 이 때문에 다른 사람이 자신의 행동을 볼 때 '옳은' 일을 하고 그리고 자신의 평판을 더럽힐 수 있는 '잘못된' 선택을 하지 말아야 한다는 강력한 동기가 작용한다. 사람들의 이러한 본능을 부작용 없이 성공적으로 이용하고 싶다면, 그들이 칭찬을 얻거나 혹은 포기하는 걸 선택할 수 있도록 허용해야 한다.

결론적으로, 다른 사람이 더 나은 행동을 하게끔 자극하고자 할 때, 우리는 칭찬을 추구하는 인간의 본성을 활용할 수 있다. 가령 한 연구에 따르면, 인간은 자신이 무엇을 기부했는지 공개적으로 발표될 때 더 많이 기부하고자 했다.[355] 그러므로 기부금을 모금하고 있다면, 사람들이 그들의 관대함을 자랑할 수 있는 방법을 찾아라. 또 더 많은 직원이 직장 내 훈련이나 교육 프로그램에 참여하게끔 만들고자 한다면, 공식 서명 게시판을 활용하는 방법을 고려하라. 그러면 '올바른' 행동을 위한 사회적 압력이 형성되고, 또한 그 목록이 증가할수록 사회적 표준이 유리한 방향으로 작용할 것이다. 즉, 자신이 서명하는 것이 '멋진' 행동이라는 사실이 분명해질 것이다.

선을 위한 사회적 압력

사회적 압력은 비슷한 상황에 처한 많은 사람의 행동을 집중 조명해서 자기 의심을 극복하는 데 도움을 준다. 그리고 이는 마침내 행동 변화를 이끌어 내는 강력한 원동력이 될 수 있다. 그런데 선을 위한 행동이 인기가 없다면? 직장 내 많은 사람이 재활용을 하지 않고, 동료에게 조언을 주지 않으며, 안전 규칙을 지키지 않고, 자신과 다른 사람이 일관되게 행동하도록 도움을 주지 않는다면?

그렇다고 희망이 없는 것은 아니다. 연구 결과, 어떤 행동이 대단히 인기 있지 않더라도 조금씩 인기를 얻어가고 있다면,[356] 그러한 흐름을 공유함으로써 사람들을 설득할 수 있다는 사실이 밝혀졌다.[357] 당신은 새로운 컴퓨터 프로그래밍 교육 과정에 등록한 사람이 동료 중 20%에 불과하다는 걸 알게 된다면, 아마 등록을 망설이게 될 것이다. 하지만 교육 과정 등록률이 작년에 비해 2배 증가했다는 소식을 듣는다면, 아마 다르게 생각할 것이다. 등록률이 증가하고 있다는 소식은 지금은 사람들에게 표준이 아닌 행동이 나중에는 '모두가' 하는 행동이 될 것이라는 메시지가 되기 때문이다.

지금까지 우리는 사회적 압력을 활용해서 다른 사람이 목표를 달성하는 데 도움을 주는 일에 주목했지만, 이 전략은 자신에게 적용할 수 있는 강력한 도구이기도 하다. 가령 마라톤을 완주할 계획을 세우고 있다면, 결승점을 통과하는 느낌이 어떤 것인지를 잘 아는 사람들과 함께 훈련하고 함께 달리는 일정을 잡아라. 그리고 스마트 워치 핏비트를 서로 동기화해서 그들이 당신의 기록을 볼 수 있게 하고, 당신이 게으름을 피울 때 질책해 달라고 하자. 또한 그들에게 효과가 있었던 방법을 그대로 복사해서 붙여 넣을 수 있게 조언을 요청하자.

이러한 방법은 그리 어려운 일이 아님에도, 충분한 관심을 받지 못하고 있다. 많은 이가 의식적으로든 무의식적으로든 사회적 압력으로부터 도움을 받는다. 친구들의 식습관을 따라 하다 채식주의자가 되는 데 성공한 캐시나 공군사관학교에서 성적이 우수한 생도들이 의도하지 않았음에도 부대의 다른 생도들의 학습 습관에 좋은 영향을 미쳤음을 확인한 스콧의 경우를 떠올려 보자. 우리가 사회적 압력을 올바로 사용한다면, 능력과 자신감을 강화할 수 있는 것은 물론 더 많은 것을 성취할 수 있다. 또한 동료와 친구들에게도 그와 똑같이 할 수 있는 법을 알려 줄 수 있다.

요약

- 목표를 향해 달려가다가 자기 의심에 직면하거나 확신을 잃어버릴 때, 우리는 주변 사람들로부터 가능한 것이 무엇인지 확인함으로써 자신감과 확신을 강화할 수 있다.

- 우리의 의사결정은 동료 집단의 기준에 크게 영향을 받는다. 따라서 야심 찬 목표를 성취하고자 한다면, 훌륭한 사람과 함께하는 것이 중요하다. 낮은 성과를 내는 사람들과 함께 있는 것은 도움이 되지 않는다.

- 어떤 행동이 일반적인지, 또 어떤 행동이 바람직한지 설명하는 것만으로도 사람들의 행동을 긍정적인 차원에서 효과적으로 개선할 수 있다.

- 인간은 관계가 가까울수록, 자신이 처한 상황과 비슷할수록 그 사람의 행동에 더 많은 영향을 받는다.

- 우리는 자연스럽게 주변 사람으로부터 영향을 받지만, 긍정적인 사람의 영향을 더 많이 받게끔 의도적으로 강화할 수 있다. 자신이 원하는 목표를 성취한 사람들을 관찰하고 그들의 방법을 복사해서 붙여 넣으면 된다.

- 인간은 누구나 주변 사람의 인정을 신경 쓰므로 다른 사람이 지켜보고 있다는 느낌이 행동에 중대한 영향을 미친다.

- 다른 사람의 바람직하지 못한 행동을 공개적으로 비난하

273

는 대신 그들의 바람직한 행동을 널리 알릴 수 있도록 허용하면, 역효과 없이 사람들에게 공식적인 칭찬을 얻을(혹은 포기할) 기회를 줄 수 있다.

- 어떤 행동이 현시점 사회 표준은 아니어도 점차 인기를 얻어가고 있다면, 그러한 흐름에 대한 정보를 공유하는 것만으로도 사람들의 행동에 영향을 미칠 수 있다.

- 주변 사람의 성취가 비현실적으로 보일 때는, 사회적 표준에 대한 관찰과 학습이 변화를 추구하려는 의지를 격려하기보다 오히려 좌절시킬 수 있다.

- 사회적 압력의 활용은 자칫 강압이 될 수 있다. 따라서 친구와 가족, 동료에게 이를 활용하기 전에, 도덕적인 책임에 대해 진지하게 고민해 보자.

- 누군가가 당신에게 사회적 압력을 강요한다면, 한 걸음 물러서서 그 사람과의 직접적인 대면을 피하고, 이에 회의적인 사람과 논의함으로써 신중하게 의사를 결정하고, 강요의 희생양이 되지 않도록 유의하라.

Chapter 8

선을 위한 변화

2018년 말, 앤절라 더크워스를 비롯한 우리 연구팀은 지금껏 추진한 것 중 가장 야심 찬 행동 변화를 실험한 초기 연구 결과를 두고 회의를 가졌다. 한 과학자가 이렇게 물었다.

"이번 프로젝트가 성공적이라고 보세요?"

이에 나는 "물론이죠!"라고 답했고, 동시에 앤절라는 "아뇨"라고 말했다.[358]

모두가 웃었다.

이러한 의견 불일치에는 그럴 만한 이유가 있었다. 우리는 미국 전역에 지점을 두고 있는 헬스장 체인 '24시간 피트니스'와 손잡고 더 많은 회원이 규칙적으로 운동하게 만드는 대규모 실험을 추진했다.[359] 미국인 중 약 50%는 충분히 운동하지 않고 있었기에(헬스장 회원권을 가진 미국인들 역시 마찬가지다),[360] 더 많은 신체적 활동을 독려하기 위한 경제적인 방법을 찾고자 했다.

그러나 우리의 대규모 연구는 예상대로 흘러가지 않았다.

24시간 피트니스의 회원 수만 명이 우리 프로그램에 참가를 신청했다. 대부분은 운동 강화를 위해 마련된 4주짜리 무료 디지털 프로그램을 앞두고 기대에 찬 모습이었다. 하지만 우리가 관심을 기울였던 것은 누가 참가 신청을 하는지나 이 프로그램에 그들이 얼마나 만족하는지가 아니라, 우리 프로그램이 얼마나 효과를 보이는지였다. 거기에는 어느 정도 논쟁의 여지가 있었다.

나는 긍정적인 소식에 집중했다. 우리가 실험한 50개 이상의 아이디어 중 대다수가 계획 수립과 알림, 즐거움, 사회 표준, 반복적인 보상의 중요성과 같은 원칙을 기반으로, 즉각적인 성공을 거뒀다. 비용이 거의 들지 않는 선에서 프로그램을 진행하는 동안, 우리는 사람들의 헬스장 출석률을 높이는 다양하고 창조적인 방법을 발견했다.

성공한 듯 보이지 않는가? 나는 그렇게 생각했다.

부정적인 소식이 들려온 것은 프로그램이 끝나고 나서였다. 우리가 실험한 대다수의 아이디어가 가져온 효과는 오랫동안 지속되지 못했다. 정확하게 말해서, 우리는 반복과 보상을 통해 사람들이 한 달 과정을 지속적인 습관으로 전환하는 데 도움을 주고자 했다. 또한 사람들의 행동을 향후 몇 년에 걸쳐 바꿔 놓을 수 있는 혁신적이고 경제적인 기술을 발견하길 원했다. 하지만 그러지 못했다. 그래서 앤절라는 이를 실패로 본 것이다.

나는 단기적인 성공으로 용기를 얻었지만, 앤절라의 실망에도 공감할 수 있었다. 어쨌든 지속적인 효과를 드러내는 4주짜리 프로그램을 발견하지 못한 건 분명했으니까. 우리는 규칙적으로 운동하길 원하는 사람들이 직면하게 되는 중요한 내적 장애물, 이를테면 재미를 못 느끼거나 관성 혹은 잊어버림과 같은 문제를 신중히 들여다봤고, 이들 중 많은 것을 직접적으로 해결했다. 나는 무엇이 잘못된 것인지 이해할 수 없었다. 그래서 당혹스러운 마음을 안고 친구 케빈 볼프Kevin Volpp에게 전화를 걸었다. 스타 경제학자이자 의사이기도 한 케빈은 세상에서 가장 성공적인 응용 행동경제학 연구 단체 중 하나를 설립하는 데 기여한 인물이기도 하다.[361] 나는 케빈의 생각을 들어보고 싶었다. 그는 우리의 아이디어가 행동 변화를 오랫동안 유지시키는 데 실패한 이유가 무엇이라고 생각할까?

지속적인 습관

케빈은 내게 인상적인 이야기를 들려주었다. "환자에게 당뇨병 진단을 내릴 경우, 의사들은 한 달간은 인슐린 처방을 하지 않습니다. 그 상태에서 낫기를 기대하죠."[362] 의학적인 차원에서, 만성 질환에는 평생 치료가 따라야 한다는 사실을 의사들은 알고 있다. 그런데 왜 행동 변화는 다르리라 기대하는가?

머리를 한 대 얻어맞은 느낌이었다. 케빈의 메시지는 당혹스러울 정도로 명확했다. 잇단 연구는(내 연구를 포함해서) 행동 변화를 이끌어내는 것은 발진 치료보다 만성 질환 치료에 가깝다는 걸 보여 주었다.

연고를 1번 바른 것만으로 증상이 말끔히 사라지길 기대할 순 없다. 이 책에서 설명했듯이, 유혹이나 잊어버림, 자신감 부족, 게으름과 같은 변화를 가로막는 내적 장애물은 만성 질환의 증상과 같다. 이러한 증상은 '치료'를 시작한다고 금방 사라지지 않는다. 그것은 인간의 본성이며, 지속적인 주의를 요하는 것들이다.

오파워Opower라는 기관으로부터 가정용 에너지 보고서를 받는 수만 가구를 대상으로 시행한 한 가지 실험은 이러한 사실을 특히 잘 보여 준다.[363] 오파워는 월별, 혹은 분기별 보고서를 통해 에너지 비효율적인 가구에, 그들이 이웃과 비교해서 얼마나 많은 에너지를 소비했는지를 알려 준다. 사회 표준의 영향력을 고려하면, 오파워가 에너지를 낭비하는 수만 가구들에게 그들이 이웃의 표준에서 벗어났다는 사실을 일깨움으로써 낮은 비용으로 에너지 절약을 이끌어 냈다는 사실도 그리 놀랍지 않다.

그러나 오파워 연구에서 가장 흥미로운 부분은 사람들에게 이러한 보고서 발송을 중단했을 때 가구의 에너지 소비 패턴이 어떻게 달라졌는지를 비교한 대목이었다. 무작위로 선택한 그룹이 2년 동안 가구 에너지 보고서를 받다가 그 명단에서 제외되었을 때, 그들은 오파워 보고서를 한 번도 받지 않았던 가구에 비해 에너지를 지속적으로 덜 사용했다. 다만 보고서를 계속해서 받게끔 무작위로 선택된 가구만큼 많은 에너지를 절약하지는 않았다. 2년 동안 보고서를 받다가 갑자기 명단에서 제외된 가구의 절약 노력은 연간 10~20% 떨어졌다. 그런데 이러한 하락은 새로운 습관을 '2년간' 유지한 이후에 벌어졌다. 만약 이들 가구가 한 달 동안만 보고서를 받았더라면, 얼마나 큰 하락이 나타났을지 상상해 보라. 이것이 바로 앤절라와 내가 직면한 상황이었다.

24시간 피트니스와 함께했던 우리의 연구와 마찬가지로, 행동 변화를 촉진하기 위한 노력은 대개 지속적으로 긍정적인 효과를 이어간다. 그러나 노력이 중단될 때, 사람들은 예전의 모습으로 다시 돌아가기 시작한다(더 빨리 중단할수록 더 많이 되돌아간다).

변화를 촉진하기 위한 노력이 중단될 때 벌어지는 현상에 대해 우리는 물컵에 물이 반이나 찼다거나 물컵에 물이 반밖에 남지 않았다는 식으로 바라볼 수 있다. 다만 중요한 것은 이것이다. 케빈이 주장했던 것처럼 변화를 일시적인 문제가 아니라 만성적인 문제로 바라보아야 한다는 것.

이 책에서 나는 변화를 추구하는 과정에서 맞닥뜨리게 되는 다양한 내적 장애물을 극복할 수 있는 다양한 방법을 소개했다. 이 방법들을 한 달이나 1년, 혹은 2년에 1번 활용할 것이 아니라 지속적으로 활용해야 한다. 적어도 애초에 성취하고자 했던 목표를 더는 추구할 필요가 없어질 때까지 이어 나가야 한다.

앞서 소개한 나의 학생 캐런 헤레라는 변화의 장벽이 내재적인 것일 때, 성공의 핵심은 맞춤된 해결책을 찾고 변화를 일시적인 문제가 아니라 만성적인 문제로 보고 접근하는 것임을 잘 알았다. 그녀는 대학에 입학하는 시점에 '새로운 시작 효과'를 활용하여 더욱 건강한 사람이 되고자 마음먹었고, 영양사의 도움을 받아 스스로 더 행복하고 건강하다고 느껴지는 방법을 성공적으로 개발해 냈다. 그 여정을 시작한 지 몇 년이 흘러서도 캐런은 체중 조절을 위해 영양사와 정기적으로 만나고 있으며(이를 통해 자신에게 책임을 부여한다), 건강한 식단을 위해 계획을 세우고, 운동 일정을 달력에 표시하며, 앱을 활용해서 칼로리를 기록한다. 또 피자나 도넛을 무료로 나눠 주는 캠퍼스 행사에 참석하기 전에는 건강한 음식을 배불리 먹어 두는 식으로 유혹을 떨쳐 낼 수 있는 구체적인 전략을 세워 활용한다.[364] 어디 그뿐인가? 캐런은 친구와 함께 외식해야 할 일이 있을 때는 온라인에서 메뉴를 확인한 뒤 건강한 요리를 선택하고, 최근 좋아하게 된 과일 스무디와 요거트로 단맛에 대한 욕구를 충족시킨다. 다행스럽게도 캐런에게 있어 건강을 유지하는 일은 장기적인 차원에서 한결 쉬운 일이 되었다. 건강을 가로막는 장애물을 극복하기 위해서 그녀는 과학으로 검증된 기술을 꾸준히 활용함으로써, 변화를 지속적으로 유지하고 있는 것이다.

나 역시 내적 장애물이 무엇인지 찾아 직면한 뒤 변화를 유지하는 것이, 새로운 변화 방법을 모색하고 시도하는 것보다 훨씬 쉽다는 것을 알게 되었다. 나는 수년에 걸쳐 이 책에서 소개한 전략을 활용해 변화를 지속적으로 이어 오고 있다. 운동을 즐거운 놀이로 만들기 위해서는 유혹 묶기 전략을, 확신을 강화하고 더 높은 목표를 추구하기 위해서는 롤 모델이 될 만한 친구와 동료들로 주변을 둘러싸는 방법을, 새로운 도전과제에 착수하기 위해서는 새로운 시작 효과를(집을 구입한 날부터 이 책을 쓰기 시작했던 것처럼) 그리고 중간에 포기하지 않기 위해서는 신호 기반의 계획 수립 등을 활용한다.

특히 나는 브래드 길버트가 안드레 애거시에게 가르쳐 주었던 교훈을 기반으로 삼아, 최고의 성과를 얻을 수 있었다. 바로 변화를 위한 열쇠는 상대방을 이해하는 것이라는 가르침 말이다. 획일화된 전략은 맞춤화된 전략만큼 큰 효과를 발휘할 수 없다. 일단 게임화 전략을 숙지했다면, 자신에게 효과가 있는 전략을 지속적으로 활용하는 간단한 방법만으로도 궤도에 머물러 있을 수 있다.

물론, 변화의 장애물은 종종 이동한다. 가령, 테니스 게임 도중에 상대방이 새로운 전략을 취할 수 있다. 그럴 때 우리는 그동안 효과가 있었던 전략을 다시 한번 생각해야 한다. 변화를 위해 접근방식을 새롭게 바꿀 필요도 있다. 학생들은 새로운 도전을 시작하면서 종종 나를 찾아온다. 대개는 제대로 시작하지 못하거나, 자신감 부족으로 인한 어려움을 겪고 있는 경우다. 후에 그들이 제대로 나아가고 있고 본인에게 필요한 자질이 있음을 깨닫게 될 때는, 이미 그 일은 하기 싫은 것이 되었을 가능성이 크다. 지금 장벽에 부딪혔다는 생각이 드는가? 자신의 발전을 가로막고 있는 것이 무엇인지 다시 생각해 보라. 어쩌면 장애물이 이동한 상태라 새로운 게임 전략을 수립해야 한다는 걸 깨달을 수도 있다. 의사들은 장기적인 차원에서 환자의 치료 프

283

로그램을 계속 갱신해야 한다는 걸 알고 있다. 변화 역시 똑같은 방식으로 작동한다.

자신의 접근방식을 수정하고 이 책에서 소개한 모든 기술을 시도했음에도 여전히 자신이 원하는 곳에 이르지 못했을 수도 있다. 가령, 당신이 규칙적으로 헬스장에 가는 것을 목표로 세웠다고 하자. 그런데 시작조차 못 하고 있다. 어떤 목표를 향해 나아가는 과정에서 계속 벽에 부딪힌다. 이럴 때는 스스로 비참하게 만드는 대신, 한 걸음 물러나서 새롭게 생각하고, 큰 그림을 떠올려 볼 필요가 있다.

대부분의 목표는 더 큰 목표를 향해 가는 하나의 단계다. 가령 헬스장에 가는 것은 건강을 유지하기 위한 한 가지 방법이다. 건강을 유지하는 것이 보다 상위의 목표라면, 우리는 다른 방법을 통해서도 이를 달성할 수 있다. 이를테면, 직장에서 워킹 데스크(걸으면서 작업할 수 있도록 설계된 책상-옮긴이)를 이용하거나 농구팀에 들어갈 수도 있고, 점심시간을 이용해 산책하거나 출퇴근 방법을 바꿔 볼 수 있으며, 앱을 이용해 집에서 운동하는 것도 가능하다. 어쩌면 헬스장에 가는 것이 건강을 유지하기 위한 최고의 방법이 아닐 수도 있다. 다른 방법으로도 목표를 달성할 수 있다는 말이다.

목표 달성을 위해 모든 방법을 동원했지만 여전히 성과를 거두지 못하고 있다면, 새로운 방법을 고민하고, 또한 새로운 시작 효과를 이용해 볼 좋은 기회로 삼자. 장애물에 직면했을 때는 맞춤화된 해결책뿐 아니라, 자신의 장단점을 인식해서 이를 반영한 '맞춤화된 목표'도

세울 필요가 있다. 고통을 느끼는 부분은 사람에 따라 다르다. 어떤 사람에게 귀찮은 일이 다른 사람에게는 즐거운 일이 될 수 있다. 메리 포핀스를 통해 즐길 방법을 발견함으로써 놀라운 효과를 얻을 수 있다는 사실을 배우지 않았는가.

자신과 자신이 처한 환경에 적합한 맞춤화된 접근방식을 발견했다면, 변화는 이제 당신의 손안에 있다. 나는 그 모든 과정에서 이 책이 당신에게 유용한 지도가 되었으면 한다. 지금 있는 곳에서 당신이 원하는 곳으로 나아가고 싶은가? 당신이 직면하는 내적 장애물을 이해하고 맞춤화한 해결책을 '지속적으로' 활용할 때 가능하다. 수많은 연구 결과와 경험이 이를 증명한다.

감사의 글

이번 프로젝트를 시작했을 때, 나는 대중을 상대로 책을 쓰는 데 무엇이 필요한지 전혀 몰랐다. 그렇기에 끈기와 관대함을 가지고 시간과 조언을 아낌없이 베풀어 준 많은 사람에게 깊이 감사드린다.

무엇보다 남편 컬렌 블레이크에게 고맙다. 그는 이 책의 모든 장을 반복해서 읽고, 책에 관한 아이디어를 함께 구상해 주었다. 또 전염병 예방과 집안일 분담을 비롯해 내가 이 힘든 과제를 무사히 마칠 수 있도록 많은 도움을 주었다. 그의 무한한 지원과 도움이 아니었다면, 또 그가 매일 내게 전해 준 통찰력이 없었다면(컬렌은 내가 아는 최고의 문제 해결사다), 이 책은 세상에 나오지 못했을 것이다.

다음으로 우리 부모님, 레이와 베브 밀크먼에게도 감사드린다. 두 분은 내게 변함없는 사랑을 주셨고, 내게 최고의 챔피언이 되어 주셨으며, 특히 육아를 비롯한 여러 가지 문제에 도움을 주시고자 필라델피아로 이사까지 오셨다. 깊은 고마움을 전한다. 하나 더, 이제는 어릴 적 나를 테니스 선수로 키워 주신 것에 대해서도 고마운 마음을 갖게 되었다. 거기서 인생을 배울 수 있었으니까.

나의 사랑하는 아들이자 늘 에너지가 넘치는 코맥 블레이크가 이 책에 보여 준 열광에 고마움을 전한다. 이 책을 한창 쓰고 있었을 무렵, 나는 아들의 유치원 교사들로부터 코맥이 자신의 서너 살짜리 친구들에게 우리 엄마처럼 글을 써보라고 했다는 이야기를 전해 들었다. 뿌듯한 마음에 가슴이 터질 듯했다. 비록 아들이 제안했던 제목을 이 책에 붙이진 못했지만('위대한 델라웨어'란 제목은 책의 주제와 맞지 않아서), 그럼에도 코맥은 자신이 생각하는 것 이상으로 이 책에 훨씬 많은 영향을 미쳤다.

이번 모험에서 에이전트인 라프 사갈린은 내 소중한 안내자가 되어 주었다. 라프, 당신의 통찰력과 지혜 그리고 나의 예민함을 견뎌 준 인내에 감사드린다. 특히 니키 파파도풀로스를 비롯하여 포트폴리오 팀(애드리언 잭하임, 킴벌리 마일런, 레지나 안드레오니, 아만다 랭, 타라 길브라이드, 스테파니 브로디, 재로드 테일러, 브라이언 레무스)을 소개해 주어 고맙다. 그들 모두 내게 더없이 훌륭한 편집자이자 출판팀이었다. 니키, 이야기를 통해 장을 구성하는 방법을 알려 주고, 어디서 멈추고 어디서 더 들어가야 하는지를 가르쳐 주어 감사하다. 당신의 지도와 도움은 그 무엇과도 비교할 수 없다.

앤절라 더크워스는 내 원고를 모두 읽고 소중한 조언도 해 주었다. 또한 학문적으로 흥미진진한 모험을 시작하도록 이끌어 준 덕분에 이 책을 쓸 수 있게 되었다. 이 책에 담긴 수많은 아이디어는 앤절라와의 대화 속에서 탄생했다. 이번 지적인 여정에서 당신이 보여 준 협

287

조와 영감에 대해 그리고 끊임없는 지지에 대해 감사를 전한다.

첫 책을 쓴 작가로서, 결승점에 도달하기까지 정말로 많은 사람의 도움이 필요했다. 특히 캐시 브라바우에게 감사하다. 그녀는 거의 2년 동안 내 집필 조수로 일하면서 이 책의 처음부터 끝까지 모든 것을 개선하는 데 도움을 줬다. 캐시, 당신을 만난 건 내게 큰 행운이었다. 이 책을 위해 당신이 쏟은 시간과 열정에 고마움을 표한다. 가레스 쿡과 케이트 로드만, 제이미 리어슨, 케이티 숀크, 마이크 허넌, 앤디 캐슬에게도 고마움을 전한다. 그들은 이 책을 읽고, 글의 내용 및 사례와 관련해서 건설적인 편집 조언을 줬다. 또한 연구 조교인 메건 청과 캐런 헤레라, 미셸 후앙, 일리사 레예스는 최종 원고에서 오타를 찾느라 많은 수고를 했다.

초고를 읽고 소중한 피드백을 전해 준 많은 친구와 가족 및 동료에게 무한한 감사를 드리고 싶다. 그들 중 일부(컬렌, 앤절라, 부모님)에게는 이미 감사를 표했지만, 모두프 아키놀라와 맥스 베이저먼, 레이철 버나드, 돌리 추그, 애니 듀크, 리네아 간디, 가이 가와사키, 센드힐 뮬레이너선, 아리아 우들리에게도 그들이 보내 준 소중한 조언에 대해 감사를 전한다. 또한 제목과 부제 그리고 표지 디자인에 대해 조언해 준 친구 너대니엘 핀커스-로스에게도 고맙다.

선을 위한 행동 변화 이니셔티브의 뛰어난 전·현직 연구원들의 도움이 없었다면, 나는 행동 변화에 관한 연구를 추진할 수 없었을 것이다. 데나 프로멧, 조지프 카이, 팀 리, 예지 박, 히서 그라시, 아니시 라이, 로리 보나코시, 형 호, 페피 판딜로스키에게 깊은 감사를 드린다. 또한 뛰어난 연구 조수로서 이 책에 도움을 준 그랠린 만델과 캐넌 크로니커, 윤지 루에게도 고마움을 전한다.

내가 진행하는 팟캐스트 '초이솔로지Choiceology'의 관계자 모두에게 고맙다. 그들은 이 책의 마감을 맞추기 위해 녹음 시간을 변경하자는 나의 요청을 기꺼이 받아들여 주었고, 행동 변화와 관련된 놀라운 수십 가지 이야기를 찾아내 주었다. 그중 많은 것을 이 책에서 소개할 수 있었다. 이들 모두 과학을 주제로 이야기를 나누는 방법을 내게 가르쳐 줬다. 특히 퍼시픽 콘텐트의 프로그램 책임자인 앤디 셰파드에게 깊은 감사를 드린다. 퍼시픽 콘텐트의 애니 로이터와 찰스 슈와브의 패트릭 리치, 맷 부처, 마크 리프, 타미 도시에게도 감사를 표한다. 이들 모두와 함께한 것은 내게 큰 행운이었다!

내가 이 책을 쓸 수 있도록 이끌어 주고 연구에 동참해 준 많은 뛰어난 연구 협력자들도 빼놓을 수 없다. 특히 맥스 베이저먼(진정한 세계 최고의 조언자다), 존 버시어스(내게 훌륭한 과학자와 협력자가 되는 법 그리고 경제학자처럼 사고하는 법을 가르쳐 줬다), 토드 로저스('넛지'와 자유주의적 온정주의에 관심을 갖게 해 주었고, 앤절라도 소개시켜 줬다), 헹첸 다이(나의 첫 번째 학생이자 내 경력에 새로운 시작점을 선사했던 한 줄기 빛), 돌리 추그와 모두프 아키놀라(내 자매이자 동료인 그들의 도움이 없었다면 어떻게 살아남을 수 있었을까?)에게 고마움을 전한다. 나의 뛰어난 학생들 에드워드 챙과 아니시 라이, 에리카 키르기오스에게도 감사를 드린다. 그들은 내가 이 책을 쓰는 동안 대단한 끈기를 보여 줬으며, 과학을 통해 세상을 더 좋은 곳으로 바꾸려는 에너지와 열정으로 매일 내게 영감을 전했다. 그리고 본문에서 소개한 내 뛰어난 동료학자인 슐로모 베나르치, 콜린 캐머러, 그레첸 챕먼, 제임스 최, 밥 치알디니, 신디 크라이더, 로렌 에스크라이스-윈클러, 아만다 그라이저, 레이철 거숀, 제임스 그로스, 사만다 혼, 알렉사 허바드, 스티븐 존스, 팀 카우츠, 주원 클루소브스키, 아리엘라 크리스털, 라훌 라드하니아, 데이비드 라입슨, 서니 리, 조지 로엔슈타인, 젠스 루드비히, 브리짓 마드리언, 데이비드 마오, 케이티 메르, 바버라 멜러스, 줄리아 민슨, 롭 미슬라브스키, 센드힐 뮬레이너선, 페피 판딜로스키, 제이슨 리이스, 실비아 사카르도, 머리사 샤리프, 얀 스피스, 가우라프 수리, 요아힘 탈로엔, 제이미 택서, 야코프 트로프, 라일 웅가, 케빈 볼프, 애슐리 윌런스, 조녀선 진먼에게도 감사를 드린다.

이 책에서 소개된 연구와 내가 실수한 것은 없는지 확인해 준 많은 뛰어난 과학자에게도 그들의 열정적인 노력과 헌신에 감사를 표한다. 여기에는 댄 애리얼리, 존 오스틴, 린다 뱁콕, 스콧 캐럴, 개리 차네스, 알리아 크럼, 아일릿 피시바흐, 야나 갈루스, 앨런 게버, 우리 그니지, 노아 골드슈타인, 피터 골위처, 키라보 잭슨, 딘 칼란, 줄리아 민슨, 이선 몰릭, 미테시 파텔, 머리사 샤리프, 스티븐 스필러, 케빈 베르바흐, 웬디 우드, 데이비드 이거, 에레즈 오엘리가 있다.

또한 이 책에서 자신의 이야기를 소개하도록 허락해 준 학생과 친구 및 리더 들에게 감사를 표한다. 주디 셰발리어, 조던 골드버그, 캐런 헤레라, 스티브 하니웰, 밥 패스, 프라샨트 스리바스타바, 프라사드 세티, 닉 윈터가 그들이다.

마지막으로, 나의 에이전트인 데이비드 라빈에게 깊은 감사를 드린다. 그는 내가 이 책을 쓰도록 용기를 줬고, 포트폴리오에서 행복하게 작업할 수 있게 해 주었다.

주

들어가며

1   Andre Agassi, *Open: An Autobiography* (New York: Vintage Books, 2009), 101.

2   McCarton Ackerman, "Andre Agassi: From Rebel to Philosopher," ATP Tour, July 9, 2020, accessed August 31, 2020, www.atptour.com/en/news/atp-heritage-agassi-no-1-fedex-atp-rankings.

3   Steve Tignor, "1989: Image Is Everything—Andre Agassi's Infamous Ad," Tennis.com, August 30, 2015, accessed October 1, 2020, www.tennis.com/pro-game/2015/08/image-everything-andre-agassis-infamous-ad/55425.

4   Agassi, *Open*, 117.

5   Agassi, *Open*, 172.

6   Andre Agassi Rankings History, ATP Tour, accessed August 31, 2020, www.atptour.com/en/players/andre-agassi/a092/rankings-history.

7   "TENNIS; Agassi Has Streisand, but Loses Bollettieri," *New York Times*, July 10, 1993, accessed August 31, 2020, www.nytimes.com/1993/07/10/sports/tennis-agassi-has-streisand-but-loses-bollettieri.html.

8   Agassi, *Open*, 179.

9   Agassi, *Open*, 185.

10   Brad Gilbert Rankings History, ATP Tour, accessed August 31, 2020, www.atptour.com/en/players/brad-gilbert/g016/rankings-history.

11   Gilbert Rankings History, ATP Tour.

12   Brad Gilbert, *Winning Ugly* (New York: Fireside, 1993).

13   Agassi, *Open*, 185.

14   Agassi, 186.

15   Jen Vafidis, "Andre Agassi: Remembering Tennis Legend's Golden Olympic Moment," *Rolling Stone*, July 27, 2016, accessed August 31, 2020, www.rollingstone.com/culture/culture-sports/andre-agassi-re-membering-tennis-legends-golden-olympic-moment-248765.

16   Agassi, *Open*, 28.

17   Agassi, *Open*, 187.

18   "Winning Ugly: Mental Warfare in Tennis—Tales from Tour and Lessons from the Master," *Publishers Weekly*, June 1993, accessed October 1, 2020, www.publishersweekly.com/978-1-55972-169-1.

19   Agassi, *Open*, 187.

20   Agassi, 188.

21   Robin Finn, "U.S. Open '94; The New Agassi Style Now Has Substance," *New York Times*, September 12, 1994, accessed August 31, 2020, www.nytimes.com/1994/09/12/sports/us-open-94-the-new-agassi-style-now-has-substance.html.

22   "U.S. Open Prize Money Progression," ESPN, July 11, 2012, accessed August 31, 2020, www.espn.com/espn/wire/_/section/tennis/id/8157332.

23   Finn, "U.S. Open '94."

24   Agassi, *Open*, 196.

25 Agassi, 196.

26 Finn, "U.S. Open '94."

27 Richard H. Thaler and Cass R. Sunstein, "Libertarian Paternalism," *American Economic Review* 93, no. 2 (2003): 175–9, DOI:10.1257/0002828 03321947001.

28 Steven A. Schroeder, "We Can Do Better—Improving the Health of the American People," *New England Journal of Medicine* 357, no. 12 (2007): 1221–8, DOI:10.1056/NEJMsa 073350.

29 Behavior Change for Good Initiative, "Creating Enduring Behavior Change," Wharton School, University of Pennsylvania, accessed February 3, 2020. https://bcfg.wharton.upenn.edu.

30 David S. Yeager, Paul Hanselman, Gregory M. Walton, Jared S. Murray, Robert Crosnoe, Chandra Muller, Elizabeth Tipton et al., "A National Experiment Reveals Where a Growth Mindset Improves Achievement," *Nature* 573, no. 7774 (2019): 364-9, DOI:10.1038/s41586-19-466-y.

31 Daniella Meeker, Tara K. Knight, Mark W. Friedberg, Jeffrey A. Linder, Noah J. Goldstein, Craig R. Fox, Alan Rothfeld, Guillermo Diaz, and Jason N. Doctor, "Nudging Guideline-Concordant Antibiotic Prescribing: A Randomized Clinical Trial," *JAMA Internal Medicine* 174, no. 3 (2014): 425–1, DOI: 10.1001/jamainternmed.2013.14191.

32 Aneesh Rai, Marissa Sharif, Edward Chang, Katherine L. Milkman, and Angela Duckworth, "The Benefits of Specificity and Flexibility on Goal-Directed Behavior over Time" (working paper, 2020).

33 John Beshears, Hengchen Dai, Katherine L. Milkman, and Shlomo Benartzi, "Using Fresh Starts to Nudge Increased Retirement Savings" (working paper, 2020).

34 John Beshears, Hae Nim Lee, Katherine L. Milkman, Robert Mislavsky,

and Jessica Wisdom, "Creating Exercise Habits: The Trade-Off between Flexibility and Routinization," *Management Science* (October 2020), https://doi.org/10.1287/mnsc.2020.3706.

35 Eric M. VanEpps, Julie S. Downs, and George Loewenstein, "Advance Ordering for Healthier Eating? Field Experiments on the Relationship between the Meal Order–Consumption Time Delay and Meal Content," *Journal of Marketing Research* 53, no. 3 (2016): 369–0, DOI:10.1509/jmr.14.0234.

36 Hal E. Hershfield, Stephen Shu, and Shlomo Benartzi, "Temporal Reframing and Participation in a Savings Program: A Field Experiment," *Marketing Science* 39, no. 6 (2020): 1033–1201, https://doi.org/10.1287/mksc.2019.1177.

37 David W. Nickerson and Todd Rogers. "Do You Have a Voting Plan?: Implementation Intentions, Voter Turnout, and Organic Plan Making," *Psychological Science* 21, no. 2 (2010): 194-99, DOI:10.1177/0956797609359326.

38 Agassi Rankings History, ATP Tour.

39 John Berkok, "On This Day: Andre Agassi Takes over Top Spot for the First Time in 1995," Tennis.com, April 10, 2020, accessed September 30, 2020, www.tennis.com/pro-game/2020/04/on-this-day-andre-agassi-reaches-world-no-1-first-time-1995-25th-anniversary/88332.

Chapter 1 | 시작하기

40 Google Inc., Form 10-K for the fiscal year ended December 31, 2011 (filed January 26, 2012), 25, accessed March 31, 2020, www.sec.gov/Archives/edgar/data/1288776/000119312512025336/d260164d10k.htm#toc260164_8.

41 Shai Bernstein, Timothy McQuade, and Richard Townsend, "Do

Household Wealth Shocks Affect Productivity? Evidence from Innovative Workers During the Great Recession," National Bureau of Economic Research, working paper w24011 (November 2017), DOI:10.3386/w24011.

42 Timothy Gubler, Ian Larkin, and Lamar Pierce, "Doing Well by Making Well: The Impact of Corporate Wellness Programs on Employee Productivity," *Management Science* 64, no. 11 (November 2018): 4967-87, DOI:10.1287/mnsc.2017.2883.

43 Prasad Setty, conversation with the author at Google PiLab Research Summit, Mountain View, California, May 11, 2012.

44 Rebecca J. Mitchell and Paul Bates, "Measuring Health-Related Productivity Loss," *Population Health Management* 14, no. 2 (April 2011): 93–98, DOI:10.1089/pop.2010.0014.

45 Prasad Setty, conversation.

46 GBD 2013 Mortality and Causes of Death Collaborators, "Global, Regional, and National Age-Sex Specific All-Cause and Cause-Specific Mortality for 240 Causes of Death, 1990-2013: A Systematic Analysis for the Global Burden of Disease Study 2013," *The Lancet* 385, no. 9963 (January 2015): 117–71, DOI:10.1016/s0140-6736(14)61682-2.

47 "Infant Mortality," Centers for Disease Control and Prevention, last reviewed March 27, 2019, accessed July 9, 2020, www.cdc.gov/reproductivehealth/maternalinfanthealth/infantmortality.htm.

48 Marian Willinger, Howard J. Hoffman, and Robert B. Hartford, "Infant Sleep Position and Risk for Sudden Infant Death Syndrome: Report of Meeting Held January 13 and 14, 1994, National Institutes of Health, Bethesda, MD," *Pediatrics* 93, no. 5 (1994):814–819.

49 Felicia L. Trachtenberg, Elisabeth A. Haas, Hannah C. Kinney, Christina

Stanley, and Henry F. Krous, "Risk Factor Changes for Sudden Infant Death Syndrome after Initiation of Back-to-Sleep Campaign," *Pediatrics* 129, no. 4 (March 2012): 630–38, DOI:10.1542/peds.2011-1419.

50 Bryan Bollinger, Phillip Leslie, and Alan Sorensen, "Calorie Posting in Chain Restaurants," *American Economic Journal: Economic Policy* 3, no. 1 (February 2011): 91–128, DOI:10.1257/pol.3.1.91.

51 Centers for Disease Control and Prevention, "CDC's Advisory Committee on Immunization Practices (ACIP) Recommends Universal Annual Influenza Vaccination," accessed May 17, 2019, www.cdc.gov/media/pressrel/2010/r100224.htm.

52 Katherine M. Harris, Jürgen Maurer, Lori Uscher-Pines, Arthur L. Kellermann, and Nicole Lurie, "Seasonal Flu Vaccination: Why Don't More Americans Get It?" RAND Corporation, 2011, accessed May 17, 2019, www.rand.org/pubs/research_briefs/RB9572.html.

53 Centers for Disease Control and Prevention, "Flu Vaccination Coverage, United States, 2016-17 Influenza Season," accessed May 17, 2019, www.cdc.gov/flu/fluvaxview/cover age-1617estimates.htm.

54 American Academy of Pediatrics, "Reducing Sudden Infant Death with 'Back to Sleep,' " accessed May 17, 2019, www.aap.org/en-us/advocacy-and-policy/aap-health-initiatives/7-great-achievements/Pages/Reducing-Sudden-Infant-Death-with-Back-to-.aspx.

55 Scott Harrison, *Thirst* (New York: Crown Publishing, 2018), 49–53.

56 Michael S. Shum, "The Role of Temporal Landmarks in Autobiographical Memory Processes," *Psychological Bulletin* 124, no. 3 (November 1998): 423–42, DOI:10.1037/0033-29 09.124.3.423.

57 Christopher J. Bryan, Gregory M. Walton, Todd Rogers, and Carol S. Dweck, "Motivating Voter Turnout by Invoking the Self," *PNAS* 108,

no. 31 (August 2011): 12653–56, DOI:10.1073/pnas.1103343108.

58 Susan A. Gelman and Gail D. Heyman, "Carrot-Eaters and Crea-
ture-Believers: The Effects of Lexicalization on Children's Inferences
about Social Categories," *Psychological Science* 10, no. 6 (1999): 489–93,
DOI:10.1111/1467-9280.00194.

59 Gregory M. Walton and Mahzarin R. Banaji, "Being What You Say: The
Effect of Essentialist Linguistic Labels on Preferences," *Social Cognition*
22, no. 2 (2004): 193–213, DOI:10.1521/soco.22.2.193.35463.

60 Katy Milkman, "A Clean Slate," *Choiceology*, January 7, 2019, accessed
December 20, 2019, www.schwab.com/resource-center/insights/con-
tent/choiceology-season-2-episode-5.

61 John C. Norcross, Marci S. Mrykalo, and Matthew D. Blagys, "'Auld
lang Syne': Success Predictors, Change Processes, and Self-Reported
Outcomes of New Year's Resolvers and Nonresolvers," *Journal of Clini-
cal Psychology* 58, no. 4 (April 2002): 397–405, DOI:10.1002/jclp.1151.

62 Hengchen Dai, Katherine L. Milkman, and Jason Riis, "The Fresh Start
Effect: Temporal Landmarks Motivate Aspirational Behavior," *Manage-
ment Science* 60, no. 10 (June 2014): 1–20, DOI:10.1287/mnsc.2014.1901.

63 Hengchen Dai, Katherine L. Milkman, and Jason Riis, "Put Your Imper-
fections behind You: Temporal Landmarks Spur Goal Initiation When
They Signal New Beginnings," *Psychological Science* 26, no. 12 (November
2015): 1927–36, DOI: 10.1177/0956797615605818.

64 Wendy Liu, "Focusing on Desirability: The Effect of Decision Interrup-
tion and Suspension on Preferences," *Journal of Consumer Research* 35,
no. 4 (December 2008): 640–52, DOI: 10.1086/592126.

65 Bob Pass, telephone conversation with the author, January 31, 2020.

66 테니스에 관해 잘 모른다고 해도 걱정하지는 말자. 이 책에서 테니스에 관한 이야

기를 그리 많이 늘어놓지는 않았기 때문이다. 다만 내가 젊은 시절에 행동 변화에 관한 인식 및 연구와 관련해서 테니스로부터 많은 교훈을 얻었다는 사실은 인정해야겠다.

67 Todd F. Heatherton and Patricia A. Nichols, "Personal Accounts of Successful Versus Failed Attempts at Life Change," *Personality and Social Psychology Bulletin* 20, no. 6 (December 1994): 664-75, DOI:10.1177/0146167294206005.

68 Shaun Larcom, Ferdinand Rauch, and Tim Willems, "The Benefits of Forced Experimentation: Striking Evidence from the London Underground Network," *Quarterly Journal of Economics* 132, no. 4 (November 2017): 2019-55, DOI:10.1093/qje/qjx020.

69 Wendy Wood, Leona Tam, and Melissa Guerrero-Witt, "Changing Circumstances, Disrupting Habits," *Journal of Personality and Social Psychology* 88, no. 6 (June 2005): 918-33, DOI: 10.1037/0022-3514.88.6.918.

70 Dai et al., "The Fresh Start Effect," 1–20.

71 Hengchen Dai, "A Double-Edged Sword: How and Why Resetting Performance Metrics Affects Motivation," *Organizational Behavior and Human Decision Processes* 148 (September 2018): 12–29, DOI:10.1016/j.obhdp.2018.06.002.

72 헹첸은 리그 평균에서 적어도 1 표준편차 이하인 타율을 '낮은 타율'로 정의했다.

73 Orlando Cabrera stats, ESPN, accessed June 8, 2020, www.espn.com/mlb/player/stats/_/id/3739/orlando-cabrera.

74 앞서와 마찬가지로, 리그 평균보다 1 표준편차 이상인 타율을 '높은 타율'로 정의했다.

75 Jarrod Saltalamacchia stats, ESPN, accessed February 8, 2020, www.espn.com/mlb/player/stats/_/id/28663/jarrod-saltalamacchia.

76 Hengchen Dai, "A Double-Edged Sword," 12–29.

77 Daniel Acland and Matthew R. Levy, "Naivete, Projection Bias, and Habit Formation in Gym Attendance," *Management Science* 61, no. 1 (January 2015): 146–160, DOI:10.1287/mnsc.2014.2091.

78 Katherine L. Milkman, Julia A. Minson, and Kevin G. M. Volpp, "Holding the Hunger Games Hostage at the Gym: An Evaluation of Temptation Bundling," *Management Science* 60, no. 2 (November 2013): 283-99, DOI:10.1287/mnsc.2013.1784.

79 Richard H. Thaler and Shlomo Benartzi, "Save More Tomorrow™: Using Behavioral Economics to Increase Employee Saving," *Journal of Political Economy* 112, no. S1 (2004): S164–S187, DOI:10.1086/380085.

80 John Beshears, Katherine Milkman, Hengchen Dai, and Shlomo Benartzi, "Using Fresh Starts to Nudge Increased Retirement Savings" (working paper, 2020).

81 Dai et al., "Put Your Imperfections behind You," 1927–36.

82 Dai et al., "Put Your Imperfections behind You."

83 Marie Hennecke and Benjamin Converse, "Next Week, Next Month, Next Year: How Perceived Temporal Boundaries Affect Initiation Expectations," *Social Psychological and Personality Science* 8, no. 8 (March 2017): 918-26, DOI:10.1177/1948550617691099.

84 두 심리학자는 다이어트를 앞둔 이들이 계획을 세울 때 보게 되는 달력의 형태를 바꾸는 실험을 수행했다. 일부 달력은 일요일, 월요일, 화요일처럼 요일만 표기했고, 또 다른 달력엔 2월 28일, 3월 1일, 3월 2일처럼 월의 날짜를 표기했다. 연구원들은 다이어트를 앞둔 이들에게 날짜를 표기한 달력을 제시했을 때, 그들이 새로운 달의 첫날에 개선된 식이요법을 시작할 가능성이 더 크다는 걸 알았다. 다만 요일을 표기한 달력을 제시했을 때는 월요일이 대단히 매력적인 시작일인 것으로 드러났다.

85 Mariya Davydenko and Johanna Peetz, "Does It Matter If a Week

Starts on Monday or Sunday? How Calendar Format Can Boost Goal Motivation," *Journal of Experimental Social Psychology* 82 (2019): 231-37, DOI:10.1016/j.jesp.2019.02.005.

86 Kathleen Craig and Forbes Finance Council, "The State of Savings in America," *Forbes*, February 10, 2020, accessed October 2, 2020, www.forbes.com/sites/forbesfinancecouncil/2020/02/10/the-state-of-savings-in-america/#48a61d5d48fb.

87 Beshears et al., "Using Fresh Starts."

88 Prasad Setty, email with the author, July 1, 2019.

89 Laszlo Bock, conversation with the author at Humu webinar, July 15, 2020.

90 Tara Parker-Pope, "Will Your Resolutions Last Until February?" *Well* (blog), *New York Times*, December 31, 2007, accessed September 28, 2020, http://well.blogs.nytimes.com/2007/12/31/will-your-resolutions-last-to-february.

91 Eric Spitznagel, "David Hasselhoff: The Interview," *Men's Health*, May 17, 2012, accessed June 25, 2020, www.menshealth.com/trending-news/a19555092/david-hasselhoff-interview.

Chapter 2 | 충동

92 Stockholm Regional Council, "AB Storstockholms Lokaltrafik SL och Länet 2018," accessed October 6, 2020, www.sll.se/globalassets/2.-kollektivtrafik/fakta-om-sl-och-lanet/sl_och_lanet_2018.pdf.

93 Rolighetsteorin, "Piano Stairs-TheFun Theory.com," YouTube video, 1:47, October 7, 2009, www.youtube.com/watch?time_continue=6&v=2lXh2n0aPyw.

94 Rolighetsteorin, "Piano Stairs."

95   Dena M. Bravata, Crystal Smith-Spangler, Vandana Sundaram, Allison L. Gienger, Nancy Lin, Robyn Lewis, Christopher D. Stave, Ingram Olkin, and John R. Sirard, "Using Pedometers to Increase Physical Activity and Improve Health: A Systematic Review," *Journal of the American Medical Association* 298, no. 19 (2007): 2296-2304.

96   전 세계적인 조기사망의 원인 중 무려 9%를 차지하는 것이 운동 부족이다(I-Min Lee et al., "Effect of Physical Inactivity on Major Non-Communicable Diseases Worldwide: An Analysis of Burden of Disease and Life Expectancy," The Lancet 380, no.9838 [2012]: 219-29, DOI:10.1016/S0140-6736(12)61031-9).

97   Ted O'Donoghue and Matthew Rabin, "Present Bias: Lessons Learned and to Be Learned," *American Economic Review* 105, no. 5 (2015): 273-79, DOI:10.1257/aer.p20151085.

98   *Mary Poppins*, directed by Robert Stevenson (1964; Burbank, CA: Buena Vista Distribution Company, 1980), VHS.

99   Jasper Rees, "A Spoonful of Sugar: Robert Sherman, 1925-2012, The Arts Desk," last modified March 6, 2012, accessed July 23, 2019, www.theartsdesk.com/film/spoonful-sugar-robert-sherman-1925-2012.

100 Kaitlin Woolley and Ayelet Fishbach, "For the Fun of It: Harnessing Immediate Rewards to Increase Persistence in Long-Term Goals," *Journal of Consumer Research* 42, no. 6 (2016): 952-66, DOI:10.1093/jcr/ucv098.

101 Stefano DellaVigna and Ulrike Malmendier, "Paying Not to Go to the Gym," *American Economic Review* 96, no. 3 (2006): 694-719, DOI:10.1257/aer.96.3.694.

102 Justin Reich and José Ruipérez-aliente, "The MOOC Pivot," *Science* 363, no. 6423 (2019): 130-31, DOI:10 .1126/science.aav7958.

103 Klaus Wertenbroch, "Consumption Self-Control by Rationing Purchase Quantities of Virtue and Vice," *Marketing Science* 17, no. 4 (1998): 317-37, DOI:10.1287/mksc.17.4.317.

104 Woolley and Fishbach, "For the Fun of It," 952–66.

105 Woolley and Fishbach, "For the Fun of It," 952–66.

106 Cinzia R. De Luca, Stephen J. Wood, Vicki Anderson, Jo-Anne Buchanan, Tina M. Proffitt, Kate Mahony, and Christos Pantelis, "Normative Data from the Cantab. I: Development of Executive Function over the Lifespan," *Journal of Clinical and Experimental Neuropsychology* 25, no. 2 (2010): 242-54, DOI:10.1076/jcen.25.2.242.13639.

107 이번 연구 프로젝트에는 줄리아 민슨Julia Minson과 케빈 볼프Kevin Volpp도 함께 했다.

108 아이팟 소유가 연구 참여를 위한 전제 조건이었다는 사실을 상기하자.

109 Katherine L. Milkman, Julia A. Minson, and Kevin G. M. Volpp, "Holding the Hunger Games Hostage at the Gym: An Evaluation of Temptation Bundling," *Management Science* 60, no. 2 (November 2013): 283-99, DOI:10.1287/mnsc.2013.1784.

110 나는 규칙적으로 운동하고, 힘든 수업도 잘 따라잡기 위해 집중력을 키웠으며(내 관심을 분산시키는 것들은 집에서 죄다 치워 버렸다), 게다가《해리 포터》와〈알렉스 크로스*Alex Cross*〉시리즈도 즐길 수 있었다.

111 Erika L. Kirgios, Graelin H. Mandel, Yeji Park, Katherine L. Milkman, Dena Gromet, Joseph Kay, and Angela L. Duckworth, "Teaching Temptation Bundling to Boost Exercise: A Field Experiment," *Organizational Behavior and Human Decision Processes* (working paper, 2020).

112 이 연구팀의 리더는 나의 박사과정 학생 중에서도 매우 뛰어난 에리카 키르기오스Erika Kirgios였다.

113 Woolley and Fishbach, "For the Fun of It," 952–66.

114 Jana Gallus, telephone conversation with the author, May 17, 2019.

115 오류가 많은 게시글은 다른 위키피디언에 의해 즉각 수정되지만, 그러한 수정 없이 오래가는 게시글은 수준이 높은 것으로 인정받는다는 점에 주목하자. 게시글이 오래간다는 것은 그 콘텐츠의 정확성에 대해 아무도 이의를 제기하지 않았다는 것을 의미한다.

116 Jana Gallus, "Fostering Public Good Contributions with Symbolic Awards: A Large-cale Natural Field Experiment at Wikipedia," *Management Science* 63, no. 12, (2017): 3999-4015, DOI:10.1287/mnsc.2016.2540.

117 Kevin Werbach, conversation with the author, Philadelphia, June 25, 2019.

118 Katie Gibbs Masters, "5 Tips to Becoming a 'Savvy' Social Media Marketer," Cisco Blogs, April 22, 2013, accessed March 30, 2020, https://blogs.cisco.com/socialmedia/5-tips-to-becoming-a-savvy-social-media-marketer.

119 Oliver Chiang, "When Playing Videogames at Work Makes Dollars and Sense," *Forbes*, August 9, 2010, www.forbes.com/2010/08/09/microsoft-workplace-training-technology-videogames.html#2f408a176b85.

120 "Examples of Gamification in the Workplace," *Racoon Gang*, April 19, 2018, https://raccoongang.com/blog/examples-gamification-workplace.

121 Ethan R. Mollick and Nancy Rothbard, "Mandatory Fun: Consent, Gamification and the Impact of Games at Work," Wharton School Research Paper Series, SSRN (September 30, 2014), https://papers.ssrn.com/sol3/papers.cfm?abstract_id=2277103.

122 Ethan Mollick, conversation with the author, Philadelphia, June 20, 2019.

123 Johan Huizinga, *Homo Ludens: A Study of the Play-Element in Culture* (New

York: Roy Publishers, 1950), 10.

Katie Selen and Eric Zimmerman, *Rules of Play: Game Design Fundamentals* (Cambridge, MA: MIT Press, 2003), 94.

125 이 개념을 처음으로 소개한 사람은 1938년 문화의 놀이 요소를 주제로 글을 썼던 네덜란드 역사학자 요한 하위징아Johan Huizinga였지만, 이 용어가 널리 알려지게 된 것은 에릭 짐머만Eric Zimmerman과 케이티 세일런Katie Salen이 2003년에 발표한, 게임 설계와 게임화를 주제로 한《게임의 규칙Rules of Play》을 통해서였다.

126 세일즈 성과 하락에 관해서는 연구원들이 "미미하게 의미 있는marginally significant" 정도라고 표현했다. 기본적으로 평균 성과가 하향했다는 의미이긴 하지만, 그것이 의미 있는 하향인지, 통계적 착오인지는 애매한 구석이 있다.

127 Katy Milkman, "A Spoonful of Sugar," *Choiceology*, May 25, 2020, accessed October 5, 2020, www.schwab.com/resource-center/insights/content/choiceology-season-5-episode-6.

128 Mitesh Patel et al., "Effect of a Game-Based Intervention Designed to Enhance Social Incentives to Increase Physical Activity Among Families," *JAMA Internal Medicine* 177, no. 11 (2017): 1586-93, DOI:10.1001 / jamainternmed.2017.3458.

129 Taylor Lorenz, "How Asana Built the Best Company Culture in Tech," *Fast Company*, last modified March 29, 2017, accessed July 23, 2019, www.fastcompany.com/3069240/how-asana-built-the-best-company-culture-in-tech.

130 "These are the 18 Coolest Companies to Work for in NYC," Uncubed, accessed July 23, 2019, https://uncubed.com /daily/these-are-the-coolest-companies-to-work-for-in-nyc.

131 Roy Maurer, "Virtual Happy Hours Help Co-Workers, Industry Peers Stay Connected," Society for Human Resource Management, April 6, 2020, accessed June 24, 2020, www.shrm.org/hr-today/news/hr-news/

pages/virtual-happy-hours-help-coworkers-stay-connected.aspx.

Chapter 3 | 미루기

132 Nava Ashraf, Dean S. Karlan, Wesley Yin, and Marc Shotland, "Eval-uating Microsavings Programs: Green Bank of the Philippines (A)," Harvard Business School Case no. 909-62 (June 2009, revised February 2014), www.hbs.edu/faculty/Pages/item.aspx?num=37449.

133 Pew Trusts, "What Resources Do Families Have for Financial Emergen-cies?" Pew Trusts, November 18, 2015, accessed July 26, 2019, www.pewtrusts.org/en/research-and-analysis/issue-briefs/2015/11/emergen-cy-savings-what-resources-do-families-have-for-fnancial-emergencies.

134 Pew Trusts, "What Resources Do Families Have?"

135 National Statistical Coordination Board, Population Income and Em-ployment Division and Health Education and Social Welfare Division, *Philippine Poverty Statistics* (Makati City, Philippines: 2000), https://psa.gov.ph/sites/default/files/1997%20Philippine%20Poverty%20Statistics.pdf.

136 Dean Karlan, email with the author, May 7, 2020.

137 프로젝트를 구상하는 단계에서는 메리 케이 구거티Mary Kay Gugerty도 참여했지만, 나중에 팀을 떠났다.

138 Ashraf et al., "Evaluating Microsavings Programs."

139 Dan Ariely, *Predictably Irrational: The Hidden Forces That Shape Our Decisions* (New York: HarperCollins Publishers, 2008), 141.

140 Dan Ariely and Klaus Wertenbroch, "Procrastination, Deadlines, and Performance: Self-Control by Precommitment," *Psychological Science* 13, no. 3 (2002): 219-24, DOI:10.1111/1467-9280.00441.

141 Nava Ashraf, Dean Karlan, and Wesley Yin, "Tying Odysseus to the Mast: Evidence from a Commitment Savings Product in the

Philippines," *Quarterly Journal of Economics* 121, no. 2 (2006): 635-72, DOI:10.1162/qjec.2006.121.2.635.

142 Homer, *The Odyssey*, trans. Robert Fitzgerald (New York: Vintage Books, 1990), 215–16.

143 호머의 서사적인 모험 이야기 중, 주인공 오디세우스는 바다 저편에서 그들을 유혹하는 사이렌의 달콤한 목소리를 듣고서 사이렌이 살고 있는 죽음의 섬을 향해 배를 몰게 될 것을 걱정했다. 그러한 운명을 피하기 위해서, 오디세우스는 선원들에게 자신을 돛대에 묶고 모두의 귀를 밀납으로 막아서 아무도 유혹에 넘어가지 않도록 했다.

144 Adèle Hugo and Charles E. Wilbour, *Victor Hugo, by a Witness of His Life* (New York: Carleton, 1864), 156.

145 Robert Henry Strotz, "Myopia and Inconsistency in Dynamic Utility Maximization," *Review of Economic Studies* 23, no. 3 (1955): 165-80, DOI:10.1007/978-1-349-15492-0-10.

146 Richard H. Thaler and Hersh M. Shefrin, "An Economic Theory of Self-Control," *Journal of Political Economy* 89, no. 2 (1981): 392-406, DOI:10.1086/260971.

147 Thomas Schelling, *Strategies of Commitment and Other Essays* (Cambridge, MA: Harvard University Press, 2006).

148 Todd Rogers, Katherine L. Milkman, and Kevin G. Volpp, "Commitment Devices: Using Initiatives to Change Behavior," *Journal of the American Medical Association* 311, no. 20 (2014): 2065-66, DOI:10.1001/jama.2014.3485.

149 Moment app, "Moment: Less Phone, More Real Life," Apple, https://inthemoment.io.

150 Ryan Ocello, "Self-Exclusion List Violations Remain a Small but Persistent Problem for PA Land-Based Casinos," Penn Bets, February 14, 2018, ac-

cessed July 26, 2019, www.pennbets.com/mohegan-sun-pa-self-exclusion-violations.

151 Ashraf, Karlan, and Yin, "Tying Odysseus to the Mast," 635–72.

152 Dean Karlan, email conversation with the author, February 15, 2020.

153 또 다른 실험 그룹에는 단지 목표만 세우고, 인출 제한 계좌 개설에 대한 제안 없이 저축을 더 많이 하게끔 격려만 했다는 사실도 언급할 필요가 있겠다. 이러한 방법 역시 계좌 잔액을 증가시키는 데 도움을 줬다. 그러나 그 도움의 정도는 인출 제한 계좌 개설을 제안받았던 사람들의 성과의 약 1/3에 불과했다.

154 Dan Ariely and Klaus Wertenbroch, "Procrastination, Deadlines, and Performance: Self-Control by Precommitment," *Psychological Science* 13, no. 3 (2002): 219-24, DOI:10.1111/1467-9280.00441.

155 앞서 소개했던 댄과 클라우스의 이전 연구와는 실험의 설계 방식이 다르다는 점에 유의하자. 이는 균등한 기간의 마감에 맞춰 보고서를 제출해야 하는 학생과 스스로 마감 일정을 정한 학생을 비교했다.

156 Katherine L. Milkman, Julia A. Minson, and Kevin G. M. Volpp, "Holding the Hunger Games Hostage at the Gym: An Evaluation of Temptation Bundling," *Management Science* 60, no. 2 (November 2013): 283-99, DOI:10.1287/mnsc.2013.1784.

157 Jordan Goldberg, lecture at Wharton School at University of Pennsylvania, February 21, 2019.

158 "Biography: Jordan Goldberg," Expert Word/Author Index, stickK, accessed October 7, 2020, www.stickk.com/blogs/author?authorId=31&category=expertWord.

159 물론 어떤 루저는 걸러내기가 불가능하다. 좀처럼 드러나지 않기 때문이다.

160 Nick Winter, telephone conversation with the author, July 15, 2019.

161 Nick Winter, "The Motivation Hacker," nickwinter.net, April 6, 2013, accessed December 12, 2019, www.nickwinter.net/the-motivation-hack-

er.

162 만약 두 가지 목표 중 하나만 달성할 경우, 벌금은 7,000달러가 된다.

163 Nick Winter, *The Motivation Hacker* (self-published, 2013).

164 Xavier Giné, Dean Karlan, and Jonathan Zinman, "Put Your Money Where Your Butt Is: A Commitment Contract for Smoking Cessation," *American Economic Journal: Applied Economics* 2, no. 4 (2010): 213-35, DOI:10.1257/app.2.4.213.

165 Heather Royer, Mark Stehr, and Justin Sydnor, "Incentives, Commitments, and Habit Formation in Exercise: Evidence from a Field Experiment with Workers at a Fortune 500 Company," *American Economic Journal: Applied Economics* 7, no. 3 (2015): 51-84, DOI:10.1257/app.20130327.

166 Leslie K. John, George Loewenstein, Andrea B. Troxel, Laurie Norton, Jennifer E. Fassbender, and Kevin G. Volpp, "Financial Incentives for Extended Weight Loss: A Randomized, Controlled Trial," *Journal of General Internal Medicine* 26, no. 6 (2011): 621-26, DOI:10.1007/s11606-010-1628-y.

167 Janet Schwartz, Daniel Mochon, Lauren Wyper, Josiase Maroba, Deepak Patel, and Dan Ariely, "Healthier by Precommitment," *Psychological Science* 25, no. 2 (2014): 538-46, DOI:10.1177/0956797613510950.

168 그린뱅크 연구의 경우와 마찬가지로, 상대적으로 작은 소수의 집단이 금연에 대단히 성공적이었기 때문에 특별한 예금을 제안받은 모든 사람에 대한 금연 통계 수치를 크게 높였다는 사실에 주목해야 한다.

169 A. Mark Fendrick, Arnold S. Monto, Brian Nightengale, and Matthew Sarnes, "The Economic Burden of Non-Influenza-Related Viral Respiratory Tract Infection in the United States," *Archives of Internal Medicine* 163, no. 4 (2003): 487-94, DOI:10.1001/archinte.163.4.487.

170 이 팀에는 대니엘라 미커Daniella Meeker, 타라 나이트Tara Knight, 마크 프리드버그

Mark Friedberg, 제프리 린더Jeffrey Linder, 노아 골드스타인Noah Goldstein, 크레이그 폭스Craig Fox, 앨런 로스펠드Alan Rothfeld, 기예르모 디아스Guillermo Diaz, 제이슨 닥터Jason Doctor가 포함되었다.

171 Daniella Meeker, Tara K. Knight, Mark W. Friedberg, Jeffrey A. Linder, Noah J. Goldstein, Craig R. Fox, Alan Rothfeld, Guillermo Diaz, and Jason N. Doctor, "Nudging Guideline-Concordant Antibiotic Prescribing: A Randomized Clinical Trial," *JAMA Internal Medicine* 174, no. 3 (2014): 425-31, DOI:10.1001/jamainternmed.2013.14191.

172 Rogers et al., "Commitment Devices," 2065–66.

173 Leon Festinger, *A Theory of Cognitive Dissonance* (Stanford, CA: Stanford University Press, 1962).

174 Karen Herrera, telephone conversation with the author, November 22, 2019.

175 Aneesh Rai, Marissa Sharif, Edward Chang, Katherine L. Milkman, and Angela Duckworth, "The Benefits of Specificity and Flexibility on Goal-Directed Behavior over Time" (working paper, 2020).

176 Hal Hershfield, Stephen Shu, and Shlomo Benartzi, "Temporal Reframing and Participation in a Savings Program: A Field Experiment," *Marketing Science* 39, no. 6 (2020): 1033-1201, DOI:10.1287/mksc.2019.1177.

177 Marshall Corvus, "Why the Self-Help Industry Is Dominating the U.S.," Medium, February 24, 2019, accessed July 26, 2019, https://medium.com/s/story/no-please-help-yourself-981058f3b7cf.

178 Ted O'Donoghue and Matthew Rabin, "Doing It Now or Later," *American Economic Review* 89, no. 1 (1999): 103-24, DOI:10.1257/aer.89.1.103.

179 "네이프naïf"는 "하이프 리프high leaf"와 운율을 이룬다.

180 Ariely and Wertenbroch, "Procrastination, Deadlines, and Performance," 219-4.

181 Hengchen Dai, David Mao, Kevin G. Volpp, Heather E. Pearce, Michael J. Relish, Victor F. Lawnicki, and Katherine L. Milkman, "The Effect of Interactive Reminders on Medication Adherence: A Randomized Trial," *Preventive Medicine* 103 (October 2017): 98-102, DOI:10.1016/j.ypmed.2017.07.019.

Chapter 4 | 잊어버림

182 "Disease Burden of Influenza," Centers for Disease Control and Prevention, updated October 1, 2020, accessed October 5, 2020, www.cdc.gov/flu/about/burden/index.html.

183 "The 2009 H1N1 Pandemic: Summary Highlights, April 2009-April 2010," Centers for Disease Control and Prevention, updated June 16, 2010, accessed October 2, 2020, www.cdc.gov/h1n1flu/cdcresponse.htm.

184 Giuliana Viglione, "How Many People Has the Coronavirus Killed?" Nature, September 1, 2020, accessed October 2, 2020, www.nature.com/articles/d41586-020-02497-w.

185 당시 대단히 효과적인 돼지 독감 백신이 개발되어 2009년 가을 정기 계절 독감 백신과 함께 접종이 가능한 상태였다(M. R. Griffin et al., "Effectiveness of Non-Adjuvanted Pandemic Influenza A Vaccines for Preventing Pandemic Influenza Acute Respiratory Illness Visits in 4 U.S. Communities," *PLoS ONE* 6, no. 8 [2011]: e23085, DOI:10.1371/journal.pone.0023085).

186 Prashant Srivastava, conversation with the author, September 2009.

187 "Dow Jones Industrial Average, June 2007 to June 2008," *Wall Street Journal*, accessed February 12, 2020, www.wsj.com/market-data/quotes/index/DJIA/historical-prices.

188 Andrew Glass, "Barack Obama Defeats John McCain, November 4,

2008," *Politico*, November 4, 2015, accessed October 8, 2020, www.po-litico.com/story/2015/11/this-day-in-politics-nov-4-2008-215394.

189 Michael Cooper and Dalia Sussman, "McCain and Obama Neck and Neck, Poll Shows," *New York Times*, August 21, 2008, accessed October 2, 2020, www.nytimes.com/2008/08/21/world/americas/21i-ht-poll.4.15519735.html.

190 "What Is the Electoral College?" National Archives, last reviewed December 23, 2019, accessed March 30, 2020, www.archives.gov/electoral-college/about.

191 Federal Elections Commission, "2000 Presidential General Election Results," updated December 2001, accessed October 6, 2020, https://web.archive.org/web/20120912083944/http://www.fec.gov/pubrec/2000presgeresults.htm.

192 Drew DeSilver, "U.S. Trails Most Developed Countries in Voter Turnout," Pew Research Center, May 21, 2018, www.pewresearch.org/fact-tank/2018/05/21/u-s-voter-turnout-trails-most-developed-countries.

193 Todd Rogers and Masahiko Aida, "Vote Self-Prediction Hardly Predicts Who Will Vote, and Is (Misleadingly) Unbiased," *American Politics Research* 42, no. 3 (September 2013): 503-28, DOI:10.1177/1532673X13496453.

194 Peter Gollwitzer, Frank Wieber, Andrea L. Myers, and Sean M. McCrae, "How to Maximize Implementation Intention Effects," *Then a Miracle Occurs: Focusing on Behavior in Social Psychological Theory and Research*, ed. Christopher R. Agnew (New York: Oxford University Press, 2009): 137-67.

195 Todd Rogers, email with the author, August 8, 2019.

196 Judy Chevalier, email with the author, September 12, 2019.

197 "Adults Forget Three Things a Day, Research Finds," *Telegraph*, July 23, 2009, www.telegraph.co.uk/news/uknews /5891701/Adults-forget-

three-things-a-day-research-finds.html.

198 Hermann Ebbinghaus, *Memory: A Contribution to Experimental Psychology*, trans. H. A. Ruger and C. E. Bussenius (New York: Teachers College, Columbia University, 1913/1885).

199 Lee Averell and Andrew Heathcote, "The Form of the Forgetting Curve and the Fate of Memories," *Journal of Mathematical Psychology* 55, no. 1 (February 2011): 25-35, DOI:10.1016/j.jmp.2010.08.009.

200 Dean Karlan, email to the author, April 1, 2019.

201 Peter G. Szilagyi, Clayton Bordley, Julie C. Vann, Ann Chelminksi, Ronald M. Kraus, Peter A. Margolis, and Lance Rodewald. "Effect of Patient Reminder/Recall Interventions on Immunization Rates: A Review," *Journal of the American Medical Association* 284, no. 14 (November 2000): 1820-27, DOI:10.1001 /jama.284.14.1820.

202 Peter A. Briss, Lance E. Rodewald, Alan Hinman, Sergine Ndiaye, and Sheree M. Williams, "Reviews of Evidence Regarding Interventions to Improve Vaccination Coverage in Children, Adolescents, and Adults," *American Journal of Preventive Medicine* 18, no. 1 (January 2000): 97-140, DOI:10.1016/S0749-3797 (99)00118-X.

203 Alan S. Gerber, Donald P. Green, and Christopher Larimer, "Social Pressure and Voter Turnout: Evidence from a Large-Scale Field Experiment," *American Political Science Review* 102, no. 1 (February 2008): 33-48. DOI:10.1017/S000305540808009X.

204 Dean Karlan, Margaret McConnell, Sendhil Mullainathan, and Jonathan Zinman, "Getting to the Top of Mind: How Reminders Increase Saving," *Management Science* 62, no. 12 (December 2016): 3393-3411, DOI:10.1287/mnsc.2015.2296.

205 실험 장소가 어느 카지노였는지는 추측할 수밖에 없지만, 연구 저자 중 한 사람이

시저스 엔터테인먼트Caesars Entertainment 소속의 분석가라는 사실이 실마리를 제
공한다.

206 John Austin, Sigurdur O. Sigurdsson, and Yonata S. Rubin. "An Exam-
ination of the Effects of Delayed Versus Immediate Prompts on Safety
Belt Use," *Environment and Behavior* 38, no. 1 (January 2006): 140-49.
DOI:10.1177/0013916505276744.

207 미묘한 행동 차이를 측정할 수 있을 정도로 실험의 규모가 크지 않았다는 점은 짚
고 넘어갈 필요가 있겠다.

208 Peter Gollwitzer and Veronika Brandstatter, "Implementation Inten-
tions and Effective Goal Pursuit," *Journal of Personality and Social Psycholo-
gy* 73, no. 3 (July 1997): 186-99, DOI:10.1037/0022-3514.73.1.186.

209 Peter Gollwitzer, "Implementations Intentions: Strong Effects of Simple
Plans," *American Psychologist* 54, no. 7 (1999): 493-503, DOI:10.1037/0003-
066X.54.7.493.

210 Douglas Hintzman, "Repetition and Memory," *Psychology of Learning and
Motivation* 10 (1976): 47-91, DOI:10.1016/S0079-7421(08)60464-8.

211 Marcel Proust, *In Search of Lost Time*, trans. John Sturrock (London: Pen-
guin, 2003).

212 Todd Rogers and Katherine L. Milkman, "Reminders through As-
sociation," *Psychological Science* 27, no. 7 (May 2016): 973-86, DOI:10.
1177/0956797616643071.

213 Unknown, *Rhetorica ad Herennium* (London: Loeb Classic Library, 1954),
accessed June 24, 2020, http://penelope.uchicago.edu/Thayer/E/Ro-
man/Texts/Rhetorica_ad_Herennium/1*.html.

214 Jennifer McCabe, "Location, Location, Location! Demonstrating the
Mnemonic Benefit of the Method of Loci," *Teaching of Psychology* 42, no.
2 (February 2015): 169-73, DOI:10.1177/0098628315573143.

215 Tom Ireland, "'Hello, Can We Count on Your Vote?' How I Hit the Phones for Three Different Parties," *The Guardian*, May 6, 2015, accessed October 2, 2020, www.theguardian.com/politics/2015/may/06/hello-can-we-count-your-vote-phone-canvassing-for-three-parties-election.

216 "Phone Calls from Political Parties and Candidates," Canadian Radio-television and Telecommunications Commission, modified April 3, 2020, accessed October 2, 2020, https://crtc.gc.ca/eng/phone/rce-vcr/phone.htm.

217 Vindu Goel and Suhasini Raj, "In 'Digital India,' Government Hands Out Free Phones to Win Votes," *New York Times*, November 18, 2018, accessed October 2, 2020, www.nytimes.com/2018/11/18/technology/india-government-free-phones-election.html.

218 Johannes Bergh, Dag Arne Christensen, and Richard E. Matland, "When Is a Reminder Enough? Text Message Voter Mobilization in a European Context," *Political Behavior* (2019), DOI:10.1007/s11109-019-09578-1.

219 "Political Calls You Might Receive," Australian Communications and Media Authority, updated January 29, 2018, accessed October 2, 2020, www.donotcall.gov.au/consumers/consumer-overview/political-calls-you-might-receive.

220 Todd Rogers, telephone conversation with the author, July 26, 2019.

221 David Nickerson and Todd Rogers, "Do You Have A Voting Plan? Implementation Intentions, Voter Turnout, and Organic Plan Making," *Psychological Science* 21, no. 2 (February 2010): 194-99, DOI:10.1177/0956797609359326.

222 2008년에 토드는 이러한 목적을 위해 행동과학을 활용하는 애널리스트 인스티튜트Analyst Institute라는 비영리 단체를 공동 설립했다. 관심이 있는 사람이라면,

315

다음 자료에서 애널리스트 인스티튜트의 초기 역사를 연대순으로 확인할 수 있을 것이다. Sasha Issenberg, The Victory Lab: The Secret Science of *Winning Campaigns* (Broadway Books, 2012)

223 존 버시어스John Behears, 제임스 최James Choi, 데이비드 라입슨David Laibson, 브리짓 매드리언Brigitte Madrian.

224 Katherine L. Milkman, John Beshears, James J. Choi, David Laibson, and Brigitte C. Madrian, "Using Implementation Intentions Prompts to Enhance Influenza Vaccination Rates," *Proceedings of the National Academy of Sciences* 108, no. 26 (June 2011): 10415-20, DOI:10.1073/pnas.1103170108.

224 앞에서 많은 사람이 접종 계획을 세우는 것이 도움이 된다고 생각한다는 점을 언급했다. 우리는 사람들이 양식지에 자신의 계획을 적어 보게 했다. 그리고 해당 날짜와 요일, 시간을 적을 수 있도록 편지 속에 빈칸을 만들어 두었다. 게다가 우리가 수령자가 계획을 직접 적어 보도록 요청하고 있다는 사실을 전하기 위해 연필 그림도 삽입했다.

225 직장 내 접종 진료소에서 백신을 맞은 사람뿐만 아니라 백신 보험금 청구까지 전반적으로 살펴보자(백신 접종을 위해 병원이나 지역 약국에 방문한 것을 포함해서), 그 효과는 조금 더 높았다. 이바이브에 추가적으로 발생한 비용은 전혀 없었다.

226 Katherine L. Milkman, John Beshears, James J. Choi, David Laibson, Brigitte C. Madrian, "Planning Prompts as a Means of Increasing Preventative Screening Rates," *Preventive Medicine* 56, no. 1 (January 2013): 92-93, DOI:10.1016/j.ypmed.2012.10.021.

227 Jason Riis, conversation with the author, Philadelphia, October 16, 2019.

228 Lloyd Thomas, conversation with the author, London, June 27, 2019.

229 Paschal Sheeran, Thomas L. Webb, and Peter M. Gollwitzer, "The Interplay between Goal Intentions and Implementation Intention,"

Personality and Social Psychology Bulletin 31, no.1 (January 2005): 87-98, DOI:10.1177/0146167204271308.

230 Amy N. Dalton and Stephen A. Spiller, "Too Much of a Good Thing: The Benefits of Implementation Intentions Depend on the Number of Goals," *Journal of Consumer Research* 39, no. 3 (October 2012): 600-14, DOI:10.1086/664500.

231 Atul Gawande, *The Checklist Manifesto* (New York: Macmillan, 2010).

232 Alex B. Haynes, Thomas G. Weiser, William R. Berry et al., "A Surgical Safety Checklist to Reduce Morbidity and Mortality in a Global Population," *New England Journal of Medicine* 360, no. 5 (2009): 491–99, DOI:10.1056/NEJMsa0810119.

233 Kirabo Jackson and Henry Schneider, "Checklists and Work Behavior: A Field Experiment," *American Economic Journal: Applied Economics* 7, no. 4 (October 2015): 136-68, DOI:10.1257/app.20140044.

234 Todd Rogers, telephone conversation with the author, July 26, 2019.

235 Prashant Srivastava, telephone conversation with the author, July 26, 2019.

Chapter 5 | 게으름

236 Steve Honeywell, telephone conversation with the author, December 18, 2019.

237 Mitesh Patel, lecture at Wharton School at University of Pennsylvania, April 11, 2019.

238 Mitesh S. Patel, Susan C. Day, Scott D. Halpern, C. William Hanson, Joseph R. Martinez, Steven Honeywell, and Kevin G. Volpp, "Generic Medication Prescription Rates after Health System-Wide Redesign of Default Options within the Electronic Health Record,"

JAMA Internal Medicine 176, no. 6 (2016): 847-48, DOI:10.1001/jamaint-ernmed.2016.1691.

239 *The Little Red Hen*, ed. Diane Muldrow (New York: Golden Books, 1954).

240 Aesop, "The Ant and the Grasshopper," *Aesop's Fables*, 1867, Lit2Go, accessed October 5, 2020, https://etc.usf.edu/lit2go/35/aesops-fa-bles/366/-the-ant-and-the-grasshopper.

241 이 이야기를 잘 모르는 독자를 위해 간략하게 요약하겠다. 〈개미와 베짱이〉에서 낙천적인 베짱이는 노래를 하고 음악을 연주하면서 시간을 보낸다. 반면 그의 친구인 개미들은 겨울에 대비해 부지런히 곡식을 저장하면서 베짱이에게도 그렇게 해야 한다고 말한다. 결국 겨울이 찾아왔을 때, 개미들은 배불리 먹지만 베짱이는 먹을 게 하나도 없다. 〈붉은 암탉〉에서 암탉은 밀을 심고, 수확하고, 이를 빻아서 빵을 굽는다. 그 과정에서 친구들에게 도움을 요청하지만 그들 모두 거절한다. 이후 잔치가 벌어지고 모두가 참가하기를 원한다. 그러나 암탉은 친구들이 예전에 그랬던 것처럼 거절한다. 암탉이 노동의 열매를 맛보는 동안 친구들은 굶주린다.

242 Herbert Simon, *Administrative Behavior: A Study of Decision-Making Processes in Administrative Organizations* (New York: Free Press, 1945), 120.

243 Patel, lecture.

244 "The Nudge Unit," Penn Medicine, accessed October 5, 2020, https://nudgeunit.upenn.edu.

245 Richard Thaler and Cass Sunstein, *Nudge* (New Haven, CT: Yale University Press, 2008).

246 Brigitte C. Madrian and Dennis F. Shea, "The Power of Suggestion: Inertia in 401(k) Participation and Savings Behavior," *Quarterly Journal of Economics* 116, no. 4 (2001): 1149-87, DOI:10.2139/ssrn.223635.

247 이 연구는 2006년 미국 연금보호법에 기여했다. 이 법의 골자는 직원들을 401(k) 저축 프로그램에 기본적으로 가입시키는 기업에 세제 혜택을 제공하는 것이다 (공법 109-280[2006]). 2003년에 추진된 또 다른 유명한 연구는 시민들의 장

기 기증을 디폴트로 설정한 국가에서(쉽게 옵트아웃을 할 수 있게 해 놓은 상태에서) 등록된 기증자의 비중은 그 반대 디폴트를 적용하는 국가에 비해 6배 이상 높다는 사실을 보여 줬다(Eric Johnson and Daniel Goldstein, "Do Defaults Save Lives?" *Science* 302, no. 5649[November 2003]: 1338–39, DOI:10.1126/science.1091721).

248 M. Kit Delgado, Francis S. Shofer, Mitesh S. Patel et al., "Association between Electronic Medical Record Implementation of Default Opioid Prescription Quantities and Prescribing Behavior in Two Emergency Departments," *Journal of General Internal Medicine* 33, no. 4 (2018): 409-11, DOI:10.1007/s11606-017-4286-5.

249 John Peters, Jimikaye Beck, Jan Lande, Zhaoxing Pan, Michelle Cardel, Keith Ayoob, and James O. Hill, "Using Healthy Defaults in Walt Disney World Restaurants to Improve Nutritional Choices," *Journal of the Association for Consumer Research* 1, no. 1 (2016): 92-103, DOI:10.1086/684364.

250 Gretchen B. Chapman, Meng Li, Helen Colby, and Haewon Yoon, "Opting In vs Opting Out of Influenza Vaccination," *Journal of the American Medical Association* 304, no. 1 (2010): 43-44. DOI:10.1001/jama.2010.892.

251 Kareem Haggag and Giovanni Paci, "Default Tips," *American Economic Journal: Applied Economics* 6, no. 3 (July 2014): 1-19, DOI:10.1257/app.6.3.1.

252 연구 결과에 따르면, 디폴트는 또 다른 이유로도 행동에 영향을 미쳤다. 사람들은 디폴트가 권고된 옵션, 혹은 가장 인기 있는 옵션이라고 생각하면서 그러한 디폴트를 거부하는 것을 종종 손해처럼 느꼈다(Jon M. Jachimowicz et al., "When and Why Defaults Influence Decisions: A Meta–analysis of Default Effects," *Behavioural Public Policy* 3, no. 2[2019]:159–86, DOI:10.1017/bpp.2018.43).

253 Katy Milkman, "Creatures of Habit," *Choiceology*, November 18, 2019, accessed December 18, 2019, www.schwab.com/resource-center/in-

sights/content/choiceology-season-4-episode-6.

254 George F. Loewenstein, Elke U. Weber, Christopher K. Hsee, and Ned Welch, "Risk as Feelings," *Psychological Bulletin* 127, no. 2 (March 2001): 267-86, DOI:10.1037/0033-2909.127.2.267.

255 Wendy Wood and David Neal, "A New Look at Habits and the Habit-Goal Interference," Psychological Review 114, no. 4 (October 2007): 843-63, DOI:10.1037/0033-295X.114.4.843.

256 찰스 다윈이 그의 저서 《종의 기원 *The Origin of Species*》에서 언급했듯이, 본능과 습관의 핵심적인 차이는 그 원천에 있다. 우리는 본능을 가지고 태어나지만, 습관은 학습된다(Charles Darwin and Leonard Kebler, *On the Origin of Species by Means of Natural Selection, or, The Preservation of Favoured Races in the Struggle for Life* [London: J. Murray, 1859]).

257 Milkman, "Creatures of Habit."

258 B. F. Skinner, "Operant Behavior," *American Psychologist* 18, no. 8 (1963): 503-15, DOI:10.1037/h0045185.

259 Gary Charness and Uri Gneezy, "Incentives to Exercise," *Econometrica* 77, no. 3 (2009): 909-31, DOI:10.3982/ECTA7416.

260 Charles Duhigg, *The Power of Habit* (New York: Random House, 2012).

261 James Clear, *Atomic Habits* (New York: Avery, Penguin Random House, 2018).

262 나쁜 습관 역시 오랜 시간에 걸친 반복과 보상을 통해 무의식적 차원에서 형성된다. 예를 들어, 손톱을 물어뜯거나 이를 가는 행동은 일반적으로 고통을 통해 심리적인 안정을 찾으려는 시도로 시작된다. 그러나 충분한 반복이 이뤄지고 나면 지속적인 나쁜 습관으로 자리 잡게 된다. 그리고 자판기 음식으로 점심을 때우는 것은 특별한 경우에 임시방편으로 시작되지만, 계속 반복되면 생각하지 않고도 이뤄지는 습관으로 자리 잡는다.

263 Brian M. Galla and Angela L. Duckworth, "More than Resisting Temp-

tation: Beneficial Habits Mediate the Relationship between Self-Control and Positive Life Outcomes," *Journal of Personality and Social Psychology* 109, no. 3 (2015): 508-25, DOI:10.1037/pspp0000026.

264 Ian Larkin Timothy and Lamar Pierce, "Doing Well by Making Well: The Impact of Corporate Wellness Programs on Employee Productivity," *Management Science* 64, no. 11 (June 2018): 4967-87, DOI:10.2139/ssrn.2811785.

265 Taylor L. Brooks, Howard Leventhal, Michael S. Wolf, Rachel O'Conor, Jose Morillo, Melissa Martynenko, Juan P. Wisnivesky, and Alex D. Federman, "Strategies Used by Older Adults with Asthma for Adherence to Inhaled Corticosteroids," *Journal of General Internal Medicine* 29, no. 11 (2014): 1506-12, DOI:10.1007/s11606-014-2940-8.

266 Karyn Tappe, Ellen Tarves, Jayme Oltarzewski, and Deirdra Frum, "Habit Formation among Regular Exercisers at Fitness Centers: An Exploratory Study," *Journal of Physical Activity and Health* 10, no. 4 (2013): 607-13, DOI:10.1123/jpah.10.4.607.

267 David T. Neal, Wendy Wood, Mengju Wu, and David Kurlander, "The Pull of the Past," *Personality and Social Psychology Bulletin* 37, no. 11 (2011): 1428-37, DOI:10.1177/0146167211419863.

268 Milkman, "Creatures of Habit."

269 Shepard Siegel, Riley E. Hinson, Marvin D. Krank, and Jane McCully, "Heroin Overdose Death: Contribution of Drug-Associated Environmental Cues," *Science* 216, no. 4544 (1982): 436-37, DOI:10.1126/science.7200260.

270 이는 새로운 시작이란 개념과 관련 있다. 새로운 시작이란 익숙함에서 벗어남으로써 습관을 파괴할 수 있는 순간을 의미한다.

271 이번 연구에서 우리는 운 좋게도 (전직) 구글러인 제시카 위즈덤Jessica Wisdom뿐만

아니라, 와튼 스쿨의 훌륭한 박사과정 학생인 롭 미슬라브스키Rob Mislavsky(현재 존스홉킨스 대학 교수)와 서니 리Sunny Lee와 함께할 수 있었다.

272 John Beshears, Hae Nim Lee, Katherine L. Milkman, and Rob Mislavsky, "Creating Exercise Habits Using Incentives: The Trade-Off between Flexibility and Routinization," *Management Science* (forthcoming).

273 우리는 헬스장에 자유롭게 방문할 때 돈을 받는 경우와 정해진 시간에 방문할 때 돈을 받는 경우를 무작위로 할당했을 뿐만 아니라, 헬스장 방문 시 받게 되는 금액 도 무작위로 할당했다. 일부 직원에게는 헬스장 방문 시 3달러를 지급했고, 다른 일부에게는 7달러를 지급했다. 예상대로 돈을 더 많이 지급할수록 사람들은 더 많이 운동했다. 연구 설계에서 운동 시점과 횟수를 변수로 삼았기 때문에, 한 달 동안 똑같은 횟수(즉, 일주일에 2번)로 운동해도 루틴에서 규칙성의 정도는 다른 두 그룹의 직원들을 비교할 수 있었다.

274 Walter Isaacson, *Benjamin Franklin: An American Life* (New York: Simon & Schuster, 2003), 43–44.

275 Gina Trapani, "Jerry Seinfeld's Productivity Secret," *Lifehacker*, July 24, 2007, accessed July 24, 2019, https://lifehacker.com/jerry-seinfelds-productivity-secret-281626.

276 Lora E. Burke et al., "Self-Monitoring in Weight Loss: A Systematic Review of the Literature," *Journal of the American Dietetic Association* 111, no. 1 (2011): 92-102, DOI:10.1016/j.jada.2010.10.008.

277 Jackie Silverman and Alixandra Barasch, "On or Off Track: How (Broken) Streaks Affect Consumer Decisions" (working paper, 2020).

278 IUD는 피임 백신에 가장 근접한 방식이다. 안정성에 대한 증거가 쌓이면서 크게 인기를 끌고 있다(Erin Magner, "Why the IUD Is Suddenly Queen of the Contraceptive World," Well + Good, February 7, 2019, accessed August 20, 2020, www.wellandgood.com/iud-birth-control-comeback).

279 펜 메디슨은 복제약 처방 디폴트의 성공 이후 이를 깨달았다. 그리고 비슷한 논리

를 적용함으로써 다른 중요한 성공도 거두었다. 미테시가 시작했던 넛지 유닛은 처방 단위를 기본적으로 10일로 설정함으로써(일반적인 30일 대신에) 마약성 진통제 처방을 절반으로 줄였다(M. K. Delgado et al., "Association between Electronic Medical Record Implementation of Default Opioid Prescription Quantities and Prescribing Behavior in Two Emergency Departments," *Journal of General Internal Medicine* 33, no.4 [2018]: 409 – 11, DOI:10.1007/s11606-017-4286-5). 그들은 또한 이러한 임상 모범 사례를 디폴트로 받아들임으로써 심장병 환자의 재활율을 5배 이상 높였다(Srinath Adusumalli et al., "Abstract 19699: A Change in Cardiac Rehabilitation Referral Defaults From Opt-In to Opt-Out Increases Referral Rates among Patients with Ischemic Heart Disease," *Circulation* 136, no.suppl_1 [2017], DOI:10.1161/circ.136.suppl_1.19699).

280 Gaby Judah, Benjamin Gardner, and Robert Aunger, "Forming a Flossing Habit: An Exploratory Study of the Psychological Determinants of Habit Formation," *British Journal of Health Psychology* 18, no. 2 (2013): 338-53, DOI:10.1111/j.2044 –8287.2012.02086.x.

Chapter 6 │ 자신감 부족

281 Katy Milkman in conversation with Max Bazerman, Boston, MA, 2007.

282 맥스 교수님의 포괄적인 교수법은 전설에 가깝다. 다음의 책이 그를 잘 소개한다. *The Person You Mean to Be: How Good People Fight Bias* (HarperCollins, 2018).

283 Paul Barreira, Matthew Basilico, and Valentin Bolotnyy, "Graduate Student Mental Health: Lessons from American Economics Departments" (working paper, 2018), https://scholar.harvard.edu/files/bolotnyy/files/bbb_mentalhealth_paper.pdf.

284 Katy Milkman, email to Max Bazerman, January 8, 2012.

285 Max Bazerman, email with the author, January 13, 2012.

286 Lauren Eskreis-Winkler, telephone conversation with the author, No-

vember 1, 2019.

287 Katy Milkman, "Your Own Advice," *Choiceology*, October 7, 2019, accessed December 20, 2019, www.schwab.com/resource-center/insights/content/choiceology-season-4-episode-3.

288 Albert Bandura, "Self-Efficacy: Toward a Unifying Theory of Behavioral Change," *Psychological Review* 84, no. 2 (1977): 191, DOI:10.1037/0033-295X.84.2.191.

289 Michael P. Carey and Andrew D. Forsyth, "Teaching Tip Sheet: Self-Efficacy," *American Psychological Association* (2009), accessed June 25, 2020, www.apa.org/pi/aids/resources/education/self-efficacy.

290 Bandura, "Self-Efficacy," 191.

291 Jennifer A. Linde, Alexander J. Rothman, Austin S. Baldwin, and Robert W. Jeffery, "The Impact of Self-Efficacy on Behavior Change and Weight Change among Overweight Participants in a Weight Loss Trial," *Health Psychology* 25, no. 3 (2006): 282-91, DOI:10.1037/0278-6133.25.3.282.

292 Robert W. Lent, Steven D. Brown, and Kevin C. Larkin, "Relation of Self-Efficacy Expectations to Academic Achievement and Persistence," *Journal of Counseling Psychology* 31, no. 3 (1984): 356-62, DOI:10. 1037/0022-167.31.3.356.

293 Craig R. M. McKenzie, Michael J. Liersch, and Stacey R. Finkelstein, "Recommendations Implicit in Policy Defaults," *Psychological Science* 17, no. 5 (May 2006): 414-20, DOI:10.1111/j.1467-9280.2006.01721.x.

294 Lauren Eskreis-Winkler, Ayelet Fishbach, and Angela L. Duckworth, "Dear Abby: Should I Give Advice or Receive It?" *Psychological Science* 29, no. 11 (2018): 1797-806, DOI:10.1177/0956797618795472.

295 Lauren Eskreis-inkler, Katherine L. Milkman, Dena M. Gromet, and

Angela L. Duckworth, "A Large-Scale Field Experiment Shows Giving Advice Improves Academic Outcomes for the Advisor," *Proceedings of the National Academy of Sciences* 116, no. 30 (2019): 14808-10, DOI:10.1073/pnas.1908779116.

296 E. Aronson, "The Power of Self-Persuasion." *American Psychologist* 54, no. 11, (1999): 875-84, DOI:10.1037/h0088188.

297 Milkman, "Your Own Advice."

298 Linda Babcock, Maria P. Recalde, Lise Vesterlund, and Laurie Weingart, "Gender Differences in Accepting and Receiving Requests for Tasks with Low Promotability," *American Economic Review* 107, no. 3 (2017): 714-47, DOI:10.1257/aer.20141734.

299 Alcoholics Anonymous General Service Conference, *Questions & Answers on Sponsorship*, Alcoholics Anonymous World Services, Inc., 2017, accessed October 5, 2020, www.aa.org/assets/en_us/p-15_Q&AonSpon.pdf.

300 Yang Song, George Loewenstein, and Yaojiang Shi, "Heterogeneous Effects of Peer Tutoring: Evidence from Rural Chinese Middle Schools," *Research in Economics* 72, no. 1 (2018): 33-48, DOI:10.1016/j.rie.2017.05.002.

301 Alia J. Crum and Ellen J. Langer, "Mind-Set Matters: Exercise and the Placebo Effect," *Psychological Science* 18, no. 2 (2007): 165-71, DOI:10.1111/j.1467-9280.2007.01867.x.

302 Anton de Craen, Ted Kaptchuk, Jan Tijssen, and J. Kleijnen, "Placebos and Placebo Effects in Medicine: Historical Overview," *Journal of the Royal Society of Medicine* 92, no. 10 (October 1999): 511-15, DOI:10.1177/014107689909201005.

303 Alison Wood Brooks, "Get Excited: Reappraising Pre-Performance

Anxiety as Excitement," *Journal of Experimental Psychology: General* 143, no. 3 (2014): 1144, DOI:10.1037/a0035325.

304 Catherine Good, Joshua Aronson, and Michael Inzlicht, "Improving Adolescents' Standardized Test Performance: An Intervention to Reduce the Effects of Stereotype Threat," *Journal of Applied Developmental Psychology* 24, no. 6 (2003): 645-62, DOI:10.1016/j.appdev.2003.09.002.

305 Alia Crum, interview with the author, June 16, 2020.

306 Samantha Dockray and Andrew Steptoe, "Positive Affect and Psychobiological Processes," *Neuroscience and Biobehavioral Reviews* 35, no. 1 (September 2010): 69-75, DOI:10.1016/j.neubiorev.2010.01.006.

307 Alia J. Crum, William R. Corbin, Kelly D. Brownwell, and Peter Salovey, "Mind over Milkshakes: Mindsets, Not Just Nutrients, Determine Ghrelin Response," *Health Psychology* 30, no. 4 (2011): 424-29, DOI: 10.1037/a0023467.

308 후속 연구에서, 피실험자들에게 스트레스가 우리를 쇠약하게 만드는 것이 아니라 오히려 건강을 향상시킨다고 설명하자, 스트레스를 유발하는 사건에 대한 생리적 반응에 변화가 일어나고 스트레스에 대한 반응을 완화하고 성장을 촉진하는 호르몬 분비가 증가했음을 확인할 수 있었다(Alia J. Crum et al., "The Role of Stress Mindset in Shaping Cognitive, Emotional, and Physiological Responses to Challenging and Threatening Stress," *Anxiety, Stress & Coping* 30, no. 4 [2017]:379 -95, DOI:10.1080/10615806.2016.1275585).

309 David Mikkelson, "The Unsolvable Math Problem," Snopes, December 4, 1996, accessed December 12, 2019, www.snopes.com/fact-check/the-unsolvable-math-problem.

310 Jack and Suzy Welch, "Are Leaders Born or Made? Here's What's Coachable-and What's Definitely Not," LinkedIn, May 1, 2016, accessed December 20, 2019, www.linkedin.com/pulse/leaders-born-

made-heres-whats-coachable-definitely-jack-welch.

311 Matthew Futterman, "Seattle Seahawks Coach Pete Carroll Wants to Change Your Life," *Chicago Tribune*, January 10, 2020, accessed November 20, 2019, www.chicagotribune.com/sports/national-sports/sns-nyt-seattle-seahawks-pete-carroll-wants-change-your-life-20200110-v6movm4yufgkdb67cz3m2qx6ia-story.html.

312 Winona Cochran and Abraham Tesser, "The 'What the Hell' Effect: Some Effects of Goal Proximity and Goal Framing on Performance," *Striving and Feeling: Interactions among Goals, Affect, and Self-egulation*, eds. Leonard L. Martin and Abraham Tesser (Mahwah, NJ: Lawrence Erlbaum Associates, 1996), 99-120.

313 Marissa A. Sharif, email with the author, January 10, 2020.

314 골프의 공식 규칙에는 어긋나지만, 많은(아마도 대부분) 아마추어 골퍼들은 첫 번째 티샷이 실패로 돌아갔을 때 벌점을 물지 않는 두 번째 샷, 즉 '멀리건'을 허용한다. 이러한 멀리건의 개념은 사실 대단히 널리 사용되고 있어서, 오늘날 매직Magic에서 포켓몬Pokémon에 이르기까지 다양한 게임에서 공식적인 요소로 자리 잡고 있다.

315 Marissa A. Sharif and Suzanne B. Shu, "The Benefits of Emergency Reserves: Greater Preference and Persistence for Goals That Have Slack with a Cost," *Journal of Marketing Research* 54, no. 3 (June 2017): 495-509, DOI:10.1509/jmr.15.0231.

316 예를 들어, WW(이전 웨이트와처스Weight Watchers) 프로그램은 영양가를 기반으로 식품을 평가하는 스마트포인트SmartPoint 시스템을 활용했다. WW 프로그램에 참여한 사람들에게는 자신의 건강 목표를 기반으로 하루에 특정한 수의 스마트포인트가 허용된다. 이 프로그램을 설계한 사람은 인간이 완벽하지 않다는 사실을 이해했고, 그래서 '완충cushion' 요소(특별한 경우를 위한 추가적인 포인트)를 의도적으로 추가했다("Starter Guide: Everything You Need to Know about

SmartPoints," WW, accessed October 5, 2020, www.weightwatchers.com/us/
how_it_works/smartpoints).

317 Carol S. Dweck, *Mindset: The New Psychology of Success*, updated edition
(New York: Random House, 2016).

318 Dweck, *Mindset*.

319 David S. Yeager, Paul Hanselman, Gregory M. Walton et al., "A National Experiment Reveals Where a Growth Mindset Improves Achievement," *Nature* 573, no. 7774 (2019): 364-69, DOI:10.1038/s41586-019-1466-y.

320 Harvard Business Review Staff, "How Companies Can Profit from a 'Growth Mindset,'" *Harvard Business Review*, November 2014, accessed October 6, 2020, https://hbr.org/2014/11/how-companies-can-profit-from-a-growth-mindset.

321 Carol S. Dweck, "Mindsets and Human Nature: Promoting Change in the Middle East, the Schoolyard, the Racial Divide, and Willpower," *American Psychologist* 67, no. 8 (2012): 614-22, DOI:10.1037/a0029783.

322 Claude M. Steele, "The Psychology of Self-Affirmation: Sustaining the Integrity of the Self," *Advances in Experimental Social Psychology* 21, no. 2 (1988): 261-302, DOI:10.1016/S0065-2601(08)60229-4.

323 Crystal C. Hall, Jiaying Zhao, and Eldar Shafir, "Self-Affirmation among the Poor," *Psychological Science* 25, no. 2 (2013): 619-25, DOI:10.1177/0956797613510949.

324 한 연구 결과에 따르면, 가난한 사람은 무능하고 무시해도 될 만한 존재로 치부되는데, 이러한 사실이 인지수행에 부정적인 영향을 미칠 수 있다. 여기서 자기 긍정은 이러한 현상을 완화하는 데 도움이 된다(Susan Fiske, *Envy Up, Scorn Down: How Status Divides Us* [New York: Russell Sage Foundation, 2011]; H. R. Kerbo, "The Stigma of Welfare and a Passive Poor," *Sociology and Social Research* 60,

no. 2 [1976]: 173 – 187; A. Mani et al., "Poverty Impedes Cognitive Function," *Science* 341, no. 6149 [2013]: 976 – 80, DOI:10.1126/science.1238041; and Crystal C. Hall, Jiaying Zhao, and Eldar Shafir, "Self-affirmation Among the Poor: Cognitive and Behavioral Implications," *Psychological Science* 25, no. 2 [2013]: 619 – 25, DOI:10.1177/0956797613510949).

325 David Shariatmadari, "Daniel Kahneman: 'What would I eliminate if I had a magic wand? Overconfidence,' " *The Guardian*, July 18, 2015, accessed October 6, 2020, www.theguardian.com/books/2015/jul/18/daniel-kahneman-books-interview.

326 Claudia A. Mueller and Carol S. Dweck, "Praise for Intelligence Can Undermine Children's Motivation and Performance," *Journal of Personality and Social Psychology* 75, no. 1 (1998): 33-52, DOI:10.1037/0022-3514.75.1.33.

Chapter 7 | 동조

327 Scott Carrell, telephone conversation with the author, November 14, 2019.

328 Noah J. Goldstein and Robert B. Cialdini, "Using Social Norms as a Lever of Social Influence," *The Science of Social Influence: Advances and Future Progress* (2007): 167-92.

329 Scott E. Carrell, Richard L. Fullerton, and James E. West, "Does Your Cohort Matter? Measuring Peer Effects in College Achievement," *Journal of Labor Economics* 27, no. 3 (July 2009): 439-64, DOI:10.1086/600143.

330 SAT 언어영역 점수는 종종 학업 성과의 기준으로 활용된다.

331 Esther Duflo and Emmanuel Saez, "The Role of Information and Social Interactions in Retirement Plan Decisions: Evidence from a Randomized Experiment," *Quarterly Journal of Economics* 118, no. 3 (2003): 815-

42, DOI:10.1162/00335530360698432.

332 Bruce Sacerdote, "Peer Effects with Random Assignment: Results for Dartmouth Roommates," *Quarterly Journal of Economics* 116, no. 2 (2001): 681-704, DOI:10.1162/00335530151144131.

333 Lucas C. Coffman, Clayton R. Featherstone, and Judd B. Kessler, "Can Social Information Affect What Job You Choose and Keep?" *American Economic Journal: Applied Economics* 9, no. 1 (2017): 96-117, DOI:10.1257/app.20140468.

334 Duflo and Saez, "The Role of Information," 815–42.

335 Kassie Brabaw, conversation with the author, Philadelphia, PA, June 2019.

336 Lee Ross, David Greene, and Pamela House, "The 'False Consensus Effect': An Egocentric Bias in Social Perception and Attribution Processes," *Journal of Experimental Social Psychology* 13, no. 3 (1977): 279-301, DOI:10.1016/0022-1031(77)90049-x.

337 Katie S. Mehr, Amanda E. Geiser, Katherine L. Milkman, and Angela L. Duckworth, "Copy-aste Prompts: A New Nudge to Promote Goal Achievement," *Journal of the Association for Consumer Research* 5, no. 3 (2020): 329-334, DOI:10.1086/708880.

338 F. Marijn Stok, Denise T. D. de Ridder, Emely de Vet, and John B. F. de Wit, "Don't Tell Me What I Should Do, but What Others Do: The Influence of Descriptive and Injunctive Peer Norms on Fruit Consumption in Adolescents," *British Journal of Health Psychology* 19, no. 1 (2014): 52-64, DOI:10.1111/bjhp.12030.

339 Noah J. Goldstein, Robert B. Cialdini, and Vladas Griskevicius, "A Room with a Viewpoint: Using Social Norms to Motivate Environmental Conservation in Hotels," *Journal of Consumer Research* 35, no. 3 (March

2008): 472-82, DOI:10.1086/586910.

340 Robert M. Bond, Christopher J. Fariss, Jason J. Jones, Adam D. I. Kramer, Cameron Marlow, Jaime E. Settle, and James H. Fowler, "A 61-Million-Person Experiment in Social Influence and Political Mobilization," *Nature* 489 (September 2012): 295-98, DOI:10.1038/nature11421.

341 표준을 설명함으로써 행동 변화를 촉구하기 위한 시도("사회 표준 마케팅social norms marketing"이라고 하는 기술)가 수건 재사용에서부터 세금 납부에 이르기까지, 모든 행동을 형성할 수 있다는 것이 여러 연구를 통해 입증되었으며, 그 중요성 역시 널리 알려졌다(Organisation for Economic Co-operation and Development [OECD], "Behavioural Insights and Public Policy: Lessons from around the World" [Paris: OECD Publishing, 2017], DOI:10.1787/9789264270480-en).

341 Solomon E. Asch, "Opinions and Social Pressure," *Scientific American* 193, no. 5 (November 1955): 17-6, DOI: 10.1038/scientificamerican1155-31.

342 Stanley Milgram, "Behavioral Study of Obedience," *Journal of Abnormal and Social Psychology* 67, no. 4 (October 1963): 371-78, DOI:10.1037/h0040525.

343 Stanley Milgram, "Some Conditions of Obedience and Disobedience to Authority," *Human Relations* 18, no. 1 (1965): 57-76, DOI:10.1177/001872676501800105.

344 스콧은 데이터 분석 끝에, 최근 발생한 신입 생도의 성적 하락의 원인 중 하나로 한층 어려워진 새 화학 교과서를 지목했다. 하지만 그 교과서는 이미 교과과정에 자리를 잡은 터라, 하위 성적권 생도와 상위 성적권 생도를 같은 중대에 배정하는 자신의 아이디어가 1학년 생도의 성적 하락에 맞설 수 있는 최선의 방법일 거라 생각했다.

345 Scott E. Carrell, Bruce I. Sacerdote, and James E. West, "From Nat-

ural Variation to Optimal Policy? The Importance of Endogenous Peer Group Formation," *Econometrica* 81, no. 3 (May 2013): 855-82, DOI:10.3982/ECTA10168.

346 소외된 많은 집단이 너무도 자주 이처럼 불평등이 심화되는 상황에 직면하고 있다는 사실을 언급할 필요가 있겠다.

347 John Beshears, James J. Choi, David Laibson, Brigette C. Madrian, and Katherine L. Milkman, "The Effect of Providing Peer Information on Retirement Savings Decisions," *Journal of Finance* 70, no. 3 (February 2015): 1161-1201, DOI:10.1111/jofi.12258.

348 사회적 비교에서, 직원들을 분류하는 연령 구간을 무작위로 설정함으로써(가령, 40~50세 구간 대 40~45세 구간), 우리는 거짓말을 하지 않아도 사람들에게 보여주는 숫자를 실험적으로 바꿀 수 있었다. 이처럼 영리한 설계를 활용할 수 있었던 것은 존 버시어스 덕분이다.

349 Cochran and Tesser, *"The 'What the Hell' Effect,"* 99–120.

350 Alan S. Gerber, Donald P. Green, and Christopher Larimer, "Social Pressure and Voter Turnout: Evidence from a Large-Scale Field Experiment," *American Political Science Review* 102, no. 1 (February 2008): 33-48, DOI:10.1017/S000305540808009X.

351 나와 연구원들은 헬스장에 방문할 때마다 무조건 1달러를 주는 방법보다 헬스장에 친구와 함께 방문할 때마다 1달러를 주는 방법이 운동을 37%나 더 많이 하도록 자극했다는 사실을 입증했다. 친구와 금전적 보상을 결합하는 방식은 운동에 대한 책임과 즐거움을 함께 높인다(Rachel Gershon, Cynthia Cryder, and Katherine L. Milkman, "Friends with Health Benefits: A Field Experiment" [working paper, 2021]).

352 Erez Yoeli, Moshe Hoffman, David G. Rand, and Martin A. Nowak, "Powering Up with Indirect Reciprocity in a Large-Scale Field Experiment," *Proceedings of the National Academy of Sciences* 110, supplement 2

(June 2013): 10424-29, DOI:10.1073/pnas.1301210110.

353 누군가의 나쁜 행동을 지적하는 것은 과학자들이 말하는 "작위commission"에 해당한다. 반면 누군가의 좋은 행동을 알아보지 못하는 것은 "부작위omission"에 해당한다. 연구 결과를 보면, 부작위가 작위보다 덜 공격적이라는 걸 알 수 있다(누군가가 당신을 비난할 때와 누군가에게 당신의 탁월함을 인정받지 못할 때 중, 어떨 때 더 기분이 나쁠지 생각해 보라). 연구원들이 녹색 에너지 프로그램(일반적으로, 적어도 캘리포니아에서는 좋은 행동으로 인식되는)을 위한 공식 게시판을 마련했을 때, 그들이 부과한 책임은 부작위의 형태를 취했다. 실명으로 서명하지 않은 사람은 공식적인 칭찬의 기회를 놓쳤지만, 서명하지 않은 사람이 누구인지 알려면 이웃들은 게시판에 없는 이름으로 추론해야 했기에, 녹색 에너지 프로그램에 참여하지 않은 것에 대한 비난은 명시적인 형태가 아니었다. 반면 투표하지 않은 사람을 이웃에게 명시적으로 공개하는 방식은 작위의 행동에 해당하며, 그래서 많은 이를 분노하게 만들었다(Mark Spranca, Elisa Minsk, and Jonathan Baron, "Omission and Commission in Judgment and Choice," *Journal of Experimental Social Psychology* 27, no. 1 [1991]:76 - 105, DOI:10.1016/0022-031(91)90011-T).

354 Daniel Sznycer, Laith Al-Shawaf, Yoella Bereby-Meyer et al., "Cross-Cultural Regularities in the Cognitive Architecture of Pride," *Proceedings of the National Academy of Sciences* 114, no. 8 (February 2017): 1874-79, DOI:10.1073/pnas.1614389114.

355 Dean Karlan and Margaret A. McConnell, "Hey Look at Me: The Effect of Giving Circles on Giving," *Journal of Economic Behavior & Organization* 106 (2014): 402-12, DOI:10.1016/j.jebo.2014.06.013.

356 Chad R. Mortensen, Rebecca Neel, Robert B. Cialdini, Christine M. Jaeger, Ryan P. Jacobson, and Megan M. Ringel, "Trending Norms: A Lever for Encouraging Behaviors Performed by the Minority," *Social Psychological and Personality Science* 10, no. 2 (December 2017): 201-10, DOI:10.1177/1948550617734615.

357 한 연구에서, 어떤 카페의 단골손님 수백 명을 세 그룹으로 나눴다. 첫 번째 그룹에는 미국인의 30%가 육류 소비를 줄이기 위해 노력하고 있다는 이야기를 들려주었다. 두 번째 그룹에는 미국인의 30%가 지난 5년 동안 육류 소비를 줄이기 '시작'(증가하는 흐름을 말해 주는)했다는 이야기를 들려줬다. 그리고 마지막 그룹에는 미국에서 이뤄지고 있는 육류 소비 현상에 관한 아무런 정보도 제공하지 않았다. 최근 사람들이 육류 소비를 줄이기 시작했다는 이야기를 들은 단골손님들은 육류 소비에 대해 아무런 정보를 듣지 않은 손님에 비해 점심으로 채식 메뉴를 2배나 더 많이 주문한 것으로 드러났다. 놀라운 건 육류 소비를 제한하지 않고 있는 사람이 대다수라는 사실이 드러나는 통계적 표준을 공유했던 첫 번째 그룹보다도 더 효과적이었다는 것이다(Gregg Sparkman and Gregory M. Walton, "Dynamic Norms Promote Sustainable Behavior, Even If It Is Counternormative," *Psychological Science* 28, no.11[2017]:1663-74, DOI:10.1177/0956797617719950).

Chapter 8 | 선을 위한 변화

358 Angela Duckworth, conversation with the author, Philadelphia, PA, 2018.

359 Katherine L. Milkman et al., "A Mega-Study Approach to Evaluating Interventions" (working paper, 2020).

360 Brian W. Ward, Tainya C. Clarke, Colleen N. Nugent, and Jeannine S. Schiller, "Early Release of Selected Estimates Based on Data From the 2015 National Health Interview Survey," National Center for Health Statistics (2015): 120, www.cdc.gov/nchs/data/nhis/earlyrelease/earlyrelease201605.pdf.

361 "Center for Health Incentives and Behavioral Economics," University of Pennsylvania, accessed March 24, 2020. https://chibe.upenn.edu.

362 Kevin Volpp, telephone conversation with the author, 2018.

363 Hunt Allcott and Todd Rogers, "The Short-Run and Long-Run Effects of Behavioral Interventions: Experimental Evidence from Energy Conservation," *The American Economic Review* 104, no. 10 (2014): 3003-7, www.jstor.org/stable/43495312.

364 Karen Herrera, telephone conversation with the author, November 22, 2019.

슈퍼 해빗

1판 1쇄 발행 2022년 2월 20일
1판 2쇄 발행 2022년 3월 25일

지은이 | 케이티 밀크먼
옮긴이 | 박세연

발행인 | 양원석 편집장 | 박나미
디자인 | 석운디자인 영업마케팅 | 조아라, 신예은, 이지원, 김보미

펴낸 곳 | ㈜알에이치코리아
주소 | 서울시 금천구 가산디지털2로 53, 20층(가산동, 한라시그마밸리)
편집문의 | 02-6443-8865 도서문의 | 02-6443-8800
홈페이지 | http://rhk.co.kr
등록 | 2004년 1월 15일 제2-3726호

ISBN 978-89-255-7880-4 03190